上場・非上場株式評価の
基礎理論と具体例

公認会計士・不動産鑑定士 **建部好治** 著

清文社

はじめに

　近時には、商法・証券取引法・税法等において、次のとおり非上場株式価格を評価しなければならない場合が増えてきている。
1　次の商法規定に該当する場合には、税法との関連において株式の評価が必要とされる[注1]。
(1) 現物出資財産の評価（第173条、第181条）
(2) 株式の譲渡制限に伴う買取請求（第204条～第204条の5）
(3) 端株券、単位未満株の買取請求（第230条の8の2及び附則（昭56）第19条）
(4) 反対株主の株式買取請求
　(a) 営業譲渡の反対の場合の買取請求（第245条の2）
　(b) 株式の譲渡制限決議に反対の場合の買取請求（第349条）
　(c) 合併に反対の場合の買取請求（第408条の3）
　(d) 株式の交換又は移転に反対の場合の買取請求（第355条又は第371条）
(5) 新株発行
　(a) 特に有利な発行価額による発行（第280条の2）
　(b) 特に不公正な発行価額による引受（第280条の11）
(6) 合併比率の決定（第409条、第410条）
(7) 所有株式等の評価（第285条の6）
(8) 株式の交換又は移転（第353条又は第365条）
2　証券取引法上も、次の場合には、株式の評価が必要とされている。
(1) 店頭登録
(2) 株式上場
3　税法上も、次の場合には、株式の評価が必要とされている。
(1) 法人相互間の売買・法人個人間の売買及び個人相互間の売買
(2) 相続・贈与
4　その他、次の場合にも、株式の評価が必要とされている。

(1) M&A（合併と買収）
(2) 営業譲渡
(3) 持株会社へ譲渡
(4) 関係会社との売買
(5) 従業員との売買
(6) 年金基金の組入れ[注2]

　しかしながら、その評価手法は、数年前に日本公認会計士協会がそのマニュアルを出したにもかかわらず、いまだに確立していない。それゆえ判断の本当の理論的基準がないから、たとえば、訴訟において証拠として求められるその鑑定書、特に裁判官の経済・経営に対する理解が不十分な場合に鑑定書の内容の如何により、判決がかなり左右されて、極端な場合には妥当性に欠けるものもあるのではないか（裁判所が採用した証拠としての鑑定書において用いられた諸方式の多いことは、評価手法が技術論に止まる限界により、まだ確立していないことを示すものであるといえよう）[注3]。

　そのように評価手法が確立していない理由は、①理論的には、これまでの評価手法が、ほとんどの場合、株式価格についての基礎理論による支えをもっていなかったからであり、②実証的には、株式価格についての基礎理論が上場会社の株価による実証の支えをもっていなかったからである[注4]。

　したがってここでは、Ⅰの「会計システム（法制度等）と株式（出資）等の価格」では、企業会計原則等・商法・証券取引法及び税法について概観し、それらのうちの商法と証券取引法が株式価格を求める方式の法的基礎を提供しているものであることを述べる。そして、商法における「株主権」としての主要な自益権である利益配当請求権と残余財産分配請求権が**フロー・ストック方式**を根拠づけているものであることを論証する。

　ところで、システム（法制度等）については、資金の過剰化とグローバル化した資本市場の下で、「国際会計基準」は、時価主義を取入れつつあり、日本でも「金融ビッグバン」の一環として、この「国際会計基準」への大幅な接近をすることにより、会計を巡るシステム（法制度等）の透明化が図られているか

ら、特に株式価格と土地価格について、このような最近の動向をも詳述する。

Ⅰのうち、時価の基になるレジュメは、次のとおりである。
・建部好治レジュメ「時価―土地価格と株式価格」（日本公認会計士協会近畿会 1990. 9）
・同レジュメ「会計システム（法制度等）の時価主義化について」（資産評価政策学会 2000. 6）

Ⅱの「株式価格評価の基礎理論」では、擬制資本としての土地価格と株式価格の諸側面、擬制資本価格及び株式価格と株式市場について述べる。

ここでは、Ⅱの最初で触れた擬制資本[注5]について、第1に、典型的な擬制資本として同様のものである土地価格との比較において、株式価格の五つの側面を捉え、第2に、本来、現実資本が付加価値を生み出す過程と擬制資本との関連をも踏まえながら、擬制資本価格、特に株式価格について検討し、第3に、一般商品価格との比較において、株式価格と株式市場についても究明する。そして、それらの過程においてフロー価格とストック価格についても論及する。

Ⅱの基礎理論の基になる著書と論文は、次のとおりである。
・建部好治著『土地価格形成論』第2部Ⅰ～Ⅴ（清文社 1997. 9刊―博士号授与著書）
・同論文①「中小企業の株式評価の問題点」（『税務弘報』中央経済社 1985. 5刊）
　　　　②「非上場株式価格について」（『証券経済』日本証券経済研究所 1989. 12刊）
　　　　③「株式価格の理論と実証」（『証券経済』日本証券経済研究所 1992. 12刊）
　　　　④「非上場株式鑑定評価の理論と問題点」（『税務弘報』中央経済社 1995. 4刊）
・同レジュメ「株価・地価の急騰急落の原因と株価の問題点」（1997. 6）『証券経済学会年報』第33号（1998. 5刊）

Ⅲの実証分析としての「株式価格と関連経済諸指標の実態」では、第1に、株式価格の全体としての動きを捉えるために、1987年中～同90年中に、基礎に

ある土地価格とともに異常な膨張を見せた株式価格の資産バブルにつき、同72年中～同73年中のそれらも含めて、土地価格・株式価格形成の実態について概観する。第2に、株式価格と関連経済諸指標の動向について、①株価と付加価値等の推移と相関、②株価と各種利子率・利回りの推移と相関、及び③株価と配当利回りとの関係を実証する。そして第3に、株式価格と関連経済諸指標の実態を見たうえ、そこにおける問題点と対策につき検討を加える。

Ⅲの実証分析の基になる著書・論文及びレジュメは、Ⅱのものと同じである。

これらの実証分析は、多忙なために、各論文・レジュメの執筆時期までにとどめてあり、若干の重複もあるが、そのままの状態でも十分に実証の役目を果たしているものと考えている。

その中で、土地価格の実証分析をも詳しくつけ加えたのは、上場会社・非上場会社を問わず、株式価格の根底に土地価格の問題があり、特にバブル時の土地・不動産の高値取得問題があるからである。

Ⅳの「株式（出資）価格評価の諸方式」では、第1に、個別の株式価格を分析するために、株式価格評価の理論的諸方式として、①土地価格と株式価格を求める諸方式につき、不動産鑑定評価の三方式との比較において株式価格評価の諸方式を検討したうえ、②フロー方式によるフロー価格とストック方式によるストック価格について論述する。そのうえで第2に、Ⅰ・Ⅱ及びこの①から導出された**フロー・ストック方式**に基づく株式（出資）価格評価の具体的方式、すなわち①上場株式価格を求める諸方式、②上場する場合の株式価格を求める諸方式、及び③非上場株式（出資）価格を求める諸方式を究明することとしたい。

Ⅳの株式（出資）価格評価の諸方式の基になる著書・論文及びレジュメも、Ⅱのものと同じである。

Ⅴの「株式（出資）価格評価の具体例」では、まず上場会社としてメーカーとディーラーの各一社をとりあげ、次に非上場会社としてケースの異なる次の三社について検討する。

① 経営支配の可能な株主の所有する株式の場合と経営支配とは関係がない株

主の所有する株式の場合
② 　経営支配の可能な社員に出資持分を払い戻す場合
③ 　少数株主所有株式を商法第349条に基づき買い取る場合
　Vの具体例の基になる著書・論文及びレジュメも、次のものを除いて、Ⅱのものと同じである。
・建部好治レジュメ「上場株価・非上場株価の基礎理論と具体例」（1999.11）
　　『証券経済学会年報』第53号（2000.5刊）
　ところで、「現場」と「理論」とを繋ぐことが、それらの両者にとって重要であるにもかかわらず、ほとんどの分野で「現場」は「現場」だけに満足し、「理論」は「理論」だけに満足している状態にあり、しかも狭い分野だけに拘っているから、「現場」の問題の真の解決が困難であり、「理論」の進展もし難い状態におかれている。

　重要な問題の多い今日においては、日本の経済・経営の「現場」を踏まえた創造性のある「理論」を導出することが何よりも大事であると考えるから[注6]、このような現状を打開するべく、土地価格問題につき1997年に「現場」と「理論」とを繋ぐ『土地価格形成論』を出す試みをしたのに続いて、この度は上場・非上場株式価格問題につき、「現場」と「理論」とを繋ぐ本書を世に問うものである。

　したがって、前著が不動産仲介業・不動産鑑定業等に携わる人達（宅地建物取引主任者・不動産鑑定士・弁護士等）と大学で土地・不動産を研究する先生方に加えて、国土庁・建設省・国税庁・裁判所等の諸官庁関係者にも必読の書であると考えるのと同じように、本書も証券業・非上場株式鑑定業等に携わる人達（アナリスト・上場時の価格付け担当者・公認会計士・弁護士等）と大学で証券を研究する先生方に加えて、大蔵省・法務省・国税庁・裁判所等の諸官庁関係者にも必読の書であると考えている。

　おわりに、第1に、ゼミの故吉田義三教授、近経研究会及び背広ゼミの故川合一郎教授、第2に、ご指導いただいた証券経済学会会員及び同コメンテイター等の先生方、第3に、川合研究会の会員諸兄、特に甲南大学の非常勤講師（担

当科目土地経済学）の機会を作っていただいた会員の同大学中島将隆教授、第4に、滋賀大学の集中講義の非常勤講師（担当科目不動産市場論）の機会を作り、前著『土地価格形成論』を出版する契機を与えていただいた前同大学片山貞雄教授、第5に、多忙にかかわらず個々の論文に懇切なコメントをいただいた実弟の岡山大学建部和弘教授、第6に、Ⅳの「株式（出資）価格評価の諸方式」につき適切なコメントをいただいた、日本公認会計士協会の『株式等鑑定評価マニュアル』作り（筆者もこれに途中まで参画し、それまでの筆者執筆論文等を提供した）に最後まで参画した中尾知明公認会計士、第7に、銀行時代も含めてお世話になった諸官庁関係者・取引先・諸先輩同僚・及び同業諸兄に深い感謝の意を捧げるとともに、第8に、研究・執筆活動を支えていただいた当方の事務所員、特に筆者の非上場株式評価実務を補助した元事務所員の若手公認会計士妹尾芳郎・木村聖子・小柴學司の諸兄姉等及び家族にも謝意を表することをお許し願いたい。

　末尾ではあるが、前著及びこの本の出版にご尽力下さった株式会社清文社の成松丞一社長及び編集部各位のご好意にお礼を申し述べて筆をおくこととしたい。

　（注1）　日本公認会計士協会経営研究調査会『株式等鑑定評価マニュアル』（1993.11.9）参照
　（注2）　野村証券は、企業年金向けに非上場株（未公開株）の投資事業組合を組成・運営する新会社の設立に取組んでいる（『日本経済新聞』1999.11.18号）参照
　（注3）　日本公認会計士協会経営研究調査会『株式等鑑定評価マニュアルＱ＆Ａ』（1995.9刊）参照
　（注4）1　関俊彦教授は、『株式評価論』（商事法務研究会1983.5刊）で、「法律論として株式評価問題をどのように体系化すべきかを主要なテーマとして」、評価目的観の欠如が税務通達及び経営財務論への依存をもたらしていることを批判し、目的的評価論の立場から、客観的価値ではなく主体の価値を重視して、①株式買い取り請求権に基づく株式の買取価格、②単位未満株式の買取価格、③譲渡制限株式の売買価格、及び④第三者に対する新株発行価額の公正性につき論及しておられるが、そこでは①経済学としての基礎理論による検討と、②上場会社株価による実証が行われていない（むしろ「非上場株式については上場株式とは違った価値論の展開が必要であるように思う」とされている）。

2　公認会計士畑下辰典・沖見圭祐・堤　哲・西浦康邦の四氏は、『中小企業の株式評価』（清文社1972.10刊）で、現場の実務家としての立場から、「配当要因と純資産要因の複合要因説」に立って次の具体的公式を提示しておられた。

　　簿価純資産価格（1株当たり）×0.5＋期待配当金÷0.08×0.5＝評価額

　　この公式とは別に、支配株主に対して収益還元価格を「最も有力な価値要因」と認めておられるが、①簿価純資産価格は、創業株主と同じく時価純資産価格でなければならないし、1と同じくそこでは、②経済学としての基礎理論による検討と、③上場会社株価による実証が行われていない。

(注5)　川合一郎著作集第2巻『資本と信用』及び同第3巻『株式価格形成の理論』（いずれも有斐閣1981.9及び1981.10刊）参照

(注6)　伊東光晴教授は、「日本では欧米の学説を紹介する者がアカデミックな学者と考えられ、創造性ある主張はアカデミックと考えられない学会風土がある」として、嘆いておられる（伊東光晴著『日本経済の変容』岩波書店2000.4刊参照）。

目　次

はじめに

I　会計システム(法制度等)と株式(出資)等の価格

　1　会計システム(法制度等)と時価　1
　　a　企業会計原則等　3
　　b　商法　5
　　c　税法　7
　　d　システムと株式の時価　9
　　e　システムと土地の時価　27
　2　会計システム(法制度)と株式価格を求める方式　42
　　a　商法　42
　　b　証券取引法　46

II　株式価格評価の基礎理論

　1　土地価格と株式価格の諸側面　51
　　a　収益価格と配当・利潤証券価格　53
　　b　成長価格と成長証券価格　55
　　c　投機価格と投機証券価格　56
　　d　使用支配権の価格と支配証券価格　59
　　e　控除(逆算)価格と財産証券価格　60
　2　擬制資本価格　63
　3　株式価格と株式市場　75

III　株式価格と関連経済諸指標の実態

　1　土地価格・株式価格形成の実態　89
　　a　地価形成の実態　89
　　b　株価形成の実態　97

2　株式価格と関連経済諸指標の動向　101
　　a　株価と付加価値等の推移と相関　101
　　b　株価と各種利子率・利回りの推移と相関　105
　　c　株価と配当利回りとの関係　108
3　株式価格と関連経済諸指標の実態における問題点と対策　111

IV　株式(出資)価格評価の諸方式

1　株式(出資)価格評価の理論的諸方式　135
　　a　土地価格と株式価格を求める諸方式　135
　　b　フロー方式とストック方式　138
2　株式(出資)価格評価の具体的諸方式　139
　　a　上場株式価格を求める諸方式　139
　　b　上場する場合の株式価格を求める諸方式　141
　　c　非上場株式(出資)価格を求める諸方式　145
3　「株式等鑑定評価マニュアル」の考え方とその問題点　151

V　株式(出資)価格評価の具体例

1　上場株式価格評価の具体例　159
　　a　A社(メーカー)の場合　159
　　b　B社(ディーラー)の場合　165
2　非上場株式(出資)価格評価の具体例　171
　　a　C社の場合(経営支配の可能な株主の所有する株式の場合及び経営支配とは関係がない株主の所有する株式の場合)　171
　　b　D社の場合(経営支配の可能な社員の所有する出資について出資持分を払い戻す場合)　180
　　c　E社の場合(経営支配とは関係がない株主の所有する株式について商法第349条に基づく株式買取りの場合)　194

おわりに

Ⅰ　会計システム(法制度等)と株式(出資)等の価格

　先進資本主義国では、資本蓄積の進展とともに、①遅れてではあるが、所得水準も向上して、消費性向の低下の反面として貯蓄性向が上昇し、資金が豊富化してくるのに、②経済の成熟化による投資機会の相対的な低下が、①の資金供給に対する需要としての利用度合いを低下させてくるから、資金の過剰化は恒常的なものになってきている。

　このような資金の過剰化とグローバル化した資本市場の下で、①国際的には、金融技術の発達による擬制資本としての金融商品の、現実資本と乖離した変動性の増大に対処するために(注1)、②国内的には、擬制資本としての株価・地価の膨張とその崩壊の後始末（含み益と含み損の処理）のために、今や国際的に会計システムの変更、すなわちこれまでの取得原価主義から時価主義への変更が必要とされてきている。「国際会計基準」(注2)に促されて、日本では、1で述べるように、会計システム（法制度等）について、やはり内発的ではなく外圧の下に関係法規等の改正を行ってきていることが問題である。

　このような客観情勢の下で、ここでは、第1に、会計システム（法制度等）と時価について、①企業会計・商法及び税法の動向を見た上、特に②株式と土地の時価を巡るこれらのシステムの動向を捉えた上で、それらの問題点を指摘し、第2に、これらのシステムの下での実際の動きを踏まえて、株式価格を求める方式を検討することとしたい。

1　会計システム(法制度等)と時価

　現時点の会計システム（法制度等）における、時価評価の対象となる資産及び負債は、表Ⅰ-1(注3)のとおりである。ここでは、これらのうち資産の側の有価証券（株式・出資等）及び土地等に重点をおいて述べることにする。株式・出資等の等は、証券投資信託・証券化商品をいい、土地等の等は、販売用不動

表 I-1 時価評価の対象となる資産及び負債

科目分類			勘定科目	時価評価の対象項目	規制法規
資産	流動資産	金融資産	金銭債権　受取手形／売掛金／貸付金等	市場性ある金銭債権	改正商法 第285条の4③
			有価証券　株式	売買目的の有価証券 「その他」の有価証券	金融商品基準 第三、二
			株式以外の出資証券	子会社の資産・負債	連結原則第四、二
			公社債	市場性ある社債 市場性ある株式	改正商法 第285条の5②、6②
			デリバティブ　先物・先渡／オプション・スワップ等	デリバティブ取引の正味債権	金融商品基準 第三、二
			棚卸資産　販売用不動産等	著しく下落し回復見込なし	CPA協会 監査取扱い
			金銭債権 有価証券 棚卸資産	著しく下落し回復見込なし 低価法により評価するもの	商法 第285条の2
	固定資産	有形固定資産	土地	金融機関と商法監査特例会社の保有する事業用の土地	土地再評価法第5条
負債	流動負債	金融負債	デリバティブ　先物・先渡／オプション・スワップ等	デリバティブ取引の正味債務	金融商品基準 第三、二
	固定負債	その他	退職給付 退職給付債務	退職給付債務等から年金資産の時価を控除した金額	退職給付基準二

* 1　改正商法は、「商法等の一部を改正する法律」1999年8月9日成立のもの。
* 2　金融商品基準は、企業会計審議会の「金融商品に係る会計基準」1999年1月22日発表のもの。
* 3　連結原則は、企業会計審議会の「連結財務諸表原則」1997年6月6日改正のもの。
* 4　CPA協会監査取扱いは、日本公認会計士協会の「販売用不動産等の強制評価減の要否の判断に関する監査上の取扱い（案）」2000年1月19日発表のもの。
* 5　土地再評価法は、「土地の再評価に関する法律の一部を改正する法律」1999年3月31日成立のもの。
* 6　退職給付基準は、企業会計審議会の「退職給付に係る会計基準」1998年6月16日発表のもの。

産等を含むものとする。

　土地を含めるのは、①直接的には株式の純資産価格を求める場合に、土地の時価が含み損益を通じて、②間接的には株式の収益価格（又は配当還元価格）を求める場合に、土地の時価がその土地の利用による利益の稼得度合いを通じて、それぞれ株式価格に重要な影響を及ぼすからである。

a　企業会計原則等

　1949年に創設された「企業会計原則」（直近の改正は同82年―略称「企会」という）は、企業会計制度の改善統一を目的とし、①企業会計の実務の中に慣習として発達したもののなかから、一般に公正妥当と認められるところを要約したものであって、必ずしも法令によって強制されないでも、すべての企業がその会計を処理するに当たって従わなければならない基準、②公認会計士が、公認会計士法及び証券取引法に基づき財務諸表の監査をなす場合において従わなければならない基準、③将来において、商法、税法等の企業会計に関係ある諸法令が制定改廃される場合において尊重されなければならないものとして設定されている[注4]（しかし、同62年に商法が株式会社の守るべき強行法規として詳細な計算規定を設けてからは、商法規定に合わせざるを得なくなっている）。

　時価に関する諸規定については、次のとおりである。

　第1に、棚卸資産については、原則として購入代価又は製造原価に引取費用等の付随費用を加算する。ただし、①時価が取得原価より著しく下落した場合には、回復見込みがあるときを除き時価としなければならないもの（強制低価法）とし、②時価が取得原価よりも下落した場合には、時価によることができる（低価法）ものとしている（企会3―5―A）。

　第2に、有価証券については、棚卸資産とほぼ同様に原則として購入代価に手数料等の付随費用を加算する。ただし、①時価（実質価額）が取得原価より著しく下落した場合には、回復見込みがあるときを除き時価としなければならないもの（強制低価法）とし、②上場有価証券で子会社以外のものの時価が取得原価よりも下落した場合には、時価によることができる（低価法）ものとしている。

非上場株式についても、実質価額が取得原価より著しく低下した場合には、相当の減額をしなければならないものとしている（企会3－5－B）。
　第3に、有形固定資産については、購入代価に引取費用等の付随費用を加算した取得原価から減価償却累計額を控除するものとしている（企会3－5－D）。
　第4に、無償取得資産については、公正な評価額、すなわち時価等を基準として公正に評価した額によるものとしている（企会3－5－F、連意三1－4－5）。
　この企業会計原則は、時価の意義について別段の規定をおいていないが、大蔵省企業会計審議会中間報告の「企業会計原則と関係諸法令との調整に関する連続意見書」（1962．8．7―以下「連続意見書」略称「連意」という）の第4において、棚卸資産につき、低価基準を適用する場合の時価としては、正味実現可能価額（決算時の売価からアフター・コストを差し引いた価額）[注5]が適当であるが、再調達原価（決算時の再取得のために通常要する価額）も認められるとしている。
　ところで、経済のグローバル化に従い、日本でも「国際会計基準」としての時価主義が2001年3月期から実施されようとしている。企業会計審議会の「金融商品に係る会計基準の設定に関する意見書」（1999年1月22日―以下「意見書基準」という）では、資産のうち金融商品の評価基準については、意見書基準が優先して適用されるものとしている。
　「国際会計基準」草案（E 62）は、有価証券について、①満期まで保有する負債証券には償却原価法により、②売買目的のものには有価証券公正価値（未実現評価損益は当期の損益計算に含めること）により、③その他の有価証券には公正価値（未実現評価損益は当期の損益計算に含めるか、又は税効果控除後の純額を資本の部に計上すること）により、それぞれ評価するものとしている[注2]。
　「意見書基準」の概要を見ると、表Ⅰ-2[注6]のとおりである。有価証券は、この表の、①売買目的、②満期保有目的、③子会社・関連会社株式[注7]、④その他有価証券のほか、⑤市場価格のない有価証券に区分され、①④については、時

Ⅰ 会計システム(法制度等)と株式(出資)等の価格

表Ⅰ-2 有価証券等の新評価基準

	金融商品の属性		評価基準	評価差額の取扱い
流動資産		特定金銭信託等	時価	損益に計上
		デリバティブ	時価	損益に計上
	有価証券	売買目的	時価	損益に計上
		1年以内に満期が到来する満期保有債券	償却原価	
固定資産	有価証券	その他の満期保有債券	償却原価	
		関係会社株式	取得原価	
		その他有価証券	時価	損益に計上せず、資本の部に直接計上

＊1 償却原価とは、債券（債権）を債券（債権）金額より高く又は低く取得した場合、当該差額を毎期利息として計上し、取得金額に加減した価額をいう。
＊2 「その他有価証券」の時価評価では、期末時点の時価の他、期末前の1カ月の平均時価によることもできる。
＊3 市場価格が著しく下落したときには、回復する見込みがあると認められる場合を除き、帳簿価格を時価に付け替え損失を計上する強制評価減の考え方は、常時、すべての有価証券に適用する。
＊4 市場価格がなく時価評価できない場合は、原価で評価する。

価で評価（ただし④ではB／Sにのみ計上）するものとしている。

金融商品に含まれる有価証券の時価については、時価が著しく下落した場合の取扱いとともにdで述べる。

また、連結財務諸表原則では、関係会社(子会社)の資産及び負債は、支配獲得時における公正な評価額（時価）により評価するものとしている（親会社の持分に限定する部分時価評価法とすべてを対象とする全面時価評価法がある）。

b 商 法

1962年に商法は、株式会社の守るべき強行法規として詳細な計算規定を設けている。

時価に関する諸規定については、次のとおりである。

第1に、流動資産については、商人には、取得価額、製作価額、又は時価をつけるべきものとしている。ただし、時価が取得価額又は製作価額よりも著し

5

く低い場合には、回復見込みがあるときを除き時価としなければならないもの（強制低価法）としている（商法34一）。株式会社には、これらの規定のほか、時価が取得原価よりも低い場合には、時価によることができるもの（低価法）としている（商法285の2）。

　第2に、株式（又は出資）については、株式会社には、取得価額を付けるべきものとしている。ただし、上場株式には強制低価法を、上場株式で子会社以外のものには低価法をそれぞれ準用するものとしている。非上場株式（又は出資）には、資産状態が著しく悪化した場合は、相当の減額をしなければならないもの（強制低価法）としている（商法285の6）。

　第3に、固定資産については、商人及び株式会社ともに、取得価額又は製作価額をつけ、毎年1回一定の時期又は毎決算期に相当の償却をし、予測できない減損が生じた場合には、相当の減額をしなければならないものとしている（商法34二、285）。

　この商法は、企業会計原則と同じく、時価の意義について別段の規定をおいていない。しかしながら、商法においても「意見書基準」への対応として、次の趣旨の「商法と企業会計の調整に関する研究会報告書」（1998.6.16―以下「報告書」という）が発表されている。その趣旨とは、商法の会計目的として、①債権者と株主の利害調整機能又は債権者保護を中心とするほか、②株主に対する情報提供機能をも加えることにより、公開会社の投資家に対する証券取引法の情報提供機能と実質的に同一の役割を担うものとしている。

　そしてこの「報告書」に基づき、次のとおり[注8]、これまでの取得原価主義から一部に時価主義を許容する内容を持つ「商法一部改正」（1999.8.9成立）が行われてきている。

① 市場価格のある金銭債権・社債等・株式等（子会社を除く）に時価を付すことを許容する。
② 有価証券を取引所の相場の有無で分類していたのを、市場価格の有無による分類に変更する。
③ 債権金額より高く買入れた金銭債権には、相当の増額を認める。

④　時価で評価した場合の純評価益を配当可能限度額から控除することとする。

c　税　法

　税法は、時価に関する諸規定について、次のとおり法人税法・所得税法及び相続税法上の取扱いをそれぞれ定めている（単価をさす場合には、価額ではなく価格とする）。

(a)　法人税法（略称「法法」）・同施行令（略称「法令」）及び法人税基本通達（略称「法基通」）

　第1に、棚卸資産については、法定評価方法は最終仕入原価法（決算時に最も近い時の取得価額とする方法）により算出した取得価額による原価法による（法令28①一ト、同31①）。そして、購入したものは、取得のために通常要する購入代価・引取費用等の購入費用と消費・販売用直接費とを合算する。製造等したものは、製造のために通常要する製造等費用（原材料費・労務費及び経費）と消費・販売用直接費とを合算するものとしている（法令32①一・二）。

　災害等による著しい損傷・陳腐化等の場合には、時価まで評価減を行うものとしている（法法33②、法令68、法基通9-1-4・5）。

　時価が取得原価よりも低い場合には、時価によることができる（低価法）ものとしている（法令28①二）。さらに、無償又は低額取得の場合には、時価との差額は益金（法法22②）とし、高額取得・低額譲渡の場合には、時価との差額は損金制限のある寄付金としている（法法37、法基通7-3-1）。

　第2に、有価証券の時価については、上場・非上場株式の別に規定しているが、これらについてはdで述べる。

　第3に、固定資産については、購入したものは、取得のために通常要する購入代価・引取費用等の購入費用と事業用直接費とを合算する。建設等したものは、建設のために通常要する製造等費用（原材料費・労務費及び経費）と事業用直接費とを合算した額から減価償却累計額を控除する（法法22・31、法令54①一・二）。災害等による著しい損傷・陳腐化等の場合については、棚卸資産と

同じ規程による。

　第4に、土地の時価については、公示価格等及び不動産鑑定評価基準を含めて、棚卸資産・固定資産ともにeで述べる。

　法人税法においても、商法と同じく、「意見書基準」への対応として、次のとおり、時価法を導入した「法人税法一部改正」（2000.3.24」成立）が行われてきている（法法61の3～7）。

① 有価証券の評価において、売買目的有価証券については、時価法による金額とし、売買目的外有価証券については、原価法による金額とする（償還期限及び償還金額のあるものについては、帳簿価額と償還金額との差額調整後の金額とする）。
② 未決済有価証券の空売り等の取引については、事業年度末に決済したものとみなして計算した利益又は損失相当額を益金又は損金の額に算入する。
③ 未決済のデリバティブ取引についても、②と同じ扱いとする。
④ 資産・負債の価額変動等による損失減少のためのデリバティブ取引等のうち、一定の要件を満たすものについては、③を繰り延べる等のヘッジ処理を行う。

(b)　所得税法（略称「所法」）・同施行令（略称「所令」）及び所得税基本通達（略称「所基通」）

　第1に、棚卸資産については、購入したもの及び製造等したものの規定は、法人税の場合と同様である（所令103①一・二）。災害等による著しい損傷・陳腐化等の場合の規定も、法人税の場合と同様である（所令104）。さらに、無償又は低額取得の場合には、時価との差額は経済的利益として収入すべき金額(個人間では贈与税の対象）としている（所法40、所基通36-15）。

　第2に、有価証券の時価については、法人税と同じくdで述べる。

　第3に、固定資産については、購入したもの及び建設等したものの規定は、法人税の場合と同様である（所法37・49、所令126①一・二）。資産損失（取壊し・除却及び滅失等）の場合については、その所得の必要経費とする（所法51）。著しい陳腐化等の場合については、青色の居住者は国税局長の承認を受けて耐

用年数を短縮又は償却費を増額できる（所令129・133の2）。①借地権又は地役権の設定金額が原則として時価の1／2以下の場合、及び②資産の法人に対する低額（時価の1／2未満）譲渡の場合には、時価によるみなし譲渡とする（所法59、所令169）。

第4に、土地の時価については、棚卸資産・固定資産ともにeで述べる。

しかしながら、所得税法においては、(a)で述べた「一部改正」の動きがないのは、問題である。

d　システムと株式の時価

(1)　上場株式価格

A　「意見書基準」等における時価

「意見書基準」では、時価とは公正な評価額、すなわち市場で形成されている取引、気配又は指標その他の相場（以下「市場価格」という）に基づく価額をいうものとしている。

さらに詳しくは、日本公認会計士協会の「金融商品に関する実務指針（公開草案1999.11.12—以下「公開草案」という）」及び「金融商品会計に関する実務指針（中間報告2000.1.19—以下「中間報告」という）」では、取引の知識がある自発的独立第三者の当事者が、取引を行うと想定した場合の取引価額をいうものとしている。

そして、金融資産に付すべき時価には、それが市場で取引され、そこで成立している価格がある場合の「市場価格に基づく価額」と、それに市場価格がない場合の「合理的に算定された価額」とがあるとしているから、eC(c)で述べる「国際会計基準」の公正価値と、表現は少し違うが、同義のものである。

有価証券の時価が「著しく下落した」ときの判断基準は、その「時価が取得価額に比べて、50％程度又はそれ以上下落した場合」とし、「この場合には、合理的な反証がない限り、時価が取得原価まで回復する見込みがあるとは認めら

表 I-3　市場価格に基づく価額

有価証券の種類	市　場　価　格　に　基　づ　く　価　額
1．株　式 　(1)　上場株式 　(2)　店頭登録株式 　(3)　非公開株式	 取引所の終値又は気配値 業界団体が公表する基準価格 ブローカー又はシステム上の売買価格又は店頭気配値
2．債　券 　(1)　上場債券 　(2)　非上場債券	 取引所の終値若しくは気配値又は店頭気配値 次のいずれか ①　業界団体が公表する基準気配値 ②　ブローカー又はシステム上の売買価格又は店頭気配値
3．証券投資信託	取引所の終値若しくは気配値又は業界団体が公表する基準価格

れないため、減損処理を行わなければならない」ものとしている。

　それ以外の場合には、個々の企業がその合理的な判断基準を設け、「保有する有価証券の時価の推移及び発行体の財政状態等を勘案した上で、当該基準に基づき回復可能性の判定の対象とするかどうかを判断すべきである」が、一般的には、次のように取り扱うことができるものとしている。

①　個々の有価証券の時価の下落率がおおむね30％未満の場合には、「著しく下落した」ときには該当しないものとする。

②　①以外の場合には、その下落率が企業の設けた合理的な基準に照らして「著しく下落した」ときに該当し、かつ、その下落の合計額が金額的に重要性を有するときには、その有価証券について回復可能性を判定する。

　ここでは、「市場価格に基づく価額」について述べる。それは、売買が行われている市場において、金融商品の売却・取得等により受け取り・支払う現金の額をいうものとしている。

　「公開草案」及び「中間報告」では、これにつき具体的には、次の金融商品について、公表されている取引価格を市場価格とするものとしている。

①　取引所に上場されている金融資産

②　店頭で取引されている金融資産

③　これらに準じて随時売買・換金等が可能なシステムにより取引されている

Ⅰ　会計システム(法制度等)と株式(出資)等の価格

金融資産

これらの金融資産のうち有価証券について見ると、表Ⅰ-3[注9]のとおりである。

表Ⅰ-3では、非公開株式・非上場債券について、ブローカー又はシステム上の売買価格又は店頭気配値を、後者ではさらに業界団体が公表する基準気配値を積極的に採用しているのが目立っている。しかしながら、ここで時価につき、投機（特に土地投機）の有無にかかわらず、「市場価格に基づく価額」を公正な評価額としていることは、後述するように問題である。

また、連結財務諸表原則では、関係会社（子会社）の資産及び負債は、支配獲得時における公正な評価額（時価）により評価するものとしている（親会社の持分に限定する部分時価評価法とすべてを対象とする全面時価評価法がある）。

これが実施されると、株主資本の利益稼得力を見るROE（株主資本利益率）との関係では、一方において含み益のある企業は、実施年度前に有価証券を流動資産から固定資産に振り替えるから、含み益から繰延税金負債を控除した額だけ株主資本が大きくなり、その程度に応じてROEが低下する。他方において含み損のある企業も、実施年度前に有価証券を流動資産から固定資産に振り替えるから、通常の営業活動に基づくフローの利益をあげてさえおれば、それとは逆に含み損から繰延税金資産を控除した額だけ株主資本が小さくなり、その程度に応じてROEが上昇する。

前者の場合には、ROEの低下を通じて株主資本を効率的に使っていないことが分かるが、後者の場合には、ROEの上昇が株主資本を効率的に使っていることにはならないから注意しなければならない。それゆえ、営業活動に基づくフローの損益と資産変動によるストックの損益とを常に峻別して捉えることが必要になってきているのである。

B　法人税法上の時価

次のとおり、法人税法施行令と基本通達において、証券市場で成立する相場

を前提としている。

①上場されている有価証券（企業支配株式を除く）の価額が著しく低下した場合、②その企業支配株式発行法人の資産状態が著しく悪化したためその価額が著しく低下した場合には、資産の評価損ができるものとしている（法令68）。

この場合の有価証券の価額は、当該事業年度終了の日の公表された最終価格（同日の公表された価格がない場合には、同日前直近の公表された最終価格）としている（法人税法施行規則22）。

評価換えをした日の属する事業年度終了時における時価は、当該資産が使用収益されるものとしてその時において譲渡される場合に通常付される価額による（これは資産の評価損全般の規定であるから、非上場株式価格もこのなかに含まれているが、上場株式・非上場株式の別に、それぞれについてさらに詳細な規定を設けている―法基通9－1－3）。

有価証券評価額の計算の基礎となるその取得価額は、購入した有価証券について、その事業年度終了時の購入代価に購入手数料等を加算したものとする（法令38）。

低価法では、種類等を同じくする有価証券について事業年度終了時の、原則として主たる証券取引所の最終価格に購入手数料等を加算した価格を選択できるとしていたが（法基通5－3－5）、ｃ(a)で述べた「法人税法一部改正」により、低価法そのものが時価法に吸収されてきている。

上場株式の新株の権利価格は、事業年度終了時の証券取引所における新株の最終価格からその払込金額を控除した価格とする（法基通9－1－8）。

C　所得税上の時価

次のとおり、所得税法施行令と基本通達において、やはり証券市場で成立する相場を前提としている。新株等を取得する権利の価格は、その新株につき公表された最終価格（同日の公表された価格がない場合には、同日前の同日に最も近い日における最終価格）とする（所基通23～35共－9）。

有価証券評価額の計算の基礎となるその取得価額は、法人税法施行令と同様

Ⅰ 会計システム(法制度等)と株式(出資)等の価格

に、購入した有価証券についてその期末時の購入代価に購入手数料等を加算したものとする（所令109）。

D　相続税・贈与税上の時価

次のとおり、財産評価基本通達において、やはり証券市場で成立する相場を前提としている。上場株式価格は、原則として、公表された課税時期の最終価格（最終価格がないものについては、課税時期の前日以前又は翌日以後の最も近い日の最終価格）によって評価するが、当該価格が課税時期以前3ヵ月間の毎日の最終価格の月平均額のうち最も低い価格を超える場合には、最も低い価格によって評価する。ただし、負担付贈与又は個人間の対価を伴う取引により取得した場合には、課税時期の最終価格によって評価するものとしている（ただし書きは非上場株式価格についても同じである―評基通169・174）。

E　上場株式の時価の特徴と問題点

以上のB～Dをわかりやすく比較するために表にすると、表Ⅰ-4[注10]のとおりである。

表Ⅰ-4　税法上の上場株式価格

	法人税	所得税	相続税
上場株式	公表された最終価格（最終価格がない場合には、同日前直近の最終価格）。	公表された最終価格（最終価格がなかったときは、同日前の同日に最も近い日における最終価格）。	公表された最終価格（最終価格がないものについては、課税時期前後で最も近い日の最終価格）。最終価格が課税時期以前3ヵ月の最終価格の月平均価格を超える場合には、その最も低い価格。

この表では、上場株式価格の評価について、次の特徴と問題点を指摘することができる。

ⓐ　法人税と所得税の考え方は、表現が少し異なるが、ほとんど同じ内容である。

ⓑ　相続税の考え方は、ⓐとは異なり、その消極課税としての性格上、公表さ

13

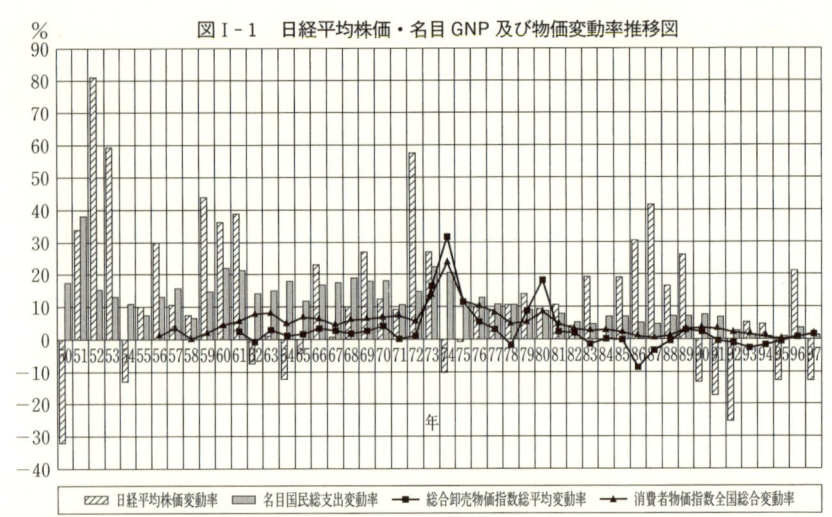

図Ⅰ-1 日経平均株価・名目GNP及び物価変動率推移図

(出典) 日経平均株価は東証、名目国民総支出（GNP）は経済企画庁、総合卸売物価指数は日銀、消費者物価指数は総務庁の各調べによる。

れた最終価格のほか、課税時期前後で最も近い日の最終価格、最終価格がそれ以前3ヵ月の最終価格の月平均価格を超える場合には、その最も低い価格を採用できるものとしている。

ⓒ 法人税法・所得税法及び相続税法は、このように上場株式の時価の取扱いをそれぞれ定めているが、時価について無条件に、①証券市場で成立する相場を前提としたり、②不特定多数の当事者間で自由な取引が行われる場合に、通常成立すると認められる価格とすることには、問題があるのではないか。というのは、たとえば好況時特にバブル時には、日経平均株価変動率が常に名目国民総支出変動率をかなり上回っていた（図Ⅰ-1）ことから分かるように、①証券市場で成立する相場そのものが異常であったし、②不特定多数の当事者間で自由な取引が行われる場合にも、市場そのものが異常であったからである[注11]。

これらの相場の異常・市場の異常の背後には、つねに投機的に高騰した土地の時価があったのであるから、これについては、ｅの「システムと土地の時価」で検討を加えることとしたい。

Ⅰ 会計システム（法制度等）と株式（出資）等の価格

(2) 非上場株式価格（出資価格を含む）

A 「意見書基準」等における時価

「意見書基準」では、時価とは公正な評価額、すなわち「市場価格に基づく価額」をいうものとしている。「公開草案」及び「中間報告」では、金融資産に付すべき時価につき市場価格がない場合には、「合理的に算定された価額」によるものとしている。そして、「合理的に算定された価額」は、d(1)Aの①〜③で述べたもの、すなわち取引所に上場の金融資産・店頭取引の金融資産及びそれらに準じて取引される金融資産にそれぞれ該当しない金融資産をいうものとしている。それらのほか、「中間報告」では次の金融資産をもあげている。

① 何ら広く一般に価格が公表されていない金融資産、又は買い手と売り手の双方の合意に基づく以外に価格が決定できない金融資産
② 取引所若しくは店頭で取引されているが、実際の売買事例が極めて少ない金融資産、又は市場価格が存在しない金融資産

「公開草案」及び「中間報告」では、これにつき具体的には、経営陣の合理的な見積りによるとし、「合理的な見積り」とは、恣意性を排除した、次のような

表Ⅰ-5 合理的に算定された価額

有価証券の種類	合理的に算定された価額
1．株　式 　　非公開株式	―
2．債　券 　　非上場債券	次のいずれか ① 比準方式等により算定した価格 ② ブローカーから入手する評価価格 ③ 情報ベンダーから入手する評価価格
3．証券投資信託	次のいずれか ① 投資信託委託会社が公表する基準価格 ② ブローカーから入手する評価価格 ③ 情報ベンダーから入手する評価価格

方法で行う時価の算定をいうものとしている。
① 取引所等から公表されている類似の金融商品の市場価格に、利子率・満期日・信用リスク及びその他の変動要因を調整する方法
② 対象金融資産から発生する将来キャッシュフローを割り引いて現在価値を算定する方法
③ 一般に広く普及している理論値モデル又はプライシング・モデルを使用する法

これらの金融資産のうち有価証券について見ると、表Ⅰ-5[注9]のとおりである。

表Ⅰ-5では、非上場株式についての記述はないが、非上場債券・証券投資信託について、前者では比準方式等により算定した価格、後者では投資信託委託会社が公表する基準価格を採用するほか、両者についてブローカー又は情報ベンダー（売主）から入手する評価価格を積極的に採用しているのが目立っている。しかしながら、ここで時価につき投機（特に土地投機）の有無にかかわらず、「市場価格に基づく価額」がない場合には、経営陣の合理的な見積り額を公正な評価額としていることは問題である。

B 法人税上の時価

法人税法施行令と法人税基本通達において、資産の評価損により取得価額の修正を行うときの時価について規定している。具体的には、次のとおりである。

上場されていない有価証券について、その発行法人の資産状態が著しく悪化したためその価額が著しく低下した場合には、資産の評価損ができるものとしている（法令68）。

気配相場のある株式の価格（登録銘柄又は店頭管理銘柄）は、事業年度終了日以前1ヵ月間の毎日の最終気配相場（最高価格と最低価格との平均価格）の平均価格とする（法基通9-1-11）。非上場株式で気配相場のないものの価格は、次の区分に応じ、次による（同9-1-14）。

① 売買実例のあるもの……当該事業年度終了の日前6月間において売買の行われたもののうち適正と認められる価格
② 株式の上場又は登録に際して、公開途上にある株式の価格は、その公募又は売出しが行われる場合には、その株式の入札後の公募等の価格等を斟酌して通常取引されると認められる価格
③ 売買実例のないものでその株式を発行する法人と事業の種類、規模、収益の状況等が類似する他の法人の株式価格があるもの……当該価格に比準して推定した価格
④ ①〜③に該当しないもの……当該事業年度終了の日又は同日に最も近い日におけるその株式の発行法人の事業年度終了時における1株当たりの純資産価格等を参酌して通常取引されると認められる価格

C 所得税上の時価

所得税基本通達において、時価につき次のとおり規定している。

新株等を取得する権利の価格は、①気配相場のあるものの場合には、公表された気配相場（同日の公表された価格がない場合には、同日前の同日に最も近い日における最終価格）とし、②気配相場のないものの場合には、次に掲げる区分に応じ、それぞれ次に掲げる価格とする（所基通23〜35共-9）。

① 売買実例のあるもの……最近において売買の行われたもののうち適正と認められる価格
② 売買実例のないものでその株式等を発行する法人と事業の種類、規模、収益の状況等が類似する他の法人の株式等の価格があるもの……当該価格に比準して推定した価格
③ ①②に該当しないもの……当該払込みに係る期日又は同日に最も近い日におけるその株式等の発行法人の1株又は1口当たりの純資産価格等を参酌して通常取引されると認められる価格

D　相続税・贈与税上の時価

　次のとおり、相続税法（略称「相法」）と財産評価基本通達（略称「評基通」）において、時価の定義をしている（これは、財産全般の定義であるから、上場株式価格もこのなかに含まれているが、上場株式・非上場株式の別に、それぞれについてさらに詳細な規定を設けている。詳細な規定を設けているのは、相続・贈与は、もともとみなし贈与を除いて、売買取引を経由せずに行われるからである）。

　財産の価額は、当該財産の取得の時における時価による(相法22)。時価とは、課税時期のそれぞれの財産の現況に応じ、不特定多数の当事者間で自由な取引が行われる場合に、通常成立すると認められる価額をいう[注12]（評基通１）。

　具体的には、非上場株式の時価につき次のとおり規定している。

　気配相場のある株式の価格（登録銘柄又は店頭管理銘柄）は、事業年度終了日以前１ヵ月間の毎日の最終気配相場（最高最低の平均価格）の平均価格とするが、当該価格が課税時期以前３ヵ月間の毎日の取引価格の月平均価格のうち最も低い価格を超える場合には、最も低い価格によって評価する(評基通174・177-2）。

　株式の上場又は登録に際して、公開途上にある株式の価格は、その公募又は売出しが行われる場合には、その株式の公開価格（入札後の公募等の価格）によって、その公募又は売出しが行われない場合には、課税時期以前の取引価格等を勘案して、それぞれ評価する。国税局長の指定する株式価格は、日刊新聞に掲載されている課税時期の取引価格と次の類似業種比準価格との平均価格によって評価する。ただし、その平均価格が取引価格を超える場合には取引価格によって評価する（評基通174）。

　取引相場のない株式については、その価格は、表Ⅰ-6（同族割合は、納税義務者の属する同族関係者グループの持ち株割合）の筆頭株主グループの持株割合に応じて、①同族株主等に対する原則的評価方式等と、②同族株主等以外の株主に対する配当還元方式により求める（同178～194）。

I 会計システム(法制度等)と株式(出資)等の価格

ただし、同族株主等（納税義務者）のうち、持ち株割合が5％未満の者については、①役員でなく、②中心的な同族株主でなく、③納税義務者以外に中心的な同族株主がいるときは、配当還元方式により求める。

(i) 原則的評価方式

同族株式等（零細株主を除く）が取得した株式に適用される。

表 I-6　同族株主等の判定基準

区分	筆頭株主グループの持株割合が			株主の区分
	50％以上の場合	30％以上50％未満の場合	30％未満の場合	
同族割合	50％以上	30％以上	15％以上	同族株主等
	50％未満	30％未満	15％未満	同族株主等以外の株主

表 I-7　直前期末における総資産価額（簿価）に応ずる割合　　（単位：億円）

	小会社	中会社			大会社
卸売業	0.8未満	0.8以上 7未満	7以上 14未満	14以上 20未満	20以上
小売・サービス業	0.5未満	0.5以上 4未満	4以上 7未満	7以上 10未満	10以上
その他	0.5未満	0.5以上 4未満	4以上 7未満	7以上 10未満	10以上
従業員数	10人以下	10人超 30人以下	30人超 50人以下	50人超	50人超
割合「L」		0.60	0.75	0.90	

表 I-8　直前期末以前1年間における取引金額に応ずる割合　　（単位：億円）

	小会社	中会社			大会社
卸売業	2未満	2以上 25未満	25以上 50未満	50以上 80未満	80以上
小売・サービス業	0.6未満	0.6以上 6未満	6以上 12未満	12以上 20未満	20以上
その他	0.8未満	0.8以上 7未満	7以上 14未満	14以上 20未満	20以上
割合「L」		0.60	0.75	0.90	

大会社・中会社及び小会社の区分は、表Ⅰ-7・表Ⅰ-8による。この場合、直前期末以前1年間における従業員数が100人以上の会社は、大会社とされている。

ⓐ 大会社……類似業種比準方式

$$A \times \frac{\frac{Ⓑ}{B} + \frac{Ⓒ}{C} + \frac{Ⓓ}{D}}{3} \times 0.7 \qquad \cdots\cdots ❶$$

A＝課税時期の属する月以前3か月間の各月及び前年平均の類似業種株価のうち、もっとも低いもの（類似業種は、日本産業分類のうち、①小分類と中分類、②小分類のない場合には中分類と大分類の選択ができる。）

B＝課税時期の属する年の類似業種の1株当たり配当金額

C＝課税時期の属する年の類似業種の1株当たり年利益金額

D＝課税時期の属する年の類似業種の1株当たり純資産価額
　　（帳簿価額により計算した金額）

Ⓑ＝評価会社の直前期末における1株当たり配当金額

Ⓒ＝評価会社の直前期末以前1年間における1株当たり利益金額

Ⓓ＝評価会社の直前期末における1株当たり純資産価額（帳簿価額により計算した金額）

ただし、①類似業種比準方式による額＞純資産価額（相続税評価額）方式による額の場合、及び②土地・株式保有特定会社（簡便方式あり）及び開業後3年未満・2比準要素以上3年間0会社の場合は、純資産価額（相続税評価額）方式による。

ⓑ 中会社……類似業種比準方式と純資産価額（相続税評価額）方式との併用方式

　　類似業種比準価額×L＋1株当り純資産価額×(1－L)　　……❷

「L」の割合は、評価会社の直前期末の総資産価額（帳簿価額）又は直前期末1年間の取引金額に応じて表Ⅰ-7のいずれか下位の割合と、表Ⅰ-8に定める割合とのうちいずれか上位の割合をいう。ただし書は、ⓐ②と同じである。

Ⓒ 小会社……純資産価額（相続税評価額）方式

$$\frac{Ⓕ-Ⓖ-\{(Ⓕ-Ⓖ)-(F-Ⓖ)\}42\%（控除税率）}{課税時期における発行済株式数} \quad \cdots\cdots❸$$

Ⓕ＝相続税評価額により計算した純資産価額

Ⓖ＝債務の金額

F＝Ⓕの計算の基とした各資産の簿価の合計額

ただし、①Ｌの割合を0.50として②式により評価し、②ⓑⓒの純資産価額（相続税評価額）については、持株割合が50％未満の同族株主グループに属する株主の取得した株式は、純資産価額（同上）の80％で評価する。この純資産価額（相続税評価額）方式は、土地・株式保有特定会社（簡便方式あり）及び開業後3年未満・2比準要素以上3年間0会社に適用することとしている。

さらに、現物出資又は合併により著しく低い価額で受入れた資産があるときは、その現物出資等の資産の価額（相続税評価額）とその受入価額との差額に対する法人税額等相当額（控除税率を乗じた額）は、純資産価額（同上）の計算上控除しないこととしている。

ところで、(i)の原則的評価方式については、2000年1月14日の閣議において、次の見直しが決定されている[注13]。

ア．類似業種比準方式による評価方法について、❶式におけるABC 3比準要素のうち利益金額に比重を置いた方法とするとともに、中会社及び小会社の株式について評価の安全性に対する斟酌の見直しを行う。

イ．小会社の規模基準のうち従業員数基準の見直しを行う。

ウ．純資産価額方式によることとされている、❶式におけるABC 3比準要素のうち「2比準要素0の会社」の株式評価について、類似業種比準方式の併用を認める。

これらのア〜ウについて、具体的には、

ア．「比準割合」と「斟酌率」について、次のとおりとする。

「比準割合」

$$\frac{配当比準値＋利益比準値×3＋純資産比準値}{5}$$

（注）利益比準値がゼロの場合は分母を「3」とする。

「斟酌率」
　　大会社……0.7（現行どおり）
　　中会社……0.6
　　子会社……0.5
　イ．表Ⅰ-7の「直前期末における総資産価額（簿価）に応ずる割合」の「小会社」「従業員数」の「10人以下」を「5人以下」とする。
　ウ．❶式におけるABC 3比準要素のうちの「2比準要素0の会社」については、類似業種比準方式と純資産価額方式との併用方式を認める。
(ⅱ) 配当還元方式
　同族株主等以外の株主及び零細株主が取得した株式に適用される。

$$\frac{その株式の1株当たり券面額 \times その株式にかかる年平均配当率}{10\％} \quad ……❹$$

　　年平均配当率＝評価会社の直前期末以前2年間の各事業年度における通常の年配当率の平均率による。ただし、その率が5％未満である場合または無配である場合には、年平均配当率は5％とする。

E　非上場株式の時価の特徴と問題点

　以上のB～Dをわかりやすく比較するために表にすると、表Ⅰ-9[注10]のとおりである。この表では、上場株式価格の評価について、次の特徴と問題点を指摘することができる。
(A)　気配相場のある株式
　所得税が取得日の気配相場に限定されているだけで、法人税は事業年度終了日以前1月間の平均価格を、相続税は、やはり消極課税ということもあって、課税時期の価格とそれ以前3ヵ月の平均価格のうち最も低い価格を採用できるものとしている。それゆえ、所得税は納税者に不利な取扱いになっている。
(B)　気配相場のない株式及び取引相場のない株式
ⓐ　売買実例のあるものについては、相続税は規定を置かず、所得税は最近のものに限定され、法人税だけが事業年度終了日前6月間のものから適正な価

格を選択できるものとしている。それゆえ、所得税の不利な取扱いに加えて、相続税が売買実例のあるものについて規定していないのは問題である。

というのは、評価会社の内部者間だけではなくその外部者との間においても、Ⅳ2cで述べるような具体的諸方式の併用等による価格に基づき当該会社の株式等を売買している場合には、当然にその取引価格が客観性のある価格であるといえるからである[注14]。

ⓑ 公開途上にある株式については、法人税・相続税にほぼ同様の規定があるが、所得税には規定がないのも問題である。

ⓒ 国税局長の指定する株式については、法人税・所得税とも規定をおかず、相続税だけが規定を設けている。

ⓓ 取引相場のない株式について、法人税・所得税とも、①類似法人の株価のあるものは、それに比準した推定価格、②それに該当しないものは、純資産価格等を斟酌して通常取引されると認められる価格としているのに対して、相続税では、①の規定がなく、②では、一般会社・特定会社の区分と、同族株主とその他の株主の区分をした上、同族株主については、さらに大・中・小会社を区分して類似業種比準価格又は純資産価格又はそれらの併用方式を

表Ⅰ-9　税法上の非上場株式価格

	法人税	所得税	相続税
気配相場のある株式	登録銘柄と店頭管理銘柄の以前1月間の毎日の最終気配相場（証券業協会が発表する最高価格と最低価格との平均価格）の平均価格。	公表された気配相場（最終価格がなかったときは、同日前の同日に最も近い日における気配相場）。	1　登録銘柄・店頭管理銘柄 公表された取引価格（高値と安値の双方について公表されている場合には、その平均価格）。取引価格が以前3ヵ月の取引価格の月平均価格を超える場合には、その最も低い価格。
気配相場のない株式	1　売買実例のあるもの 前6月間において売買の行われたもののうち適正と認められる価額	1　売買実例のあるもの 最近において売買の行われたもののうち適正と認められる価額	

	2　公開途上にある株式 　入札により決定される入札後の公募等を斟酌して通常取引されると認められる価額		2　公開途上にある株式 　上場等に際して、公募等が行われる場合は、その株式の公開価格（入札後の公募等の価格）、公募等が行われない場合は、以前の取引価格等を勘案。
			3　国税局長の指定する株式 　取引価格と類似業種比準価格との平均価格。それが取引価格を超える場合には、取引価格。
取引相場のない株式	3　売買実例のないものでその株式を発行する法人と事業の種類、規模、収益の状況等が類似する他の法人の株式の価格があるもの 　当該価格に比準して推定した価格 4　1〜3までに該当しないもの 　その株式の発行法人の1株当たりの純資産価格等を斟酌して通常取引されると認められる価格	2　売買実例のないものでその株式を発行する法人と事業の種類、規模、収益の状況等が類似する他の法人の株式の価額があるもの 　当該価額に比準して推定した価額 3　1、2に該当しないもの 　株式を発行する法人の1株当たりの純資産価額等を斟酌して通常取引されると認められる価額	1　一般会社 (1)　同族株主等の株式 　株式の発行会社を大・中・小会社に区分する。 ａ．大会社 　類似業種比準価額。純資産価額によることができる。 ｂ．中会社 　類似業種比準価額。純資産価額との併用方式。純資産価額によることができる。 ｃ．小会社 　純資産価額。純資産価額と類似業種比準価額の平均値によることができる。 2　特定会社 　株式保有・土地保有特定会社等 (1)　同族株主等の株式……原則・純資産価額 (2)　同族株主等以外の株式……配当還元価額

I 会計システム(法制度等)と株式(出資)等の価格

設けている。
ⓔ 法人税法・所得税法には、通達も含めて、時価そのものの定義がないが、相続税法と財産評価基本通達では時価の定義をしている。

ⓐ～ⓔで見たように、法人税法・所得税法及び相続税法では、非上場株式の時価の取扱いがそれぞれ定められているが、それらについては、以上の諸問題があり、一貫性に欠けているといわざるをえない。さらに、財産評価基本通達には以上のとおり類似業種比準方式・純資産価額方式（両者の折衷方式は両者に分解できるので省略）及び配当還元方式の3つの方式があるが、次には、これらの諸方式とｅＢで述べる不動産鑑定評価の3方式との関係を検討することにより、問題点を指摘する。

ⓐ 原価方式に対応するものは純資産価額方式である。この純資産価額は相続税評価額により求めた含み益から清算所得課税分を控除するから、この方式により求めた株価は、時価より安い目の価格となる。

　ここで、時価によらずに相続税評価額によるのは、株式と土地の評価の均衡を保つためであり、清算所得課税分を控除するのは、個人企業との均衡を保つためである。財産評価基本通達は、もともと個人の相続時の評価基準を定めたものであるが、この純資産価額方式は、法人の株式評価にも準用されている。具体的には、大中小会社の如何を問わず、相続税評価額ではなく、時価により求めた含み益から清算所得課税分を控除することとされている（法基通9-1-15）。

　実際に法人の土地を取得する代りにM＆Aにより株式を取得する場合、将来の土地売却時に法人税等の負担がかかるので、それを見越して当該税負担分だけ安く買わないと、前所有者への課税分も株式取得者が負担することになるから、このように、清算所得課税分又は各事業年度の所得に対する課税分を控除することは必要であるといえる。

ⓑ 比較方式に対応するものは類似業種比準方式である。この類似業種比準価格は、❶式にみられるように、複数の上場会社からなる類似業種の平均株価に、類似業種の1株当たりの配当金額・利益金額及び簿価純資産価額（3要

素の価格) に対する評価会社の1株当たりの各金額 (3要素の価格) の比準割合を乗じて得た価格に、さらに評価の安全性を図って、それに70％ (斟酌率) を乗じた価格を株価とすることとされている。

　これらの3要素の価格のうち、1株当たりの配当金額と利益金額は、両者とも収益系の要素として重複していることは問題である。この方式により求めた株価は、従来一般に純資産価額方式により求めた株価よりも安いものとされていたが、II 1 c で述べるように、上場株式の'83年以後の急激な値上りにより、バブル時にはこの方式により求めた株価の方が高いケースもかなり生じていた。

　このような上場株価の急激な投機的急騰ないしII 1 c でみるような年平均利回りの急落 (キャピタルゲインを加えた場合の実質的年平均利回りの急上昇) は、非上場株式には起り得べくもないから、この方式による株価は妥当性を欠くものということができる。これに対しては、既述のとおり、❶式における斟酌率を中会社及び小会社についてそれぞれ60％及び50％に見直しをしているが、大会社も含めてIV 2 a で述べる流動化比率 γ の割合だけ低くなるようにするべきである。

　さらに最近には、グローバル化した経済の下で強力な保護行政が弱まった結果として、同一業種の中でも企業間の格差が開いてきているから、この方式そのものも妥当性を欠くことになってきている。もっとも、類似業種比準価格が純資産価格に比べて高い場合には後者を採用することができるが、後者も高過ぎるし、継続企業の株価としては後者だけでは妥当性に欠けるのである。

ⓒ　収益方式に対応するものは配当還元方式である。この収益価格 (配当還元価格) は、❹式にみられるように、特別配当・記念配当等を除いた年平均配当金額を10％の利回りで資本還元した額を株価とすることとされている。年配当金額は、直前期末以前2年間の年平均配当金額をさし、その金額が50円に対して2.5円未満の場合及び無配の場合には、2.5円とすることとしている。

I 会計システム(法制度等)と株式(出資)等の価格

　配当還元方式により求めた株価は、経営支配とは関係のない株主に対してのみ妥当性があるものであり(相続税評価通達の取扱いも同じである)、かなり安く求められるが、経営支配の可能な株主に対して妥当性を有する収益還元方式は、'83年の事業承継税制の改正に当たって検討されたものの、その方式自体の難しさから採用を諦めて、中小会社にも類似業種比準方式の併用を認めることでお茶を濁してきている(2000年1月の閣議決定による見直しもその延長線上で行われている)。

　しかしながら、バブル崩壊後に土地価格につき収益還元法が重視されてきていることと軌を一にして、これまでのようにいつまでもお茶を濁すことで満足せず、この図書で述べる本来の収益還元方式を早急に採用するべき時期が到来しているのではないか。

e　システムと土地の時価

　以上のa～cの時価に関する諸規定では、肝心の土地の時価とは何かがわからないから、ここでは、土地の時価につきシステムとして公示価格等・不動産鑑定評価基準、さらには会計基準と監査上の取扱いをも含めてそれらと税法諸規定との関連を概観する。

A　公示価格等[注15]

　地価公示の目的・内容及び効力について、「地価公示法」は次のように規定している。地価公示の目的としては、次の3つを掲げている。
①　一般の土地の取引価格に対して指標を与える。
②　公共の利益となる事業用土地に対する適正な補償金の額の算定等に資する。
③　適正な地価の形成に寄与する。

　地価公示の内容としては、土地鑑定委員会は、都市計画区域内の標準地につき、不動産鑑定士等が3価格を勘案して求めた結果を審査・調整して、正常な価格を判定し公示する。ここで「3価格」とは、(b)の不動産鑑定評価基準に基

づいて、取引事例比較法により求めた比準価格、原価法により求めた積算価格及び収益還元法より求めた収益価格のことであり、「正常な価格」とは、土地について、自由な取引が行われるとした場合におけるその取引において通常成立すると認められる価格をいうものとしている。

公示価格の効力としては、次の3つをあげている。

①　不動産鑑定士等が都市計画区域内の土地について鑑定評価を行う場合、その土地の正常な価格を求めるときは、公示価格を規準としなければならない。

②　土地収用法による事業を行う者は、都市計画区域内の土地を取得する場合、その土地の取得価格を定める[注16]ときは公示価格を規準としなければならない。

③　同法の収用採決による補償金の額は、都市計画区域内の土地について事業認定の告示時の相当な価格を算定するときは、公示価格を規準とした価格を考慮しなければならない。

公示価格は、このような法律の下に、主として土地収用法に基づく土地の取得への役立ちを目的としているから、バブル時には、投機的に高騰した取引事例価格について行かざるを得ない、しかも取引事例を後から追いかけるという後追い的性格を持っている。というのは、被収用者は、同様の価格で同条件の代替地を取得できなければならないからである。しかも、バブル崩壊時には取引事例価格にばらつきが生じ、地価公示作業の後追い的性格により本来の地価下落の程度について行き難いという欠陥も併せ持っている。

したがって、このような性格を持つ公示価格を基に、次のB～Gで述べるとおり、各税務上の土地の時価を決めていることは、バブル時及びバブル崩壊時にはかなり大きい諸問題を招来していることに留意しなければならない。

B　不動産鑑定評価基準[注17]

「不動産鑑定評価基準」は、不動産の鑑定評価について、その骨子を次のとおり規定している。不動産の鑑定評価とは、不動産の経済価値を判定し、これを貨幣額で表示することであり、具体的には、鑑定評価の主体が、合理的な市場

Ⅰ　会計システム(法制度等)と株式(出資)等の価格

で形成されるであろう市場価値を表示する適正な価格を的確に把握することを中心とする作業であるとしている。

　不動産の鑑定評価の基本的な手法は、原価法・取引事例比較法及び収益還元法の3方式に大別されるとしている。これらの鑑定評価の3方式（元本と果実の方式のうち、前者について述べる）による3価格は、次のとおりである。

① 　原価方式——原価法

　原価法は、原価方式のうち不動産の価格を求める場合の手法であり、価格時点における対象不動産の再調達原価を求め、この再調達原価について減価修正を行って、対象不動産の試算価格(この手法による試算価格を積算価格という)を求めるものである。

　原価法は、対象不動産が建物又は建物及びその敷地である場合において再調達原価の把握及び減価修正を適正に行うことができるときに有効であり、土地のみである場合においても再調達原価を適正に求めうる(造成地、埋立地等の)場合には、この手法を適用することができる。

② 　比較方式——取引事例比較法

　取引事例比較法は、比較方式のうち不動産の価格を求める場合の手法であり、まず多数の取引事例を収集して適切な事例の選択を行い、これらに係る取引価格に必要に応じて事情補正及び時点修正を行い、かつ、地域要因の比較及び個別的要因の比較を行って求められた価格を比較考量し、これによって対象不動産の試算価格（この手法による試算価格を比準価格という）を求めるものである。

　取引事例比較法は、近隣地域又は同一需給圏内の類似地域等において、対象不動産と類似の不動産の取引が行われている場合に有効である。

③ 　収益方式——収益還元法

　収益還元法は、収益方式のうち不動産の価格を求める場合の手法で、対象不動産が将来生みだすであろうと期待される純収益の現価の総和を求めるものであり、純収益を還元利回りで還元して対象不動産の試算価格（この手法による試算価格を収益価格という）を求めるものである。

収益還元法は、賃貸用不動産の価格を求める場合には特に有効であり、企業用不動産についても当該不動産からの収益がその企業収益の大部分を構成している場合に有効である。

不動産の鑑定評価に当たっては、評価原則としてこれらの3方式を適用して得られた試算価格としての3価格（積算価格・比準価格及び収益価格）を相互に関連づけて調整の上、鑑定評価額を決定すべきものとしている。

C　会計基準と時価主義

(A)　販売用不動産等　(Property held for sale, etc.)

既述のとおり、日本でも「国際会計基準」(IAS)としての時価主義を2001年3月期から実施しようとしている。この方針に従い、先の企業会計審議会の「意見書基準」に加えて、日本公認会計士協会は、2000年1月19日付で公開草案として「販売用不動産等の強制評価減の要否の判断に関する監査上の取扱い(案)」(以下「公開草案」という)を発表した。

「国際会計基準」(IAS2)は、棚卸資産について、低価法を強制し、時価としては正味実現可能価額によるものとしている[注2]。

「公開草案」は、同時に住宅業界・建設業界及び商社等の抱える不動産の大幅な含み損の早期処理を求めるものである。その概要は、次のとおりである。

「a．企業会計原則」及び「b．商法」で述べたとおり、前者では棚卸資産（販売目的の不動産・仕掛品及び半成工事を含む）につき、後者では流動資産につき、それぞれ強制低価法の規定（時価が取得価額よりも著しく下落し回復見込みのないときは時価を付すべきこと）をおいているから、販売用不動産に対しては、開発事業等支出金（以下両者を「販売用不動産等」という）とともに強制評価減を適時に実施する必要があるものとされた。

「時価の著しい下落の判断基準」は、「時価が、取得価額に比べて、おおむね50％以上下落している場合」としている。

「販売用不動産等」に適用する時価は、aで述べた「連続意見書」第4の正味実現可能価額と再調達原価のうちの売価に基づく前者をとることが妥当である

としている。
　前者による時価の算式は、次のとおりである。
　　販売用不動産の時価＝販売見込額－販売経費等見込額
　　開発事業等支出金の時価＝完成後販売見込額－(造成・建築工事原価今後発生見込額＋販売経費等見込額)　❶

　これらの「販売用不動産等」の時価の算定に当たっては、その客観性・合理性、開発計画の実現性及び開発主体の実績等を慎重に考慮するものとしている。販売見込額の基礎となる土地の時価としては、たとえば、開発を行わない不動産又は開発が完了した不動産のうちの宅地（更地及びその利用又は売却に際して除去する必要のある建物等が存在する土地を含む）については、次のものをあげている。
① 販売公表価格・販売予定価格・販売可能見込額
② 公示価格から比準した価格
③ 都道府県基準地価格から比準した価格
④ 路線価による相続税評価額
⑤ 固定資産税を基にした倍率方式による相続税評価額
⑥ 近隣の取引事例から比準した価格
⑦ 鑑定評価額
　さらに、開発後販売する不動産のうちの造成計画のある未造成土地（素地―造成中の土地を含む）については、次のものをあげている。
　造成計画が実現可能な場合……開発事業等支出金の時価は、❶式による。
造成計画に実現可能性がないと判断された場合
山林―
① 林地価格（都道府県基準地価格又は公示価格）
② 固定資産税を基にした倍率方式による相続税評価額
③ 鑑定評価額
④ 近隣の取引事例から比準した価格

田畑・雑種地等—
① 固定資産税を基にした倍率方式による相続税評価額
② 近隣の取引事例から比準した価格

山林・田畑・雑種地等—
① 販売可能見込額

　しかしながら、これらについては、次の事項を問題として指摘することができる。
① 鑑定評価額が基本であるのに、宅地の①～⑦までに見られるように平面的に羅列している。さらに、土地についても収益還元価額が重要性を増しているのに、(建物—新築住宅等には掲記しているのに) それを除外している。
② 公示価格から比準ではなく、公示価格を規準とするのである。この規準とするとは、「対象土地の価格を求めるに際して、当該対象土地とこれに類似する利用価値を有すると認められる1又は2以上の標準地との位置、地積、環境等の土地の客観的価値に作用する諸要因についての比較を行い、その結果に基づき、当該標準地の公示価格と当該対象土地の価格との間に均衡を保たせることをいう」のである。
　しかし、実は、公示価格等がバブル崩壊後も収益価格を中心に据えていないことにも問題が残されている。そして、相続税評価額と固定資産税評価額は、この公示価格に基づいて決められていることに注意しなければならない。
　さらに、山林のうち、調整区域内にある農村・都市近郊林地の都道府県基準地価格又は公示価格については、今後10年程度の間に宅地等への転換を予測した算式により求めた価格と投機的取引事例に比準した価格とを調整して決めているから、高すぎることにも留意する必要がある。というのは、右肩下がりの現時点では、環境保護・保全の必要性と相まって、林地の宅地等への転換そのものがほとんど見込めなくなっているからである。
③ ❶式では、将来の宅地の販売及びその地域の熟成に要する期間と将来の支出に対して現在価値に割り引く必要があるのにそれを考慮していない。

Ⅰ　会計システム(法制度等)と株式(出資)等の価格

表Ⅰ-10　有形固定資産会計基準比較表

	「国際会計基準」(IAS16)	日本基準
測定基準	取得原価主義が標準処理であるが、代替処理として再評価額も認めている	取得原価主義（一定期間事業用土地の再評価を認めている）
交換資産	類似資産で公正価値も同等である場合：譲渡損益は認識しない 類似性のない資産との交換：受入資産の公正価値又は引渡し資産の公正価値及び現金調整額	明文規定はないが、ほぼ同様と考えられる
減価償却	資産の経済的便益が消費されるパターンを反映する方法で規則的に期間配分	減価償却方法の選択についての基準は特にないが、同様の考え方。実務上は、法定耐用年数の使用が一般的
減価償却方法の変更	会計上の見積りの変更（資産の経済的便益の消費パターンが変化した場合にのみ変更が認められる）	会計方針の変更（正当な理由が必要）
評価減	減損の徴候がある場合に検討を行い、回収可能価額が帳簿価額より下落した場合には回収可能価額まで評価減する	「予測スルコト能ハザル減損」について相当の減額を要求。陳腐化は臨時償却の対象となる。ただし、減損会計はない
同戻入れ	戻入れの規定あり (IAS36)	戻入れの規定なし
国庫補助金	繰延利益処理又は直接減価処理のいずれかによる (IAS20)	直接減額又は利益の一時計上（利益処分方式）、繰延利益処理は認めていない

(B)　有形固定資産 (Property, plant and equipment) の会計基準

　有形固定資産について、「国際会計基準」と日本基準とを比べると表Ⅰ-10[注18]のとおりである。この表の測定基準に見られるように、国際的にはまだ会計実践において時価を積極的に採用するところまできていないが、①「国際会計基準」(IAS第16号—1993年12月改訂)は、時限立法の日本基準と異なり、代替処理として継続的に再評価額も認めている。さらに、②評価減について、「国際会計基準」(IAS第36号—1998年6月公表)は、回収可能価額まで評価減する（時価主義とは異なり、帳簿価額の切上げを認めず、切下げだけを求める）こととしている。

日本基準には、減損会計がないが、企業会計審議会は、このたび漸く「固定資産の会計処理に関する論点の整理」(2000.6.23)を公表するに至り、そこでは固定資産の減損会計につき、「将来に損失を繰り越さないための臨時的な減額と考えるのが妥当である」としている。

　「国際会計基準」では、資産の減損の兆候がある場合には、減損テスト（回収可能価額＜帳簿価額か否かの検討）を行い、減損が発生しているときは、回収可能価額まで評価減することを要求している[注18]。

　評価減する場合の減損の兆候の例示は、次のとおりである。
ⓐ　外部の情報源
①　資産の市場価格が通常の減価償却以上に著しく低下する。
②　著しく不利な状況変化が発生、又は近い将来に予想される。
③　市場金利等の上昇により、使用価値計算に用いる割引率が上昇し、資産の回収可能価額が大きく下落しそうである。
④　企業の発行株式の時価総額が純資産の帳簿価額を下回っている。
ⓑ　内部の情報源
①　陳腐化又は物的損傷の証拠がある。
②　資産の利用程度又は方法について、著しく不利な変化（事業の廃止・リストラ、資産処分の計画を含む）が発生、又は近い将来に予想される。
③　資産の採算性が予想より悪化又は悪化するであろうという証拠がある。

　回収可能価額とは、正味売却価格と使用価値（資産の継続的使用と耐用年数終了時の処分により流入すると予測される見積将来キャッシュ・フローの現在価値）とのいずれか高い方の額とされている。

　これらのうちのⓐ①については、減価償却資産以外の土地についても、市場価格が著しく下落した場合には実施する必要があるのではないか（日本では特にそうである）。

　時限立法である日本基準の土地再評価の特徴と問題点[注19]は、次のとおりである。
①　対象企業は、監査特例法適用の全業種にわたる大企業であるから、その他

の企業は実施できない。
② 再評価実施期間は、1998年3月31日から3年を経過する日（2001年3月30日）までのうちの1会計期間であるから、この機会を逃すと実施できない。
③ 対象土地は、事業用土地（有形固定資産と投資不動産）に限定しているから、販売用土地・遊休土地は再評価を実施できない。
④ 再評価の実施は、任意であるから、各企業間の経営比較が一層困難になる。
⑤ 時価について明記していないから、再評価額の客観性に欠けることになる。時価の基準としては、地価形成がようやく欧米並の収益価格水準になったこの際、収益価格を基準にするべきである。そのためには、公示価格と同時に収益価格を発表できるものにしなければならないという問題も残されている[注20]。

土地の再評価を実施した場合のROEに対する影響と注意するべきことについては、d(1)Aの最後に述べたことと同じことがいえる。

(C) 投資不動産（Investment property）の会計基準

投資不動産について、日本ではまだ会計実践において時価を採用するところまできていないが、国際会計基準委員会(IASC)は、1999年7月に次の投資不動産の「国際会計基準」(IAS)としての公開草案を発表（日本公認会計士協会訳参照）、2000年春に決定・公表した（日本経済新聞2000．4．7号参照）。

この決定により、企業は時価法と原価法の何れかを選択できるものとされた。

時価法では、①すべての投資不動産を公正価値で測定し、さらに②投資不動産の公正価値のすべての変動を損益計算書において認識しなければならない。

原価法では、減損済みの原価を計上し、投資不動産の時価を公表しなければならない。

投資不動産とは、次の条件を満たす不動産をいうものとしている。
① 当該不動産が、賃貸収益・資本増価又はその両者を目的として保有され、
　ア．物品の製造・販売もしくはサービスの提供、あるいは経営管理目的のために利用されるものではないこと、又は
　イ．通常の営業過程において販売目的で保有されるものでないこと、及び

表Ⅰ-11　投資不動産の会計基準

	「国際会計基準」(IAS25)	日本基準
投資不動産の定義	当該不動産が、賃貸収益・資本増価を目的として保有され、その公正価値が継続して測定可能であると期待できること	投資の目的で所有する土地・建物その他の不動産をいう
測定基準	公正価値により評価・再評価	表Ⅰ-10と同じ
収益の認識	時価法：原価法の選択 時価法：時価（公正価値）で評価し、毎期評価差額を損益計算書に計上 原価法：減損済原価。これを選択した企業は、投資不動産の時価を公表	損益計算に反映させない
振替	有形固定資産となった場合：用途変更日の公正価値を推定取得原価として用いる 有形固定資産が投資不動産となった場合：公正価値の減少のときは純損益、増加のときは過去の減損範囲分は純損益・その超過分は資本として認識する 販売用不動産等が投資不動産となった場合：公正価値の変動を純損益として認識する	明文規定はない
除却	除却又は使用を取止め経済的便益が見込めない時認識を止める	明文規定はない
開示	①投資不動産とその他不動産の区別規準等、②公正価値の見積り方法及び重要な前提条件、③期首から期末までの帳簿価額の調整表、④期末時点での建設途中のものの帳簿価額	再評価益は負債に計上

② 企業が当該不動産を取得又は建設するとき（あるいは賃貸収益・資本増価を目的として初めて保有するとき）に、当該資産の公正価値が継続して測定可能であると企業が期待できること。

公正価値 (Fair value) とは、取引の知識がある自発的な当事者の間で、独立第三者間取引条件で資産が交換される金額をいう。これは、①取引所価格等の市場価格よりも広い概念であり、②取得原価と同様に継続企業の公準を前提と

する価格であり、③交換に至るまでの値付けに用いる見積額も含むものである(注21)。

この定義について、欧米では、取引価格は、通常、ほぼ収益価格で取引されるから、公正価値は、独立第三者間取引条件で資産が交換される金額、すなわち取引価格としても妥当性があるといえようが、資本主義の市場経済では、投機の入り込む余地が常に存在していることを忘れるべきではない。

さらに日本では、取引価格は、バブル時以外でも、収益価格をかなり超えて取引されてきており、バブル崩壊後の最近になってようやくほぼ収益価格で取引されるようになってきているから、今後は公正価値のこのような定義も通用する可能性が高いが、土地価格は本質的には収益価格であるから、やはり理論的には収益価格を公正価値の中心に据えるべきではないか。

投資不動産について、「国際会計基準」と日本基準とを比べると表Ⅰ-11(注22)のとおりである。この表の「国際会計基準」に見られるように、①投資不動産の定義では目的の内容が明確であり、②測定基準・収益の認識及び振替では常に公正価値が求められ、③除却又は使用を取止め経済的便益が見込めない時認識を止め、④公正価値に沿った開示が要求されている。日本基準が、②の測定基準に対して(B)で述べたとおり、再評価が限定的でしかも任意であること、③に対して遊休不動産を貸借対照表から除却しないこととしているのは、問題である。

これまでは、ｄ(1)及びｅＣ(A)～(C)を通じて、ｄ(1)の株式等について、資本効率を無視した株式の持合いで株式価格を収益力以上に高騰させていたし、ｅＣ(A)の販売用不動産等について、バブル崩壊まで専ら土地インフレによる値上がり益に依存していたし、ｅＣ(B)の有形固定資産及びｅＣ(C)の投資不動産について、不況時にやはりそれらの値上がり益（含み益）を実現させることにより配当の原資としていたという内発的な重要問題を自ら変える努力を怠ってきたことを、関係者は猛反省しなければならないのではないか。

その結果として、ｄ(1)は、調達した資金の投機的運用を助長させて、現実資本の生産性を向上させる意欲を削いでいたし、ｅＣ(A)は、常に経営を不安定に

するほか、素地価格を高騰させて、本来デベロッパーに帰属するべき開発利益のかなりの部分を地主に先取りされていたという問題を抱えていたし、ｅＣ(B)及びｅＣ(C)は、長期間にわたって形成された含み益をその実現時の株主のみに帰属させて、実質的には商法上の株主平等原則違反を犯すという重要な問題を惹起していたのである。

　これまで一部の企業は、関係会社（子会社）及び関連会社の形式基準を作為的に下回らせた実質的な従属会社に金融商品・不動産等の含み損をもたせてそれらを連結から除外していたが、前者には支配力基準、後者には影響力基準を適用することにより、実質的な従属会社に対する貸付金・有価証券等の中味も同時に問われることになってきている。

　これらの時価主義と連結決算の強化の動きへの関係業界の対応は、2000年3月期から時価主義を取入れる体力のある企業と、2001年3月期からのその実施も困難な体力のない企業に2極化しつつある（連結の強化は、キャッシュフロー計算書の作成及び税効果会計とともに2000年3月期からである）。

　1990年〜同91年にバブルが崩壊してから、10年近い年月が過ぎようとしているのに、未だ金融商品（有価証券のほか、特定金銭信託、ファンド・トラストを含む）の含み損に加えて不動産の含み損の処理がついていないことは、個別企業にとっても、日本経済全体としても、重大な問題である。

　しかも、たとえば販売用不動産等の評価減について、土地を巡る客観情勢が根本的に変ってしまっているのに、時価が取得価額よりも著しく下落し回復見込みのないものだけを評価減していたのでは、その差額としての含み損がそのまま残ってしまうことになる。

　一部の企業がその本格的な実施を待たずに、これらの会計制度の変更を先取して含み損の全部について2000年3月期からそれらの処理（含み損の一掃）をしようとしていることは、大いに評価したい（しかしながら、本当はそれでも遅すぎるのではないか？）。

　現在の日本において緊急に必要なことは、個別企業だけではなく全部の経済主体がバブル崩壊による後遺症としての含み損をバランスシートから一掃する

ことであるから、責任をとることと敗者の救済を前提に、これに焦点を合わせた会計基準を設定することである。

いずれにしても、これらの会計制度の変更を前向きに捉えて対処することが、個別企業と日本経済全体の前向きの発展につながるのではないか？

D　法人税基本通達

評価損の場合における時価は、そのときの通常の譲渡価額によるものとしている(法基通9-1-3)。そして、課税当局は、法人の土地取引の場合にも、この取扱いを貫いている。

この場合の土地の時価水準は、公示価格等の100％として、それと等しいレベルのものとしている。もっとも、公示価格は1月1日のもの、基準地価格は7月1日のものであるから、①土地価格の変動の激しいときは、時点修正を、②対象土地が公示標準地と異なるときは、地域要因の比較を、③対象土地が標準区画でないときは、個別的要因の加減算をそれぞれしなければならない。

さらに、(C)で述べたとおり、公示価格等は、バブル崩壊後も収益価格を中心に据えていないから、土地の時価を公示価格等の100％の水準でなければならないとしていること、及び商法上水増し資産が禁止されているのに、課税面で強制評価減した場合の損金算入を認めていないことは、問題である。

E　所得税法

収入すべき金額における時価の場合には、その物・権利等を取得するとき、又はその経済的利益を享受するときにおける価額によるものとしている（所法36①②）。

この場合の土地の時価水準及び土地価格の変動の激しいとき等の価格についての捉え方は、法人税と同じである。

さらに、法人税と同じく、土地の時価を公示価格等の100％の水準でなければならないとしていること、及び商法上水増し資産が禁止されているのに、課税面で強制評価減した場合の損金算入を認めていないことは、問題である。

F　相続税法及び財産評価基本通達[注12]

　財産の価額と時価については、(2)Dで述べたとおりである。ここでは、棚卸（販売用）資産としての土地と固定（長期保有）資産としての土地（宅地）にわけて述べる。

ⓐ　棚卸（販売用）資産としての土地
　棚卸（販売用）資産としての土地については、次の諸規定による（評基通133）。
①　原材料（造成用素地―田・畑又は山林等）の価額は、課税時期の仕入価額にその引取り等に要する経費を加算する。
②　半製品及び仕掛品（造成途中の土地）の価額は、課税時期の仕入価額にその引取り・造成等に要する経費を加算する。
③　製品・生産品及び商品（造成宅地）の価額は、課税時期の販売価額から、適正利潤・予定経費を控除した価額による。

　棚卸（販売用）資産としての土地については、もともと販売を予定しているからという理由で、その評価格は、時価そのものすなわち公示価格の100％の水準としている。

　しかしながら、いくら販売を予定しているとしても、モノからカネへは「命がけの飛躍」が必要であるから、価格の基準を公示価格の100％の水準としているのは、既述の法人税・所得税の場合以上に行き過ぎである。価格の基準をコストとしてとらえているとしても、次に述べる固定（長期保有）資産としての土地（宅地）と同程度までとはいわないが、少なくとも造成宅地の規模に応じて、平均販売時点及び平均熟成時点から現在価値に割引く取扱いをすべきものであるということができる。

ⓑ　固定（長期保有）資産としての土地（宅地）
　固定（長期保有）資産としての土地（宅地）については、次の諸規定による（評基通10以下）。
①　市街地的形態を形成する地域にある宅地は、路線価方式による。

Ⅰ　会計システム(法制度等)と株式(出資)等の価格

②　①以外の宅地は、固定資産税評価額倍率方式による。

　固定（長期保有）資産としての土地（宅地）については、①土地を売却しないでも相続税を納付できる場合には、土地の換金時点は相当先になるから、それを現在価値に割引いたものでなければならないし、②土地を売却しないと相続税を納付できない場合には、土地をその納付期限までに金銭に換えるには、通常足下を見られてかなりの値引を必要としている。バブル時までは、主として②の理由により、その評価格の値引割合を30％すなわち公示価格の70％水準（実態は50％～60％程度）としていた。このことは、モノからカネへは「命がけの飛躍」が必要であるから、決してモノ＝カネではないことに着目した正しい取扱いであったということができる。

　しかしながら、①バブル時に換金し易かったという側面のみを見て、バブル崩壊以後になって値引割合を20％すなわち同80％水準しか認めていないこと、及び②バブル時に表側と裏側との格差が少なくなったという側面に着目して奥行き低減率を少なくしたことには問題がある。それらの他、③袋地・無道路地等の画地計算にも妥当性を欠くものがある。

　というのは、①土地価格の本質は、後述するとおり収益価格であるのに、日本ではバブル時を含めてバブル前まで多少にかかわらず投機的動機が常に介在していて、取引事例価格が収益価格よりもかなり高い水準にあったし、②バブル崩壊以後は表側と裏側との格差がバブル前の状態に戻ってしまっており、③例えば進入路の拡幅・買収には通常相場の倍以上かかるからである。

　加えて、バブル崩壊以後は右肩下がりであるから、①の土地を売却しない場合には、将来の平均的な換金時点から現在価値へ（例えば相続人としての子息の平均余命期間）割引くことを考慮する必要も生じてきている（小規模宅地の特例措置は一部でこの役割を果たしているものといえる）。

G　固定資産評価基準

　標準宅地の適正な時価は、宅地の売買実例価額から評定する。売買実例価額について、内容を検討し、正常でない条件の場合にはこれを修正して正常売買

価格を求めるものとしている (固基第3節二㈠1(2)、3(1)ア)。

　固定資産税評価格は、バブル崩壊前は公示価格の40％水準(実態は20％〜30％程度)で、低利用又は未利用の土地の投機的な留保需要を促進した側面をももっていた。

　ところで、固定資産税は、「行政サービスの対価」であり、「財産税」であるといわれているが、C(C)で述べたように、日本ではバブル崩壊まで投機的動機が常に介在していて、取引事例価格が収益価格よりもかなり高い水準にあったのに、そのような投機的価格に対する固定資産税が先進諸国と比べて低すぎるという理由により、1994年以降その評価格を公示価格の70％の水準にまで高めてしまったことは、やはり問題である。

　不動産鑑定評価制度の利用等により、低利用又は未利用の土地の投機的な留保需要には、低未利用地税を、そして通常の「行政サービスの対価」を超える「開発利益」には、開発利益税をそれぞれ創設するのが正しい対策である。

　しかも、C(C)で述べたように、土地価格の本質は、収益価格であるから、これらの税を創設すれば足りる。通常の「行政サービスの対価」としては、「財産税」ではなく「収益税」として、その土地の利用により新しく生み出した収益すなわち付加価値（分配前利益又は可処分所得）のなかからこの税を支払える限度にとどめるべきである。

2　システム(法制度)と株式価格を求める方式

a　商　法

　商法は、周知のように、大企業・中小企業を問わず適用されるものである。

　商法では、株式は「株主権」ともいわれている。「株主権」の内容は、株主としての資格においてもつ権利義務を一括して含むものであり、共益権と自益権に大別される。

　共益権としては、議決権と監督権があり、自益権としては、利益配当請求権・残余財産分配請求権が主要なものである。自益権ではこれらのほかに、投下資本回収のための諸権利等がある[注23]。

Ⅰ　会計システム(法制度等)と株式(出資)等の価格

　これらのなかでは、議決権が基本的なものであり、最高の意思決定機関としての株主総会において、当該会社の、①経営を委託するために取締役を選任し、②経営を監督するために監査役を選任し、③利益配当を含む利益処分等を決議し、④解散等に当たり残余財産の分配を決議する。これらのほか⑤投下資本回収のための主なものとして、株式譲渡制限・営業譲渡及び合併の決議がある。
　ここで、①については、取締役として株主自らを選任して経営に当たる場合と、専門経営者を選任して経営を任せる場合とがある。前者では、資本と経営が、分離しておらず、ほとんどの中小企業がこれに該当する。後者では、資本と経営が、分離しており、ほとんどの大企業がこれに該当する。
　資本と経営が分離すると、コーポレートガバナンス（企業統治）が問題になる。戦後の日本では、一方において、行政当局・メインバンク及び労働組合が長らくこの機能を果たしていたが、1984年の「円ドル委員会」による金融市場の自由化・国際化、BIS規制及び組合組織率の低下が、行政当局等の経営者に対する監視機能を後退させてしまっていた[注24]。
　他方において、大企業の多くの専門経営者達は、まず会計責任を負わねばならないことはいうまでもない。それにもかかわらず、特に銀行・生命保険等の専門経営者達は、少しの例外はいるにしても、その他の企業が毎期毎期0からのスタートで収益を積み上げなければならないのに、そのほとんどの収益を過去の遺産により上げさせて貰っていることにも気づくことなく、無責任な甘い経営を続けていたから、コーポレートガバナンスは、一層必要とされていた(このことは、別の次元でいえば、例えば石油資源が過去の長期にわたる変化と蓄積の結果であるのに、しかも21世紀の半ばで掘り尽くしてしまうおそれがあるというときに、専門経営者達を筆頭として莫大な浪費を続けている現代人のあり方にも類似しているといえよう)。
　しかしながら近時には、一方では、大企業において専門経営者に任せっきりにせず、支配的な株主としての年金基金・保険会社又は投資信託等の機関投資家が、コーポレートガバナンスのためにチェック機能を強めて、①では社外重役を送り込むほか、②の監督機能等も重視するようになってきている。このこ

とは、分離した資本と経営が再び結合しようとする傾向を示すものといえよう[注25]。

他方では、国際的には、NGO（非政府組織）が、人権・環境等広範な分野で多国籍企業等に多様な価値観を認めさせ、経営姿勢を改めさせるケースも増えてきている[注25]。

このように、コーポレートガバナンスの問題については、今や経営が資本の利益獲得目的にそって行われているかという限定された視点からだけではなく、その経営が人間生活における権利の擁護、自然環境の保全・保護等の目的と両立しうるものであるかという観点も厳しく問われる時代を迎えているのではないか[注26]。

③の利益処分等の等は、損金処理もあることを意味している。利益処分においては、実際には経営者は、配当等による社外流出よりも資本蓄積促進のために利益の内部留保に努めるから、むしろ税引後利益が重要になってきている。

④の解散は、M＆A利用によるその事業の全部の譲渡を含み、解散等の等は、継続企業において、M＆A利用によりその事業又は資産の一部を譲渡し、普通・特別配当（財産の一部分配）又は株式の買取償却をすることもあることを意味している。これらのM＆A利用時には、株式価格の評価が必要となる。

⑤の主要な自益権以外の投下資本回収のための諸権利等のうちの主なものは、ⓐ営業譲渡に反対の場合の買取請求権、ⓑ株式譲渡制限決議に反対の場合の買取請求権、ⓒ合併に反対の場合の買取請求権があり、これらは何れも支配的な株主以外の株主の請求権として、株式買取価格の評価が必要となる。

①〜④と株式価格との関係について見ると、③は、配当還元価格から、収益還元価格（その還元利回り、すなわち株式益回りの逆数としての株価収益率）への展開の根拠を示し、④は、純資産価格が必ずしも解散時においてのみ顕在化するものではないという根拠を呈示している。

支配的な株主は、既述のように、①においては、その議決権の行使により、②を含めたコーポレートガバナンスの機能を維持し強めてきているほか、③と④において配当還元価格・収益還元価格と純資産価格の形成に重要な影響を与

Ⅰ 会計システム(法制度等)と株式(出資)等の価格

えてきている。実はこれらの③と④とは独立的なものではなく、④のストックとしての純資産価格は、物価変動を除けば年々のフローとしての内部留保利益の累計であるから、③の利益処分の決議によりある程度決定づけられているのである。

それゆえ、支配的な株主以外の株主は、③の利益処分の方針を左右することができないから、専ら利益配当に預る権利しかないように見えるが、④で継続企業においても、M＆A利用によりその事業又は資産の一部を譲渡した場合に、普通・特別配当（財産の一部分配）又は株式の買取償却に預る権利があることにも留意しなければならないのである。

「Ⅳの株式（出資）価格を求める諸方式」としての「フロー・ストック方式」が導出される根拠の一つは、システム（法制度）のこのような側面にあることが重要である。

ところで、商法と次の証券取引法との関係では、証券取引法の提供するシステムの下で形成される、Ⅳ2aの「上場株式価格を求める諸方式」における流動化比率γ、及びⅣ2bの「上場する場合の株式価格を求める諸方式」における流動化比率γと超過リスクカバー価格hという、非上場株式（出資）価格との量的な相違は、上場株式が非上場株式（出資）と質的に異なる側面をもつことを示唆しているものといえよう[注27]。

現在の商法は、企業の全部のカバーを意図して作られているが、①このような上場会社と非上場会社との質的な相違、及び② 2000 年 3 月期から連結決算が主体になってきていることから、株主に対する情報提供機能を重視し連結決算規定をも取り入れた、上場会社特例法を別途に設けるべきではないか。

b 証券取引法

証券取引法は、商法の対象とは異なり、主として上場会社（そのほとんどは大企業）を対象に、「国民経済の適切な運営及び投資者の保護に資するため、有価証券の発行及び売買その他の取引を公正ならしめ、且つ、有価証券の流通を円滑ならしめることを目的」（第1条）として施行されている[注28]。

45

したがって証券取引法では、上場会社等に主として次のことが義務づけられている。

(1) 有価証券（株式・社債等）の発行者は、その募集又は売出し[注29]に当たり大蔵大臣に届出書（目論見書を添付）を提出しなければならない（第4条・第13条）。

(2) 有価証券（同上）の発行者は、事業年度ごとに、有価証券報告書（会社の目的・商号及び資本又は出資に関する事項・営業及び経理の状況その他事業の内容に関する重要な事項・役員に関する事項・発行する有価証券に関する事項・その他の公益又は投資者保護のため必要かつ適当なものとして定められた事項記載のもの―半期報告書・臨時報告書を含む）を大蔵大臣に提出しなければならない（第24条・第24条の5）。

(3) 有価証券（同上）の発行者が提出する財務書類（貸借対照表・損益計算書及びキャッシュフロー計算書）には、特別の利害関係のない公認会計士又は監査法人の監査証明を受けなければならない（第193条の2）。

　証券取引法ではさらに、有価証券（同上）の流通に関わる証券会社・証券業協会・証券取引所及び証券金融会社の組織と活動に一定の規制が設けられている。

　これらの義務づけ及び規制から分かるように、証券取引法は、主として大企業の株式・社債等の発行（資金の調達）が容易に行われるように、発行市場と流通市場の両者に適正な情報を提供し、有価証券の流通を円滑にするシステム（法制度）である。

　それにもかかわらず、今回のバブルの膨張とその崩壊時には、証券会社中でも指導的な役割を果たさなければならない四大証券会社を始めとして数多の証券会社の損失補填について、膨大な不良債権を抱える銀行等の粉飾決算とともに、監督官庁及び公認会計士又は監査法人等がそれらを見逃していたことは、周知の事実である。

　これらについては、1992年6月に「証券取引等の公正を確保するための証券取引法等の一部を改正する法律」が交付され、①証券取引等監視委員会の設置、

②証券業協会等の自主規制機関の整備、及び③不公正取引の規制対象への店頭売買有価証券の取込等が行われて、証券取引等監視委員会は、複数の証券取引法違反による告発を行ってきている。

さらに、aで述べた専門経営者達の会計責任を担保するという重要な役割を担っている公認会計士又は監査法人については、度重なる粉飾決算への荷担により社会的な批判を浴びている折から、いまやようやく本来の厳しい監査に立ち戻ろうとしている。

しかしながら、この問題に真に対処するためには、アメリカが1929年の大恐慌に対処するために設けた「ペコラ委員会」のような組織を作って、徹底的にそれらの責任を問うた上、二度とこのような大失敗を繰返すことのないシステムを構築するべきではないか(注30)。

ともあれ、このようなシステムの下における上場会社の株式については、非上場株式等と比べて、証券の流通する市場があるから、その価格形成が行われ易いことはいうまでもない。それ故、この証券取引法の提供しているシステムは、Ⅳ2aの「上場株式価格を求める諸方式」における流動化比率γ、及びⅣ2bの「上場する場合の株式価格を求める諸方式」における流動化比率γと超過リスクカバー価格hに大きい影響を与えているということができる。

(注1) 石川純治論文「時価会計の経済的基礎」(中央経済社『企業会計』1999.11号)参照。なお、擬制資本については、「Ⅱ2擬制資本価格」を参照されたい。
(注2) 「国際会計基準」(International Accounting Standards＝IAS)」は、国際会計基準委員会 (International Accounting Standards Committee＝IASC) が公表する基準書である。

国際会計基準委員会は、1973年6月29日にオーストラリア・カナダ・フランス・ドイツ・日本・メキシコ・オランダ・英国・アイルランド及び米国の指導的会計士諸団体の合意により設立された委員会である。それは、次の二つを目的とし、究極には過剰な資本の投資機会を求める「世界の資本市場への参加者のための会計基準」の普及を目指している。
① 財務諸表の作成提示にあたり準拠すべき会計基準を公共の利益のために作成公表し、かつ、これが世界的に承認され遵守されることを促進し、
② 財務諸表の作成提示に関する規則、会計基準及び手続きの改善と調和に向けて広

く活動すること。

　　日本では、1989年に公表された公開草案第 32 号「財務諸表の比較可能性」を契機に「会計基準の国際的調和」が現実的な課題として意識されるようになり、さらに「金融ビッグバン」の一環として、会計制度を透明にするべくこの「国際会計基準」への大幅な接近が図られている（青山監査法人・プライス　ウォーターハウス編『国際会計基準ハンドブック新版』東洋経済新報社 1998. 9 刊、及び藤田幸男論文「国際会計基準のゆくえ」（第一法規出版『JICPA ジャーナル』2000. 4 号参照）。

(注3)　西沢脩論文「時価主義経営のための管理会計」（中央経済社『企業会計』2000. 3 号）参照。

(注4)　企業会計制度対策調査会中間報告「企業会計原則の設定について」(1949. 7. 9) 参照。

(注5)　この論文では、金額について、1 株当たりを価格、それに数量を乗算したものを価額としている。

(注6)　小谷融論文「時価会計が経営に与える影響」（中央経済社『企業会計』1999. 10 号）、及び大塚宗春論文「金融商品の時価会計」（同社『企業会計』2000. 2 号）参照。

(注7)　原則として子会社＝関係会社は、親会社が議決権の 50％超を、関連会社は親会社及び子会社が 50％以下 20％以上を実質的に所有しているものをいう。さらに、一定の条件を満たす場合には、前者では 50％以下のときでも支配力基準により、後者では 20％未満のときでも影響力基準により、それぞれ関係会社又は関連会社に該当するものとしている（企業会計審議会「連結財務諸表制度の見直しに関する意見書」1998. 6. 6 参照）。

(注8)　弥永真生論文「資産の時価評価の導入について」（中央経済社『企業会計』1999. 8 号）参照。

(注9)　日本公認会計士協会「金融商品会計に関する実務指針（公開草案）について」(1999. 11.12) 及び「「金融商品会計に関する実務指針（中間報告―2000. 1. 31）参照。

(注10)　中津幸信著『株式交換・移転制度と企業再編』（清文社 1999. 9. 21 刊）参照。

(注11)　株式ではないが、土地（宅地）の時価につき、地方税法に基づく自治省告示の固定資産評価基準及び自治次官通達において、売買実例価額を基に次のとおり規定しており、市場そのものの異常性を問わないから、そこでも本文の E ② で述べたことと同じ問題を指摘することができる（地法 388）。

　　売買宅地の売買実例価額について、その内容を検討し、正常と認められない条件がある場合においては、これを修正して、売買宅地の正常売買価格を求める（告示）。

　　適正な時価は、――正常な条件の下における取引価格をいうものであり、具体的には、土地にあっては、売買実例価額――を基準として評価する（自治固 95）。

(注12)　土地等の時価につき、地価税でも評価原則として次のとおり規定しており、その場合の時価は、財産評価基本通達と同じレベルのものとしている。

　　土地等の価額は――課税時期における時価による（地価法 23）。

Ⅰ　会計システム(法制度等)と株式(出資)等の価格

(注13)　小池正明論文「税理士からみた資産課税関係のポイント」(税務経理協会『税経通信』2000. 4 号) 参照。
(注14)　これについて、品川芳宣教授は、「「取引相場のない株式」でも取引があった場合には、その取引価額が適正であればその価額で評価してもよいのではないか」、さらに「裁判所が認定した価格は、一つの取引価格だということで、取引相場のない株式であっても、適正な取引価格があれば、それに準じて評価すればよい」とされている(品川芳宣・緑川正博共著『相続税財産評価の論点』ぎょうせい 1998. 8 刊) 参照。
(注15)　公示価格のほかに、「国土利用計画法施行令」第 9 条により、基準地の標準価格が公示される。
(注16)　「公共用地の取得に伴う損失補償基準要綱」第 7 条で、土地の補償額算定の基本原則として、取得する土地に対しては、正常な取引価格をもって補償するものとされている。
(注17)　土地鑑定委員会の「不動産鑑定評価基準の設定に関する答申」(1990. 10. 26) 参照。
(注18)　(注 2)の『国際会計基準ハンドブック新版』、及び諏訪部慶吉論文「国際会計基準との比較」(第一法規出版『JICPA ジャーナル』2000. 2 号) 参照。
(注19)　醍醐聡論文「土地の再評価と自己資本評価」(中央経済社『企業会計』1998. 6 号)、及び青木茂男論文「会計情報利用者から見た「土地の再評価に関する法律」」(同) 参照。
(注20)　建部好治著『土地価格形成論』(清文社 1997. 9 刊) 参照。
(注21)　吉田康英論文「時価会計が実務に与える影響」(中央経済社『企業会計』1999. 10 号) 参照。
(注22)　古賀智敏論文「時価会計基準の国際比較」(中央経済社『企業会計』1999. 10 号) 参照。
(注23)　我妻栄編集代表『新法律学辞典』(有斐閣 1976―初版 1967 刊) の項目「株式」「株主権」参照。
(注24)　安宅川佳之論文「日本における機関投資家とコーポレート・ガバナンス」(『証券経済研究』日本証券経済研究所 1999. 11 刊) 参照。
(注25)　菱山隆二論文「企業、NGO などと連携急げ」(『日本経済新聞』1999. 12. 8 号) 及び吉富勝著『日本経済の真実』(東洋経済新報社 1999. 3―初版 1998. 12 刊) 参照。
(注26)　渋谷博史教授は、アメリカの現実を踏まえ、コーポレートガバナンスの問題について「「儲けの分け前」の分析とはせず、会社の規律と社会の規律のズレを修正し、一致させるという民主主義的な問題意識の土俵に乗せて議論されるという面も見逃してはならない」とされている。同教授論文「アメリカの機関投資家とコーポレート・ガバナンス：研究資格設定の試み」(『証券経済研究』1999. 11 号) 参照。「経営多様化に商法も対応を」(『朝日新聞』2000. 5. 2 号) 参照。
(注27)　上村達男教授は、このような側面を捉えて、企業法制変革 (証券取引法適用株式会社だけではなく、公的規制の対象株式会社とそれらのない株式会社との株式会社法

理のあり方の相違を踏まえたものにすること）の重要性を論じている（上村達男論文「企業ビッグバンとコーポレートガバナンス―企業法制変革の視点は何か―」第一法規出版『JICPA ジャーナル』1999. 5 号参照）。「経営多様化に商法も対応を」（『朝日新聞』2000. 5. 2 号）参照。

(注28)　園山英明氏は、「強調されているのは、……「投資家保護」の考え方であって、アメリカが確認した自由競争と秩序ある市場が国民的公益として最高の地位を与えられるべきだとする考え方とは全く異なっている」としている（園山英明論文「国際資本市場システムの陥穽」シンクタンク藤原事務所 1999. 11 刊参照）。

(注29)　有価証券の募集とは、新たに発行される有価証券の取得につき、不特定かつ多数の者に対し、均一の条件で申し込みを勧誘することをいう（第2条第3項）。有価証券の売出しとは、既に発行された有価証券の売付又は買付につき、不特定かつ多数の者に対し、均一の条件で申し込みを勧誘することをいう（第2条第4項）。

(注30)　当時のアメリカでは、1934 年 4 月の「ペコラ委員会報告書」が、①取引所における売買活動、②投資銀行業務、③商業銀行業務、④ミシガン州のグループバンキングの事例、⑤脱税、⑥投資信託と持株会社……富の集中等にメスを入れており、それと並行してシステムの欠陥等をもとに金融市場の抜本的改革のための一連の立法（1933 年の「証券取引法」と「グラス・スティーガル法」及び 1934 年の「証券取引所法」―警察機能をも有する SEC の役割が大きい）を行っている（園山英明論文同上参照）。

II 株式価格評価の基礎理論

　ここでは、Ⅰの最初で触れた擬制資本について、第1に、典型的な擬制資本として同様のものである土地価格との比較において、株式価格の五つの側面を検討して、それらのうちの(1)〜(4)の四つの諸側面の価格がフロー価格に該当し、(5)の側面の価格がストック価格に該当することを指摘する。第2に、一般商品価格と擬制資本価格との関連が見え難いが、本来、現実資本が付加価値を生み出す過程と擬制資本との関連をも踏まえながら、擬制資本価格、中でもテーマの中心の株式価格について検討する。そこでは、現実資本の基礎である産業資本から商業資本・貸付資本・サービス資本及び公的資本が分化すること、産業資本の循環過程、すなわち付加価値の創造過程で、関連する自然とインフラサービスとの全部を使いながら、それらの一部しかコストとして認識していないこと、廃棄物により自然環境を汚染し続けていることにも言及する。第3に、一般商品価格との比較において、株式価格では、市場価格と自然価格、株式市場では、完全市場と不完全市場について見た後、株式価格の諸特徴、及びフロー価格とストック価格についても究明する。

1 土地価格と株式価格の諸側面

　自然から与えられた土地は、もともとタダのものであり、そのような土地は、人間とのかかわり合いができて、はじめて価値をもつようになる。すなわち、人間が土地に改良を加える（インプルーブする）ことによってはじめて土地の価値がでてくるものである[注1]。

　しかし、そのもとになる土地には、タダの部分（人間が一度も改良を加えていない部分）があるから、土地価格は、理論的には擬制資本の側面からしか説明することができないものであるということができる。

　これに対して株式価格は、払い込まれた資本という元になる価値をもってい

る点において土地価格とは相違している。このような両者の相違は、次の(1)～(5)の諸側面のうち(5)の側面においてだけ両者に類似性がないという形で表われてくる。

　土地価格との比較において、株式価格の諸側面を見ると次のとおりである[注2]。

	土　地　価　格	株　式　価　格
(1)	「収　益　価　格」	「配当・利潤証券価格」

$$\frac{R_L}{y_L+r_L} \qquad\qquad \frac{D}{y_S+r_S}$$

$$\frac{R_L+CR}{y_L+r_L} \qquad\qquad \frac{E}{y_S+r_S}$$

$$\frac{HR-HBR}{y_L+r_L}=\frac{LBR}{y_L+r_L}$$

(2) 「成　長　価　格」　　　　　「成長証券価格」

$$\frac{R_L(\text{incl. DP})}{y_L+r_L} \qquad\qquad \frac{D(\text{incl. OI})}{y_S+r_S}$$

$$\frac{LBR(\text{incl. DP})}{y_L+r_L-g_L} \qquad\qquad \frac{E(\text{incl. OI})}{y_S+r_S-g_S}$$

(3) 「投　機　価　格」　　　　　「投機証券価格」

$$\frac{R_L(\text{incl. DP})}{y_L+r_L-g_L}\pm CG \qquad \frac{E(\text{incl. OI})}{y_S+r_S-g_S}\pm CG$$

$$\frac{LBR(\text{incl. DP})}{y_L+r_L-g_L}\pm CG$$

(4) 「使用支配権の価格」　　　　「支配証券価格」

$$\frac{R_L(\text{incl. DP})+CP}{y_L+r_L-g_L} \qquad \frac{D(\text{incl. OI})+CP}{y_S+r_S-g_S}$$

$$\frac{LBR(\text{incl. DP})+CP}{y_L+r_L-g_L}$$

(5) 「控除（逆算）価格」　　　　「財産証券価格」

R_L　：期待地代（Expected Land Rent）　　D　：期待配当（Expected Dividened）

y_L　：土地期待利回り　　　　　　　　　　y_S　：株式期待利回り
　　　（Expected yield of land）　　　　　　　（Expected yield of stock）

r_L　：土地危険率（Risk of land）　　　　　s　：株式危険率（Risk of stock）

HR　：期待家賃
　　　(Expected house Rent)
LBR：土地帰属賃料
　　　(Land Belonging Rent)
g_L　：賃料成長率
　　　(growth rate of land rent)
E　：1株当たり年間期待利益
　　　(Expected earnings of stock)
DP　：開発利益 (Development Profit)
CP　：支配利益 (Control Profit)

CR　：期待資本利子
　　　(Expected capital Return)
HBR：建物帰属賃料
　　　(House Belonging Rent)
g_S　：利益成長率
　　　(growth rate of Earning)
incl. ：含む (including)

OI　：超過収益 (Over Income)
CG　：価格差 (Capital Gain)

　これらの価格のうち、(1)から(4)までは、フロー価格、(5)は、ストック価格である。それゆえ、Ⅳの「株式（出資）価格を求める諸方式」としての「フロー・ストック方式」が導出される根拠の一つは、株価の基礎理論のこのような側面にあることが重要である。

　日本において、フロー価格とストック価格との大きい開差を生む主要な原因は、土地価格における含み益が大きいことによっている。欧米では、不動産の取引は、主として収益価格を基に行われているから、フロー価格とストック価格とは、物価安定時には日本におけるように大きい開差を生むことがないのではないか。

　以下では、これらの諸価格について検討する。

a　収益価格と配当・利潤証券価格

　土地価格は、理論的には、収益価格として $\dfrac{R_L}{y_L+r_L}$ の公式によって求められる。

　しかし、歴史的には、土地は、自然から与えられたままの土地としてではなく、直接的な公的・私的資本投下による改良を加えられて、土地の豊度（又は熟成度）と位置（又は立地）を向上させてくる（林業用・農業用・工業用・住宅用・商業用とその利用形態を進展させてくる）ものである。

　したがって、ほとんどの場合、$\dfrac{R_L}{y_L+r_L}$ の公式は $\dfrac{R_L+CR}{y_L+r_L}$ としてとらえられね

ばならなくなる。

　$R_L \cdot y_L$ は、それぞれについて、やはり過去の実績だけではなく、実績・現状をふまえた将来の期待地代・期待利回りにより求めるものであり、r_L は、最近のような土地価格の値下がりの危険率を加味するものである。

　さらに、期待資本利子 (CR) は、土地改良のために投下された資本に対する期待利子 (資本を他に貸し付ければ得られたであろう期待利子) のことである。

　しかしながら、戦後の日本では、借主を強く保護する農地法・借地借家法[注3]等の存在により、地主が新規に土地を貸したがらず、土地については所有と使用の分離が進まなかったから、土地価格は、上のような公式ではなかなかとらえ難くなってきている。

　それゆえ、現状の下で収益価格をとらえようとすれば、所有と使用の分離が比較的進展している土地付き建物（貸アパート・貸マンション・貸ビル等）について、HR＝HBR＋LBR ということに着眼して、次の公式により捉えることになる。

$$\frac{HR-HBR}{y_L+r_L} = \frac{LBR}{y_L+r_L}$$

　株式の場合には、擬制資本の大きさは、収入を利回りで資本還元した数値に落ち着こうとするから、もともと株式価格は、配当・利潤証券価格として、$\frac{D}{y_S+r_S}$ の公式によって求められる。

　$D \cdot y_S$ は、それぞれについて、過去の実績だけではなく、実績と現状をふまえた将来の期待配当・期待利回りにより求めるものであり、r_S は、株式価格の値下がりの危険率を加味するものである。

　経済が成長を続けて、株式が値上がりするようになると、期待配当Dを期待配当利回りで資本還元した配当・証券価格の公式では株式価格の説明がつかなくなるから、証券業界は、配当Dを税引後利益Eに置き換え、Eを益回りで資本還元した公式 $\frac{E}{y_S+r_S}$ を展開して、株価収益率 (PER)[注4] をその新しい指標として開発している。

この配当・利潤証券価格の側面は、神武景気の 1958 年頃までは、上場株式平均配当利回りが定期預金（1年）利率よりも高かった時期にはっきりと現われていた（図Ⅱ-1）。当時は、期待配当利回りは定期預金利率よりも株価の値下りの危険率だけ当然に高いものとされ、株式投資は専ら配当とりを目的に行われていたのである。

b 成長価格と成長証券価格

土地価格は、直接的な公的・私的資本投下による改良に加えて、間接的な公的・私的資本投下により環境・施設等の整備が行われると、成長価格として、$\dfrac{R_L(\text{incl. DP})}{y_L + r_L} = \dfrac{LBR(\text{incl. DP})}{y_L + r_L}$ の公式によって求められるようになる。

DP の上昇を反映して、R_L が年々一定の割合で上昇して行く場合には、次の公式 $\dfrac{R_L(\text{incl. DP})}{y_L + r_L - g_L}$ によって求めることができる。

公的・私的資本の物的・「価値」的集合、すなわち集積（1ロットの土地への投資）と集中（集積の地域への拡がり）により、環境・施設等の整備が行われて、土地の利用形態が進展してくると、$R_L(\text{incl. DP})$ 又は $LBR(\text{incl. DP})$ についても将来の開発期待に基づく数値が重要となる。

1950 年代後半から同 60 年代後半にかけての高成長の時代になると、株式価格も、成長証券価格として $\dfrac{D(\text{incl. OI})}{y_S + r_S}$ の公式、さらには $\dfrac{E(\text{incl. OI})}{y_S + r_S}$ の公式によって求められるようになる。

OI の上昇を反映して、E が年々一定の割合で上昇して行く場合には、次の公式 $\dfrac{E(\text{incl. OI})}{y_L + r_L - g_L}$ によって求めることができる[注5]。

ここでの $D(\text{incl. OI})$、又は $E(\text{incl. OI})$ については、増配（超過収益の一部の分配）への催促相場にみられるように、将来の成長期待に基づく数値が重要である。

この成長証券価格の側面は、神武景気の 1958 年頃以後、上場株式平均利回り

が、証券不況の同'64・65年を除き、一貫して定期預金（1年）利率よりも低くなっていることに現われていた（図II-1）。当時は、創業者利得の一部は増配又は額面発行による増資という形で株主に還元されていた。

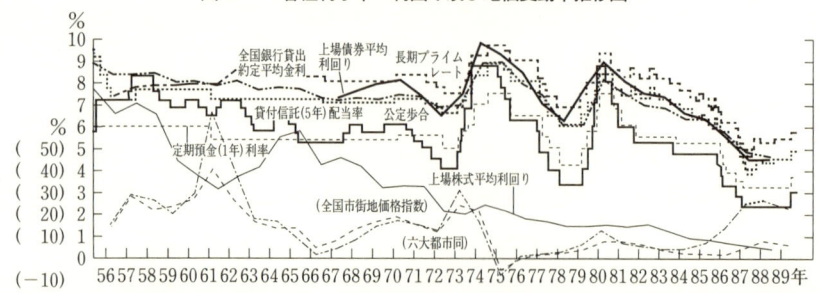

図II-1　各種利子率・利回り及び地価変動率推移図

（出典）
1. 各種利子率・利回りは、日本銀行統計局『経済統計年報』及び東京証券取引所調査部『東証統計年報』により、市街地価格指数は、日本不動産研究所『全国市街地価格指数』による。
2. 上場債券平均利回りは、'66以降は、国債・地方債・政保債・金融債・利付電々債・割引電々債・一般事業債の各最終利回りの平均による。

c 投機価格と投機証券価格

　土地が値上がりをみせるようになると、同じように投機的な面が出てくるから、土地価格は、投機価格として、
$$\frac{R_L(\text{incl. DP})}{y_L + r_L} \pm CG = \frac{LBR(\text{incl. DP})}{y_L + r_L} \pm CG$$
の公式によって求められるようになる。

　ここでは、果実の $R_L(\text{incl. DP})$ 又は $LBR(\text{incl. DP})$ よりも元本としての土地の CG（将来の値上がり）に対する投機的な期待に基づく数値が重要である。

　株式が値上がりをみせるようになると、必然的に価格差をすくおうという欲求が現れてくるから、株式価格は、投機証券価格として、$\frac{D}{y_s + r_s} \pm CG$ の公式によって求められるようになる[注6]。

　ここでは、果実のDよりも元本としての株式のCG（将来の値上がり）に対す

る過剰な期待に基づく数値が重要である。

　さらに、「ナスダック」(1971年2月開設のコンピューターによる相場報道システムに基づくアメリカ店頭市場)又は「マザーズ」(1999年11月に東証新市場として創設のベンチャー企業用店頭市場)に上場される株式は、上場基準が甘いから、この投機証券価格の側面が強くでてくることになる。すなわち、その価格のなかには、本来のキャピタルゲインとキャピタルロスに加えて、倒産した場合に備えた分散投資による損失分の超過リスクカバー価格h (プラスとマイナスの両者)も入り込むことになる。

　この投機証券価格の側面は、1973年と最近の金融超緩和時に、上場株式平均利回りの一層の低下として現われていた。特にバブル景気時の株式価格の値上りは顕著であり、日経平均株価は、1983年平均の8,809円(単純株価平均463円)から89年平均の34,059円(単純株価平均1,580円)へと、6年間で約4倍(3.866倍)の伸びを示している。この伸びに基づき、東証単純株価平均を参考として、当初(0期)の平均株価を463円とし、この間の配当を実績に基づき年7.1・7.3・7.3・7.4・7.5・7.8円として、次の算式により、資産選択における結果としての実質的な年平均利回りを求めると、年約23％という高い数値が得られる。

　　　R：資産選択上の年平均利回り　　n：期間　　P_0：当初の平均株価
　　　P_n：n期の株価　　　　　　　　　D_i：i期の配当

$$R = \sqrt[n]{\frac{P_n + \sum_{i=1}^{n} D_i}{P_0}} - 1 \text{ により、}$$

$$\sqrt[5]{\frac{1,580 + 7.1 + 7.3 + 7.3 + 7.4 + 7.5 + 7.8 (円)}{463 (円)}} - 1 \fallingdotseq 0.233$$

単純株価平均の値動き価格差を適用して、この間に、株価が第0年目(0期)の463円から第1年目140円、第2年目79円、第3年目184円、第4年目238円、第5年目190円、第6年目286円の値上りをして1,580円になったものとすると、次の算式により、配当利回りはかなり低下(第1年目0.36％、第2年目0.14％、第3年目0.23％、第4年目0.18％、第5年目0.10％、第6年目0.11

％とそれぞれ低下）してきたことになる。

P_{i-1}：i期の1年前の平均株価　　r_{i-1}：i期の1年前の株式平均利回り

ΔP：i期の平均値動き価格差　　Δr：i期の株式平均利回り増減分

$$P_i = P_{i-1} \pm \Delta P = \frac{D}{r_{i-1}} \pm \Delta P = \frac{D}{r_{i-1} \pm \Delta r}$$

$$\Delta r = r_{i-1} \times \frac{\Delta P}{P_{i-1} \pm \Delta P}$$

$$603 円 = 463 円 + 140 円 \fallingdotseq \frac{7.1 円}{0.0153} + 140 円 \fallingdotseq \frac{7.1 円}{0.0117}$$

$$0.0036 \fallingdotseq 0.0153 \times \frac{140 円}{463 円 + 140 円}$$

$$682 円 = 603 円 + 79 円 \fallingdotseq \frac{7.3 円}{0.0121} + 79 円 \fallingdotseq \frac{7.3 円}{0.0107}$$

$$0.0014 \fallingdotseq 0.0121 \times \frac{79 円}{603 円 + 79 円}$$

$$866 円 = 682 円 + 184 円 \fallingdotseq \frac{7.3 円}{0.0107} + 184 円 \fallingdotseq \frac{7.3 円}{0.0084}$$

$$0.0023 \fallingdotseq 0.0107 \times \frac{184 円}{682 円 + 184 円}$$

$$1,104 円 = 866 円 + 238 円 \fallingdotseq \frac{7.4 円}{0.0085} + 238 円 \fallingdotseq \frac{7.4 円}{0.0067}$$

$$0.0018 \fallingdotseq 0.0085 \times \frac{238 円}{866 円 + 238 円}$$

$$1,294 円 \fallingdotseq 1,104 円 + 190 円 \fallingdotseq \frac{7.5 円}{0.0068} + 190 円 \fallingdotseq \frac{7.5 円}{0.0058}$$

$$0.0010 \fallingdotseq 0.0068 \times \frac{190 円}{1,104 円 + 190 円}$$

$$1,580 円 \fallingdotseq 1,294 円 + 286 円 \fallingdotseq \frac{7.8 円}{0.0060} + 286 円 \fallingdotseq \frac{7.8 円}{0.0049}$$

$$0.0011 \fallingdotseq 0.0060 \times \frac{286 円}{1,294 円 + 286 円}$$

以上で分るように、当期平均利回りは、株価の上昇（又は下落）があると、配当の増減による影響を除けば、前期平均利回りに当期平均株価の値上り率（又は値下り率）を乗じた分だけ低く（又は高く）なる。

d 使用支配権の価格と支配証券価格

　土地は、所有と使用の分離が進展していない場合が多いから、その場合の土地価格は、使用支配権の価格として、

$$\frac{R_L+CP}{y_L+r_L}=\frac{LBR(incl.\ DP)+CP}{y_L+r_L}$$ の公式によって求められる。

　使用支配権は、土地使用を支配する権利のことであり、最近には、たとえば、広報効果等の大きい高度商業地、又は社会的地位の高さ等の象徴としての高級な1種住専の宅地において、かなり顕著に現れてきている。

　土地について、支配の目的は、その土地の利用による収益性又は快適性の受益である。したがって、土地価格と利益（所得）の関係においては、擬制資本化するときのΔm（資本の増殖分＝利益）→M（資本）ではなく、M→ΔMという本来の状態が前面に出てくる。

　この場合には、当初のMは土地価格を含めた投下資本全部をさし、ΔMは土地に対する利益（又は所得）を含めた投下資本全部に対する利益（又は所得）をさすから、土地価格は、ΔMのうち、土地以外の生産諸資源に配分した残余の土地帰属部分を、一般的な利回りよりも低い利回りで資本還元して求めることとなる。

　一般的な利回りよりも低い利回りを採用するのは、支配利益を計数化して分子に加算することが難しいからである。

　この場合の利回りは、広報効果等の大きいほど、又は社会的地位の高さ等を象徴するほど、一般的な利回りと比べて、より低いものとなる[注7]。

　ここでは R_L(incl. DP) 又は LBR(incl. DP) の他に、将来の使用支配によりもたらされるであろう収益性又は快適性の増加に基づく数値が重要である。

　所有と経営の分離している大企業（上場会社）の株価形式においては、経営支配権を主な内容とする支配証券の価格が見られる機会は、従来比較的少なかったが、最近にはTOB（Take-Over Bid）等による企業買収（Merger & Acquisition）が大企業にもかなりみられるようになってきている。

　数のうえでは圧倒的に多い中小企業（非上場会社）[注8]では、所有と経営が分

離していない場合が多いから、同族会社にみられるように、その場合の株式価格は、支配証券（経営支配権を内容とする証券）価格として $\frac{E+CP}{y_s+r_s}$ の公式によって求められる。

ここでは、期待配当の他に、将来の経営支配によりもたらされるであろう期待利益に基づく数値が重要である。

これらの場合の株価は、利潤証券価格又は成長証券価格よりも経営支配権の分だけ高いものとなる。

このことは、税務においても、発行済株式総数の25％以上の株式を所有する場合、企業支配株式として、有価証券の評価方法のうち、上場会社について原価法のみによることとして低価法を認めないことにもみられていた（法人税法施行令34条）。

株式について経営支配の目的は、その株式会社経営による利益の獲得である。したがって、資本（M）と利益（ΔM）の関係においては、擬制資本化するときのΔM→Mではなく、本来のM→ΔMの状態が前面に出てくる。

Ⅰ2で述べたように、機関投資家がコーポレートガバナンスの機能を維持し強めてきていることは、所有と経営の分離から、再結合への動向であるということもできる。

e　控除（逆算）価格と財産証券価格

土地価格は、土地を改良するための投下資本という実体的な部分をそのなかに含んでいる場合が多いとしても、自然のままの土地というそれ自体としては何ら価値を持たない部分を内包している。

したがって、土地価格を求めようとすれば、最終的な需要者価格から控除する逆算の方法によらざるを得なくなるから、土地価格は、控除（逆算）価格として求められる。

具体的には、宅地造成・建売・マンション事業等における素地としての土地価格は、本来、このような逆算の方法によって求められることになる。

II 株式価格評価の基礎理論

　日本では、長い間、土地はつねに値上がりするという「地価神話」が信じられ、土地価格は、財産価格として捉えられていたが、このたびのバブルの崩壊により、ようやく土地価格の本質が誰の目にも明らかになるに至った。

　したがって、この側面においては、土地価格は、当初の払込資本が存在する株式価格と決定的に異なっている。

　これに対して、株式は、(1)～(4)の背後において、払込資本をはじめとしてその後の蓄積資本等を含む正味財産価格という実体的な基盤に立つ、残余財産に対する分配請求権に基づく財産証券としての性格をもっているから、株式価格は、財産証券価格として、具体的には1株当たり純資産価格として求められる。

　すなわち、株式とは、株式会社における株主の権利を細分して、それを株券に化体した有価証券をいい、これは貸借対照表の貸方側だけの説明であるが、これにその借方側をも追加していえば、払い込まれた資本は、社債・借入等により調達された資本とともに生産設備（土地等—自然の一部）等の財産に化体されるのである。それゆえ、地価等の上昇による値上がり益は、借入・社債等には帰属せず、全額が資本すなわち株主に帰属するというストックとしての側面も重要である[注9]。

　1株当たり純資産価格は、本来、時価純資産価格でなければならないが、取得原価主義会計の下では、各企業の時価純資産価格を把握することが難しいので、従来は簿価純資産価格により各企業の比較をする方法が用いられてきた。

　この場合の簿価純資産価格は、次の公式によって求められる。

　　B：1株当たり簿価純資産価格

$$K=\frac{P}{B}=PBR^{[注10]} \quad (株価純資産倍率)$$

したがって、P＝BK となる。

　しかしながら、バブル景気時には、高い株価を説明する指標として、時価純資産価格としての次のようなqレシオ（PMR）が登場するに至っていた。

　　M：1株当たり時価純資産価格

$$K'=\frac{P}{M}=PMR^{[注11]} \quad (qレシオ)$$

61

したがって、P＝MK′となる。

このqレシオは、リストラクチュアリングの可能性との関連において、バブル景気時の高株価を説明する有力な指標とされていたが、次の理由により、この指標のみにより株価を説明するのは合理性に欠けるものである。

この公式における分母のMについて、

① 不動産鑑定業界では一般に積算価格（資産価格）は収益価格よりも高過ぎるとみられていること
② 不動産鑑定価格、バブル崩壊後は特に収益価格によらない時価は、根拠が薄弱であること
③ バブル景気時の地価高騰は、過剰流動性の下での、付加価値とのバランスを無視した、行き過ぎたものであったこと

以上の(1)～(5)をまとめると、土地価格は、フローの側面として、(1)の地代（地代に資本利子を加えたもの）を土地利回りで資本還元する公式の、$\frac{R_L}{y_L+r_L}$、又は$\frac{R_L+CR}{y_L+r_L}$もしくは$\frac{LBR}{y_L+r_L}$の側面ないし(2)の$\frac{LBR(incl.\ DP)}{y_L+r_L}$の側面をもつと同時に、他方において、所有と使用の分離していない土地については、(4)の使用支配権の分だけ高い側面をもち、さらに(5)のストックの側面をもっており、そのうえにすべての土地については、(3)の$\frac{LBR(incl.\ DP)}{y_L+r_L}\pm CG$の側面をもつことにより、非常に複雑なものとなっている。

しかしながら、(1)～(5)のなかでもっとも規定的なものは(1)であり、なかでもそのもっとも単純なしかも代表的な公式は$\frac{R_L}{y_L+r_L}$としてとらえられる。

したがって、土地価格は、(1)に規定されながら、より具体的には、一方でフローとしての(1)(2)に規定されながら、(4)においては相対的に独自な動きを示し、他方でストックとしての(5)をも反映し、さらにそれらのうえに(3)の投機的な動きを加えているのである。

株式価格も、フローの側面として、(1)の期待配当又は1株当たり年間期待利益を株式期待利回り（期待配当利回り又は期待利益利回り）で資本還元する公式の $\dfrac{D}{y_s+r_s}$ 又は $\dfrac{E}{y_s+r_s}$ の側面ないし(2)の $\dfrac{D(\text{incl. OI})}{y_s+r_s}$ 又は $\dfrac{E(\text{incl. OI})}{y_s+r_s-g_s}$ の側面をもつと同時に、他方において、所有と使用の分離していない株式については、(4)の経営支配権の分だけ高い側面をもち、さらに(5)のストックの側面をもっており、そのうえにすべての土地については、(3)の $\dfrac{E(\text{incl. OI})}{y_s+r_s-g_s} \pm CG$ の側面をもつことにより、非常に複雑なものとなっている。

したがって、株式価格は、(1)に規定されながら、より具体的には、一方でフローとしての(1)(2)に規定されながら、(4)においては相対的に独自な動きを示し、他方でストックとしての、土地価格と異なる側面である(5)をも反映し、さらにそれらのうえに(3)の投機的な動きを加えているのである。

2　擬制資本価格

資本主義は、その発展に伴い、資本の循環過程を分化し、複雑化しながら、そのなかに直接的・間接的にあらゆるものを包摂してきている。

産業資本は、本来、次の表II-1(1)①に見られるように自己完結的である。すなわち、企業者は、産業資本において、第1に直接的には、①株式・借入及び社債等により生産資本（生産諸資源に充てる資本）及びその他運転資本[注12]（生産資本に含まれる運転資本としての、原材料・サービス・労働力に充てる資本を除いた、仕掛品・製品の保持に充てる、及び労働力以外の諸経費に充てる、恒常的に保持するべき固定資本とそれ以外の流動資本）を調達して、②投資（生産設備と原材料の仕入れ、サービスの利用及び労働者の雇用）を行い、③製造過程で新しい価値（付加価値としての人件費・租税公課・地代・家賃等・利子・法人税等・配当・役員賞与及び留保利益）を付け加えた製品を生みだし、④その製品を販売して原材料費・外注加工費・事務用消耗品費・サービス費・減価償却費及び付加価値を回収し、⑤借入の返済、社債の償還等を行っている。

表II-1 資本と生活の循環過程の明細表

(1) フロー　① 「投資」　　「付加価値の創造」　　　　　　　Iv×a＝A ❶
　　　　　　　　　　　　　　　　　　　　　　　　　　　　　P×y＝d ❷

　　　　(N・I)(N・I)　　「仕入」　　(N・I)　　　　(N・I)「販売」(N・I)
　借入 n・i 　n・i 　生　生産設備　　n・i　　　　　n・i　　　　n・i 返済
　社債━━ 資本━━ 　産　原材料 ------ 製造 ------ 製品 ━━━ 増殖資本 ━━━ 償還
　株式 e　　　e 　 諸　サービス　　　　　e　┌原材料費 e　　　　　　　 e
　　　　　　　　　 資　「雇用」　　　 前　│外注加工費
　　　　　　　　　 源　労働力　　　　 給　│事務用消耗品費
　　　　　　　　　　　その他運転資金 付　│サービス費
　　　　　　　　　　　　　　　　　　 費　└減価償却費
　　　　　　　　　　　　　　　　　　 用

　------ 生産過程　　　　　　　　　　　　┌人件費―可処分所得
　━━━ 流通過程　　　　　　　　　　　　│租税公課
　━━━ 金融過程　　　　　　　　　 純　 │支払地代
　N：自然（土地・水等）　　　　　　付　 │支払家賃
　I：インフラ　　　　　　　　　　　加　 │支払利息
　n：自然の一部（投資認識される部分）　 │法人税等┐
　i：インフラの一部（同上）　　　　 価　 │配　当 ├━営業利益
　e：廃棄物（気体・液体・固体―　　 値　 │役員賞与┘
　　　　emission）　　　　　　　　　　　│留保利益
　　　　　　　　　　　　　　　　　　　　└（「蓄積」）

　　　　　② 「被雇用等」　　「可処分所得の稼得」　　　W×y′＝d ❸
　　　　　　　　N・I　　　　　　　　　　　　　N・I
　　　　　　　　n・i　　　　　　　　　　　　　n・i
　　　　　　　　人間生活　　　　給与等　　　　人間生活
　　　　　　　┌働く ━━━━━ 年金 ━━━━ ┌働く
　　　　　　　│「消費」　e 　　　　　　　　│「消費」　e
　　　　　　　│食・衣・住（地代・家賃）　　│食・衣・住（地代・家賃）
　　　　　　　│学ぶ　　　　　　　　　　　　│学ぶ
　　　　　　　│遊ぶ　　　　　　　　　　　　│遊ぶ
　　　　　　　│育てる　　　　　　　　　　　│育てる
　　　　　　　└「貯蓄」　e　　　　　　　　└「貯蓄」　e

(2) フローの逆算　　　　　　　　　　　　　　　　　　　　$P=\dfrac{d}{y}$ ❹
　　Iv：投下資本　　　a：付加価値率
　　A：付加価値　　　P：株式投下資本（フロー）又は株式価格（ストック）
　　d：期待価値　　　y：期待配当利回り（対株式投下資本）
　　W：賃金　　　　　y′：期待株式投資比率（対所得）

Ⅱ 株式価格評価の基礎理論

　第2に、間接的には、①第1の①〜⑤の過程を通じて管理活動を行い、②第1の②の内容を質的に高めるための研究活動を進め、さらに③第1の②において緑化等の環境投資も実施している。

　このフローとしての産業資本の循環過程で、第1に、自然（土地・水・大気等）のNのうち投資として認識される部分は、その一部分のnのみであり、しかも借入・仕入・製造・販売・返済の諸過程における廃棄物等（気体・液体・固体―浸透物を含む）のeによる環境汚染を引き起こしている。すなわち、本来は、汚染されていない土地の上で、汚染されていない真水・大気・太陽光等を利用して、ただし大気・太陽光に対しては何等の投資（コスト負担）もなく生産を行いながら、生産・流通・金融（貯蓄を含む）及び消費の諸過程において、廃棄物等（気体・液体・固体―浸透物を含む）のeによりそれらを汚染等し続けていることが重要である[注13]。

　Nは、産業資本の循環過程に対して、プラスの影響を及ぼす側面をもつだけではなく、マイナスの影響を与える側面をももっていることを見逃すべきではない。マイナスの影響を与える側面とは、自然の災害、具体的には噴火・地震・津波・暴風雨・洪水・旱ばつ等である。これらの自然の災害は、直接的に自然的・人為的な豊度・熟成度を破壊する虞に加えて、間接的に鉄道・道路・ダム・人工の水路等の農業生産を支えるⅠを瞬時に破壊する虞があるから、産業生産又は消費生活の持続性のためには、これらを防御するⅠ等（産業用建物・構築物・機械等を含む）の充実・補強も不可欠である。

　現時点では、環境投資がまだまだ不足しているから、産業生産又は消費生活の持続性のためには、①土壌・地下水汚染等の問題を解決する必要性のほか、②土地（自然）生産性を超えた地代（地価）水準の問題（空洞化は高人件費によるだけではない）も出てきている。

　第2に、整備されたインフラサービスのⅠのうち投資として認識される部分は、その一部分（租税・負担金等で支払う部分）のiのみである。すなわち、本来は、かなりの程度整備されたインフラサービスとしての鉄道・道路・ダム・人工の水路等（ソフトの教育等を含む）を利用しながら、道路・ダム・人工の

水路等に対してはコスト負担の一部だけで生産を行っていることも、公的な開発利益の負担の問題として残されている。

　しかしながら、インフラサービスについては、Nと異なりすべてのIを投資として認識する必要はないということができる。というのは、Iについては、国等の合理化精神に欠ける官僚等による、かなりの過剰投資・欠陥工事[注14]とコスト高の側面がある。たとえば、殆ど不必要な干潟の埋立、ダム・流域下水道の建設等の過剰で割高な公共投資等がそれである。

　それらは、公共工事の過程及びその完成後における公的建設物の用益提供の過程で、①生態系を分断し、②廃棄物等（気体・液体・固体―浸透物を含む）により自然（土地・水・大気等）を汚染等し続け、③自然的・人為的な豊度・熟成度の持続性に影響を及ぼし、その自然的・人為的な豊度・熟成度の差を変動させる結果として、Nを悪化する（自然とその生態系をも破壊する）というマイナスの側面をもつことも重要である。

　そして、産業資本は、同表の流通過程を担う資本を商業資本（広義のサービス資本）として、同表の金融過程を担う資本を貸付資本（広義のサービス資本）及び証券投資資本として、さらには派生的に、本来の産業資本の循環過程の外部において、本来のサービス資本の循環過程を担う資本を狭義のサービス資本（運輸・通信業、住宅サービスを含む不動産業、知識産業、レジャー産業、公務、家事その他の非商品生産を担う業務）として、それぞれ分化させながら発展してきている。

　貸付資本及び証券投資資本は、一たび産業資本から分化すると、それ自体が相対的に独自な増殖運動をするようになる。そのような増殖運動が繰り返し多様に行われるようになるにつれて、銀行・信託・保険・証券・ファクタリング・信販及びリース等の金融過程を担う種々の信用制度が構築されてくる。

　以下では、これらのうちの証券投資資本についての「証券信用」に絞って見て行くこととする。

　産業資本及び商業資本としての機能資本家（営業者）にとって、金融過程における資金の調達方法の、金融機関からの借入（間接金融）と同等又はそれ以

II 株式価格評価の基礎理論

上に重要なものとしては、所有資本家（出資者）からの株式・社債の形態による直接の資金の取入（直接金融）がある。ここでは、証券投資資本（出資者としての一般・機関投資家等）が主体となる。

証券投資資本の循環過程を公式化すると、次のとおりである。

証券投資資本　　　M_S ── M_S''　　　　　　　　　　　　　　　❺

M_S''：増殖された証券投資資本（$M_S + \Delta m_S$）、株式については、M_S は原則として流通市場における証券の売却により回収される。

この循環も、実は自然（土地・水・大気等）の上で、自然を利用して行われているが、証券投資資本も、自然を汚染又は消尽させる度合いを進める原材料及び製品を取扱う産業資本・商業資本、及びそれらの資本に貸付けている貸付資本を「証券信用」の対象としていることが重要である。

すなわち、M_S ── M_S'' は、産業資本に対しては、

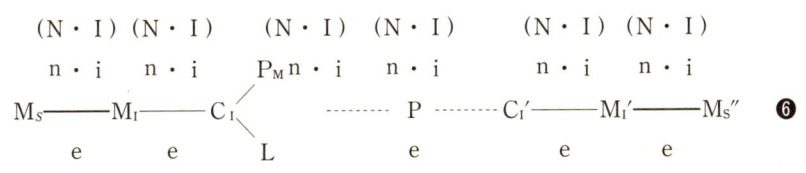

$$\begin{array}{ccccccc}
(N \cdot I) & (N \cdot I) & (N \cdot I) & (N \cdot I) & & (N \cdot I) & (N \cdot I) \\
n \cdot i & n \cdot i & P_M n \cdot i & n \cdot i & & n \cdot i & n \cdot i \\
M_S \text{──} & M_I \text{──} & C_I \diagdown & \text{------} & P \text{------} & C_I' \text{──} & M_I' \text{──} M_S'' \\
e & e & e \quad L & & & e & e \quad e
\end{array}$$　❻

　　金融過程（募集・売出）　　　　生産過程　　　　金融過程（償還等）

である（この❻式の C_I については、ⓐ①建設・設備投資における生産手段と労働力との結合の仕方と、②建設・設備投資完了後の製品生産における生産手段と労働力との結合の仕方―生産手段の内の労働手段の全部又は一部の購入か賃借かを含む。労働力は時間的な賃借ゆえ貸借対照表には載らないことにも注目されたい―とをそれぞれ量的質的に区別して捉えること、及びⓑ計画の段階でⓐ①におけるイニシャルコストとⓐ②におけるランニングコストとの両者を把握することも重要である―以下同じ）。

　　　　　　　　M_I：産業資本　　　　　L_I：産業労働力
　　　　　　　　C_I：産業生産要素　　　P_I：産業生産
　　　　　　　　P_{MI}：産業生産手段　　C_I'：増殖された製品（産業生産物）
　　　　　　　　M_I'：増殖された産業資本（$M_I + \Delta M_I$）

　　　　　M_S：証券投資資本　　　　M_S''：増殖された証券投資資本
　　　　　　　　　　　　　　　　　　　　　　$(M_S+\Delta m_S)$

――――流通過程（仕入・販売―以下同じ）
商業資本（広義のサービス資本）に対しては、
　(N・I) (N・I) (N・I) (N・I)
　　n・i　 n・i　 n・i　 n・i
M_S――――M_C――――C_G――――M_C'――――M_S''　　　　　　❼
　　　 e　　　 e　　　 e　　　 e
金融過程（募集・売出）　　金融過程（償還等）
　　　　M_C：商業資本　　　　M_C'：増殖された商業資本
　　　　C_G：商品　　　　　　　　$(M_C+\Delta m_C)$

貸付資本（広義のサービス資本）に対しても、
　(N・I) (N・I) (N・I)
　　n・i　 n・i　 n・i
M_S――――M_F＝＝＝＝M_F'――――M_S''　である。　　　　　❽
　　　 e　　　 e　　　 e
金融過程（募集・売出）　　金融過程（償還等）
　　　　M_F：貸付資本　　　　M_F'：増殖された貸付資本
　　　　　　　　　　　　　　　　　$(M_F+\Delta m_F)$

　ただし原則として、産業資本・商業資本・貸付資本に対しては、$\Delta m_S < \Delta M_I$・Δm_C・Δm_F　∴　$M_S'' < M_I'$・M_C'・M_F'　である。

　ところで、これらの商業資本・貸付資本（いずれも広義のサービス資本）の循環過程は、実際には、❾式のサービス資本の循環過程と同じ内容をもつという捉え方が重要である。このことは、証券投資資本についても同じである。

　信用制度が発展してくると、産業資本及び商業資本のみならず貸付資本も、その他の証券化商品の形態による直接の資金の取入（直接金融）を行うようになる。したがってここでは、産業資本及び商業資本（いずれも借主）と貸付資本（貸主）の相違がなくなって、それらの双方が出資の取入主としての「証券信用」の主体となる（出資者としての「証券信用」については「資産選択」と

して論じられている）。

　このように、「証券信用」は、本来直接金融であるが、現在は零細な余剰資金の吸収と危険分散等のために投資信託の制度が創出され、この投資信託機関を通じても「証券信用」の提供が行われるようになってきている（間接的直接金融）。

　証券は、法律上、有価証券取引法に規定される証券としてとらえられ、それは、株式のように資金の調達のみで返済を要しないもの（出資）と、社債のように調達した資金の償還を要するもの（貸借）の両者を含んでいる。しかしながら、ここでは「証券」を法律上の有価証券に限定せずに広義にとらえ、「信用」を同様に広義にとらえて貨幣・資本等（保証を含む）の授受をいうものとしている（「証券信用」の利子生み資本化）。

　「証券信用」は、信用構造（図II-2）の中心部のさらに上部にあって、M_S────M_S''の過程において、信用構造の基底部にある、産業資本とそれに関係する商業資本及び貸付資本に対して、証券投資信用の提供を行うほか、狭義のサービス資本及び国等の公的資本に対しても「証券信用」の提供をするのである。

　この場合、M_S────M_S''は、狭義のサービス資本に対しては、

$$\begin{array}{cccccc}
(N\cdot I) & (N\cdot I) & & (N\cdot I) & & (N\cdot I) \\
n\cdot i & n\cdot i & P_{MS} & n\cdot i & & n\cdot i \\
M_S\text{────}M_V\text{────}C_V & = & P_V = S_V' = M_V'\text{────}M_F'' \\
e & e & LS & e & & e
\end{array}$$ ❾

金融過程　流通過程　　　サービス生産過程　サービス提供過程　金融過程
（募集・売出）（仕入）　　　（建設等）　　　（サービス提供)(消費)　（償還等）

　　　　　M_V：サービス資本　　　　L_V：サービス労働力
　　　　　C_V：サービス生産要素　　P_V：サービス生産
　　　　　P_M：サービス生産手段　　S_V'：増殖されたサービス
　　　　　M_V'：増殖されたサービス資本（$M_V + \Delta m_V$）

　更に、国等の公的資本に対しては、

$$M_S \xrightarrow[e]{\underset{n \cdot i}{(N \cdot I)}} M_T \xrightarrow[e]{\underset{n \cdot i}{(N \cdot I)}} C_T \begin{matrix} P_{MT} \\ \diagup \\ \diagdown \\ L_T \end{matrix} \xRightarrow[e]{\underset{n \cdot i}{(N \cdot I)}} P_T = S_T' = M_T' \xrightarrow[e]{\underset{n \cdot i}{(N \cdot I)}} M_F'' \quad ❿$$

金融過程 流通過程　　公的用益生産過程　用益提供過程　金融過程
(募集・売出)(仕入)　　（造成等）　　（用益提供）(消費)（償還等）

M_T：財政資金　　　　L_T：公的労働力
C_T：公的建設要素　　P_T：公的建設
P_{MT}：公的建設手段　S_T'：公的用益
M_T'：公的用益提供による回収資金 ($M_T + \Delta m_T$)

として、それらの何れにおいても、❻式～❿式の左端には「証券信用」の金融過程（募集・売出）が、右端には「証券信用」の金融過程（償還等）が、それぞれ位置することになる（❾式の $S_V' = M_V'$ 及び❿式の $S_T' = M_T'$ については、サービス施設建設投資及び公的建設投資が完了すると、サービスと公的用益の提供が開始されるが、常にそれらのサービスと公的用益の全部が消費されるわけではないから、正確には＝ではなく≠であることにも留意する必要がある。❻式の $C_I' \text{―} M_I'$ の場合には稼働率の低下による C_I' の減少又は在庫率の増加による M_I' への転換の遅れの問題となるが、産業資本の場合とは異なって、ここでは前者はサービス施設例えばレジャーランドの利用率の高低問題、後者は行政建設物たとえばレジャーランドの運営難の問題等となる）。

　ただし原則として、狭義のサービス資本・公的資本に対しては、$\Delta m_S < \Delta m_V \cdot \Delta m_T$　∴ $M_S'' < M_V' \cdot M_T'$ である。

　それゆえ、それらの信用の提供に対して、産業資本及びそれらに関係する商業資本・貸付資本並びにそれらに関係する狭義のサービス資本・公的資本は、ΔM_I 及び $\Delta m_C \cdot \Delta m_F$ 並びに $\Delta m_V \cdot \Delta m_T$（将来の営業余剰）のなかから利子・配当を支払わなければならない。それゆえ、原則として短期的にはともかく、中・長期的には、$M_S'' < M_I' \cdot M_C' \cdot M_F' \cdot M_V' \cdot M_T'$ である。さらに国等が国債等を発行した場合には、将来の付加価値の分配分としての税収のなかから利子

II 株式価格評価の基礎理論

を支払わなければならない。

ところで、証券投資資本の循環過程も、実際には、商業資本・貸付資本（いずれも広義のサービス資本）と同じく、❾式のサービス資本の循環過程と同じ内容をもつものである。

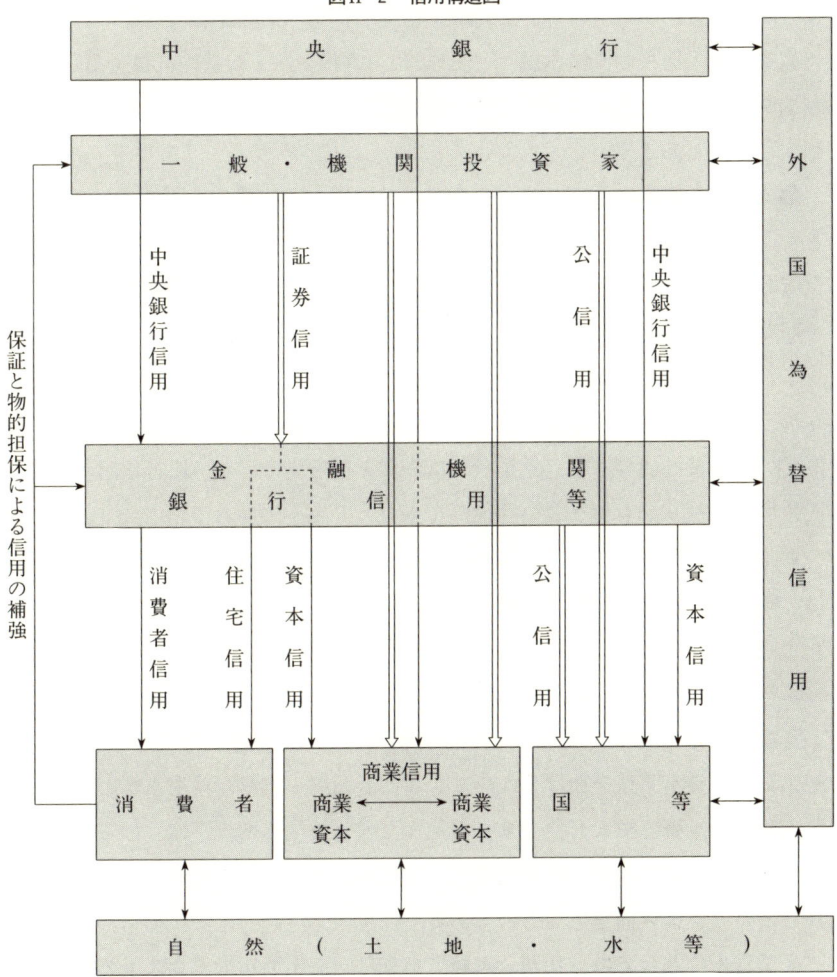

図II-2　信用構造図

```
┌─────────────────────────────────────┐    ┌──┐
│            中　央　銀　行            │←→│外│
└─────────────────────────────────────┘    │国│
┌─────────────────────────────────────┐    │為│
│         一般・機関投資家            │←→│替│
└─────────────────────────────────────┘    │信│
    │中    │証        │公    │中          │用│
    │央    │券        │信    │央          │  │
保  │銀    │信        │用    │銀          │  │
証  │行    │用        │      │行          │  │
と  │信    │          │      │信          │  │
物  │用    │          │      │用          │  │
的  ↓      ↓          ↓      ↓            │  │
担┌─────────────────────────────────────┐  │  │
保│       金　融　機　関　等            │←→│  │
に│  銀　行　信　用 ┆機 用              │  │  │
よ└─────────────────────────────────────┘  │  │
る  │消   │住   │資   │       │公   │資    │  │
信  │費   │宅   │本   │       │信   │本    │  │
用  │者   │信   │信   │       │用   │信    │  │
の  │信   │用   │用   │       │     │用    │  │
補  │用   │     │     │       │     │      │  │
強  ↓    ↓    ↓    ↓        ↓    ↓      │  │
  ┌──────┐ ┌──商業信用──┐ ┌──────┐   │  │
  │消費者│ │商業←→商業   │ │ 国　等 │   │  │
  │      │ │資本    資本   │ │        │   │  │
  └──────┘ └──────────────┘ └──────┘   │  │
┌─────────────────────────────────────┐   │  │
│    自　然　（　土　地　・　水　等　）│←→│  │
└─────────────────────────────────────┘   └──┘
```

⇒　証券信用
──　証券信用以外の信用（上向きは、預貯金・信託等の預託である。）

信用制度は、その過程において、一方では貨幣・資本の節約・集中、総資本のスムーズな速い循環（総資本の循環に対する障害の排除）を目的とし、他方では資本の所有制限の打破を目的として、次のように構築されてくる（図Ⅱ-2）[注13]。

　具体的には、①産業資本・商業資本と商業信用、②貸付資本と銀行信用（間接金融）、③消費者信用（間接金融）、④住宅信用（間接金融）、⑤「証券信用」（直接金融・間接的直接金融）、⑥公信用（直接金融・間接的直接金融）、⑦金融機関相互信用、⑧中央銀行信用、及び⑨外国為替信用という信用の立体的な制度を構築してきている。

　❻式の産業資本の循環公式から❿式の公的資本の循環公式までにおいて見てきたように、「証券信用」は、それらのすべてにおいて、各資本の公式の両端に位置しており、その中でも株式は、社債と異なって、売却しない限りその資本を回収することができないものである。

　したがって「証券信用」としての株式は、図Ⅱ-2の信用構造図に見られるように、資本主義における信用構造の中心部にある銀行信用等のさらに上部に位置して、直接機能資本家（営業者）に資金を提供するほか、銀行信用の一部を代位する役割りをも担うという役割を果たしているのである。

　資本主義が発展し、産業構造が高度化した下で、証券のなかの代表的な株式は、論理的には、会社形態の個別資本が、対内的に巨額の固定資産を長期的・安定的に賄うとともに、対外的に物的会社の信用の基礎となるものとして機能し、総資本としては、資本の集中の役割りを果たすものとして機能している。

　資本蓄積との関係では、株式は、銀行信用のうちの資本信用より一層容易に、産業資本の資本蓄積を助けるために、すなわち同一の科学技術水準の下における実物資本投資の拡大と、より一層進んだ科学技術水準の下における実物資本投資の深化を助けるために利用され、特にベンチャーキャピタルとして活用されるというプラス面をもつものである。

　産業資本にとっては、長期（可能であれば返済不要）で、コストの低い資金が大量に入手できればできるほど資本蓄積が容易になり、その蓄積速度も早め

ることができる（このことは商業資本等（サービス資本を含む）にとっても同様である）。

　すなわち、巨額の固定資産投資は危険負担が大きいから、予定に近い利益をあげることができるという実績がないかぎり、原則として銀行等は資本信用を与えることを拒むことになる。たとえ借入れることができたとしても、金利負担が大きいし、固定資産の回収と借入の返済には長期間を要するのに、その間に景気変動があるから、経営が長期にわたって不安定な状態におかれることになる。借入と異なり、株式の場合には、機能資本家（営業者）が所有資本家（出資者）とその投資から得られる損益の分配を約束して、返済不要の巨額の安定的な実物資本投資に要する資金を賄うことが可能となる。

　株式会社は、物的会社であるから、株主の出資を限度として債権者に対し責任を負うこととされている。それゆえ、個別資本にとって、まず株式により資本を充実させることは、それを基礎として商業信用及び銀行信用を受ける道を開くことにもなる。

　株式は、総資本にとっては、個別資本が発行市場で個別の遊休貨幣・遊休貨幣資本を集中させてその資本蓄積を促進させる機能を果たしている。株式は返済されることがないが、その権利は株券に化体されるから、総資本は、別途に流通市場を設け、出資者が次の出資者に株券を売却して、株式への投資資金の回収を可能にすることにより、発行市場での株式の発行による資金の調達を容易化している。

　流通市場における価格変動は、①所得の再分配、②社会的な資金の配分、及び③所有権の移転による支配の移動を促進する役割りを果している。

　この株式の流通市場において、株価は、通常額面価格を超えて形成され、将来の利益増と利回り低下等の予想による一層の値上がり期待の下に、その水準が高くなればなるほど、創業者利得の実現及び時価発行増資による資金の調達が容易になる。しかしながら、その期待が裏切られた場合には、株価が大幅に下落して、資金の調達を不可能にしたうえ、逆に実体経済を一層落ち込ませる虞もある。

このような問題のほかに、①機関投資家のウエイトの増大は、株式の流動性を低下させ、②機能資本の間の株式の持合いは、流動性の低下に加えて、運用可能資金をその部分だけ減少させる（総資本としての自己株式の買取り）という問題も招来している。

　この株式の持合いの解消は、市場に供給する株式を増加させるから、個別資本は、許容された範囲で過剰な自己株を買取償却するが、総資本にとっては資金が過剰なままであることに留意しなければならない。

　さらに重要なことは、株式による資本蓄積の量的な発展が、総資本の活動の基礎としての自然に対し質的な変化を与えて、その物質代謝機能を破壊し、その資源を摩耗させるに至っているという問題である。株式では、基本的に資本を調達する発行市場が重要であるのに、遊休貨幣・遊休貨幣資本の肥大化につれて流通市場のウエイトが高まり、付加価値の創造過程が見え難くなる。このことは、他の「証券信用」についても同じである。

　典型的な「資本信用」では、貸出（資本の提供）から返済等（資本の回収）に至る中味（産業資本か、商業資本か、その他か）を問わず、資本の提供に対して資本が利子を伴って返ってきさえすれば、貸付資本として立派に機能したことになり、こうして、利子生み資本範疇が確立されてくる。このような段階になると、資本の貸出に対して規則的に利子が得られるという関係が転倒して、利子等の収入が規則的に反復して得られると、その収入がたとえ利子でなくても、すべて貸付資本の果実として、それを現実に生み出している中味とは別に、その背後に利子を生む貸付資本があるものと推定かつ擬制されるようになる。この場合の擬制された貸付資本が典型的な擬制資本[注13]であり、その大きさは利子等の収入を利回りで資本還元（表II-1(2)の④式）した数値に落ち着こうとする。

　「証券信用」では、出資・購入（資本の提供）から償還・売却（資本の回収）に至る中味（産業資本か商業資本かその他か）を問わず、資本の提供に対して資本が利子・配当を伴って返ってきさえすれば、証券投資資本として立派に機能したことになる。これは、株式価格等の基本的なフロー価格の側面である。

II 株式価格評価の基礎理論

　典型的な擬制資本が成立するためには、①収入は不労所得でなけれならないし、②収入がそれぞれの利回りで資本還元された元本の譲渡は自由でなければならない。典型的な擬制資本の具体的な例としては公社債・株式及び土地の価格が存在する。

　株式は、歴史的には、資本制以前に、営業主体が個人→組合→合名・合資会社を経て株式会社にまで展開をして、そこでは既に営業者と出資者が分業体制にあったものを、①個別資本にとっての巨額の実物資本（固定資産）を賄う長期的・安定的な資金の調達、②総資本にとっての個別の遊休貨幣・遊休貨幣資本の集中による資本蓄積、及び③機能資本家（営業者）と所有資本家（出資者）の機能分化（支配株主と少数株主への質的分化と少数株主の所有する株式の社債化）を利点として受け継がれたものである。

　この株式を利用した株式会社は、歴史的には、中世イタリアの聖ジョルジョ銀行（1419年の改組以降）がその最初の原型になるが、現代の株式会社との関連では、オランダ東インド会社（1602年設立）がその起源になるものとされている。そしてフランスにおける商法の制定（1807年）以後各国で普及することにより、個別資本の集中を促して、近代的な大企業の生成を可能としたのである[注15]。

3　株式価格と株式市場

　ここでは典型的な擬制資本価格のうちの株式価格と同市場について述べる。

　一般商品価格と同じように、株式価格にも、市場価格と自然価格[注15]が存在する。株式の市場価格は、株式市場（資本市場の主要なもの）におけるその時々の需給によって現実に成立する価格であり、需給関係の変動に伴って騰落するものである。

　株式の市場価格が成立する市場には、発行市場と流通市場があり、後者は資本集中目的の前者での株式発行を容易にするという重要な役割りを果たすものであるから、ここでは主として流通市場について説明を行うこととする。

　株式の流通市場にも、一般商品価格と同じように、完全市場と不完全市場[注16]

とが存在している。

　株式の完全市場とは、次の諸条件を満たす完全競争市場[注15]のことである。
① すべての株式市場参加者にとって、将来の期待配当（又は配当財源としての期待利益）と期待利回りに関する不確実性はなく、予見（期待）が完全なこと。
② 株式先物市場が同現物市場に対する正常なヘッジ機能を果たしていること。
③ 買手・売手を媒介するどの証券業者の情報入手力と株式の需給に対する影響力にも差がないこと。
④ 株式に影響を及ぼすすべての情報がタイムリーに公開されていること（インサイダー取引がないこと）。
⑤ すべての買手が、つねに株式について完全な知識をもち、特別の選り好みをもたず、ほぼ同程度の購買力をもって多数存在して、つねに市場価格に対して受動的に行動すること。
⑥ 同一銘柄の株式を供給する売手が多数存在し、どの売手の供給量も社会全体の同一銘柄の株式の供給量と比べて微々たるものであり、個々の供給量をどのように増減させても、社会全体の供給量にほとんど影響を与えず、したがって株式市場で支配的な価格の引上げ・引下げをする力をもたないこと。
⑦ 株式市場への参入・株式市場からの離脱が自由であること。

　株式の市場が完全市場に近い状態になりうるのは、株式の次の諸特性に基づいている。
① 株式の供給は、伸縮的である。ただし、これまで現実の株式市場に供給される株式の数量は、相互持ち合いによる制約を受けているが、持ち合いの解消による供給増の要因も生じている。
② 株式は、併合及び分割をしやすい。ただし、現実には併合する代わりに株主の払い込み資本の一部は資本金に組み入れないが、株価が高くなり過ぎる場合には、さらに細かく分割することも行われて、需要に応じやすい方法もとられている。

II 株式価格評価の基礎理論

しかしながら、現実の株式市場には、次の諸特性がある場合が少なくないので、株式市場は常に完全市場ではなく、不完全市場の場合もかなりあるといえる。

① 現実の株式市場での買手・売手の期待配当（又は期待配当の財源としての期待利益）と期待利回りに対する予見には、不完全性がある。期待利益については、貸借対照表との関連における時系列の損益計算書、現況の試算表及び将来の利益計画に基づく予想財務諸表における期待利益の妥当性如何を、当該企業の属する業界事情、日本経済及び世界経済の予測の下に、株主が判断できるところまでいくには、現況の提供されるデータと株主の能力等に照らして程遠いものがあるといえよう。期待利回りについても、各種の利子率・利回りに影響を及ぼす公定歩合政策が、国内的のみならず国際的な政治的・経済的要因に左右されるから、その動向をタイムリーに予見することは困難であるといえよう。

② 株式先物市場と同現物市場との間には、裁定取引がある。裁定取引は、株価指数先物における先物価格と先物の理論価格との価格差が一定水準以上に乖離した場合に、現物株価と株価先物指数のうち割高な方を売付け、割安な方を買付けることにより利益を確保する取引である。したがって、先物価格＞先物の理論価格のときは先物指数売り現物買いが行われて現物株価を異常に値上がりさせ、先物価格＜先物の理論価格のときは先物指数買い現物売りが行われて現物株価を異常に値下がりさせるのである[注17]（このほか信用取引にも株価の変動を大きくさせる面がある）。

③ 現実の株式市場での証券業者には、規模の大きい者の量的質的寡占性がある。大証券業者は、情報の入手力が大きいし、それに基づいた営業力により、たとえばシナリオ相場等に見られるように、株式の需給にかなりの影響力をもっている。

④ 現実の株式市場での情報には、量的質的に不完全性及び不公平性がある。

⑤ 現実の株式市場での買手には、機関投資家の量的寡占性及び質的選好性がある。

⑥ 現実の株式市場での売手には、機関投資家の量的寡占性がある。

⑦　現実の株式市場での株式移動には、持ち合いによる固定性がある。

以上に加えて、⑧現実の株式市場には、国内的にも国際的にも地域性がある。

したがって、買手と売手との関係における株式市場の形態分類についても、次の表II-2[注15]のように、現実の株式市場では、買手・売手の双方とも多数であっても、必ずしも常に完全競争とはなっていない（このことは損失補塡の原因の一つでもある）。

表II-2　買手と売手の数による分類表

売手　　買手	1人	少数	多数
1人	双方独占		買手独占
少数		双方寡占	買手寡占
多数	売手独占	売手寡占	完全競争

それゆえ、現実の株式市場で成立する株式価格については、現実の一般商品市場で成立する商品価格のもっている、不完全期待価格・不完全競争価格・不均等変動価格・短期的価格及び地域的価格という諸特徴が、一般商品よりも顕著に現われがちである。

不完全期待価格は、現実の株式市場における諸特性のうちの、①の買手・売手の期待の不完全性及び①の下で行われる②の裁定取引により、成立するものである。というのは、買手・売手の期待配当（又は期待配当の財源としての期待利益）と期待利回り及び裁定取引の影響に対する予見が、④の情報の量的・質的不完全性及び不公平性により不完全であるから、買手の売手及び他の買手の行動に対する期待、並びに売手の買手及び他の売手の行動に対する期待も不完全になるのに加えて、⑧の国内的及び国際的に成立している他の地域の市場が与える影響に対する期待も、④の情報の量的・質的不完全性及び不公平性により不完全であるから、価格に対する期待が不完全になることによるのである。

不完全競争価格は、現実の株式市場における諸特性のうちの、③の大証券業者の量的質的寡占性、⑤の買手としての機関投資家の量的寡占性及び質的選好性、⑥の売手としての機関投資家の量的寡占性、及び⑤⑥の原因の一つである④の情報の量的質的不完全性及び不公平性により、市場における競争が不完全

II 株式価格評価の基礎理論

である場合に成立するものである。

不均等変動価格は、商品そのものの生産性格差のほかに、現実の株式市場における諸特性のうちの④の情報の量的質的不完全性及び不公平性、並びに④の原因の一つである⑦の株式持ち合いの固定性により、情報の格差が固定化する場合に成立するものである。

短期的価格は、現実の株式市場における諸特性のうちの、⑦の株式持ち合いの固定性がその原因の一つになるものである。というのは、「金融ビッグバン」以後に見られるように、長期的には相互持ち合いに変化が生じ、必要度の低いものから流動化して、価格を変動させるからである。

地域的価格は、現実の株式市場における諸特性のうちの、⑧の市場の地域性により、成立するものである。というのは、国内的のみならず国際的な広がりのなかで、したがって異時点にも存在する市場では、直接的な為替相場と金利・手数料の差等(これらのものも、実は次の間接的なものの差等の影響下にある)のほかに、間接的な各国の歴史・文化等の相違による諸制度とその下での諸政策の差が介在してくるからである。

しかしながら、現実の株式価格には、これらにさらに、株式のストックとしての性格による、地価等の上昇を反映した資産としてのストック価格の側面が加わってくる。

ストック(現存資本額)は、本来、当初の投下資本に加えて、年々のフローから得られる留保利益の累積したもの(付加価値創造活動の年々の流れの中における過去の純投資の果実の累積額)である[注15]。それゆえ、次に述べるように、①物価変動がない、すなわちフローの価格とストックの価格の変動がない状態の下で、年々のフロー面で、投資の見込み違いがなければ、フロー価格(利益を資本還元した収益価格に留保利益を加算したもの)とストック価格(実質的値上がり後の純資産価格)は、合致する筈である(Ⅳ1のフロー価格・ストック価格例示図参照)し、②その逆の場合には、フロー価格(同上)とストック価格(同上)は、合致しなくなる。

株式の場合には、資産としてのストック価格は、外部からの払い込み資本に

付加価値の一部である年々の留保利益(蓄積)を加えたものである。すなわち、その間の価格水準が一定で、投資時の投下資本に対する期待利益率による期待利益と実際利益が等しい場合には、実際利益をその期待利益率で資本還元すれば当初の投下資本と等しい額になる(図IV-1)。

非上場株式の評価では、株式のこのような側面に着目して、フロー価格を求める収益方式をその主要な手法の一つに取り入れている[注18]。

しかしながら、ストック価格は、株式発行会社自体の次の諸傾向により、フローの期待利益を期待利益率で資本還元した収益価格とは乖離しがちである。

① 実際利益は、予測の不備、雇用の状況、国内的及び国際的な競争の影響、並びに国内的及び国際的な政策の影響等により、期待利益と等しくはならない。

② 生産設備の価格は、必ずしも予算通りには行かないし、その実際稼働率は、①の理由のほか、全体としての景気変動により、その期待稼働率と等しくはならない。

③ 原材料費は、原油・素材価格等の関係で価格の上下がある。

④ 諸経費は、消耗品・サービス等との関係で価格の変動がある。

⑤ 人件費は、雇用の状況等との関係で必ずしも予想通りにはならない。

⑥ 実際利益率は、全体としての利子率・利回りの変動により、期待利益率と等しくはならない。

⑦ 投資時点から商品又はサービスの生産・販売時点までは、所要の期間を要するから、その間におけるフロー価格変動の影響を受ける。

以上の①~⑦の諸傾向がなくても、⑧株式のストックとしての異時性(各時点毎)[注15]という性格により、ストック(土地・他の株式等)価格の変動による影響を受ける。すなわち株式の市場価格も、土地の市場価格とともに、以上の実体面における価格の諸特徴の影響を受けるほか、貨幣面(実質的な値上がり部分を超えた名目的な値上がりの部分)からの影響を受けることにも留意しなければならないのである。

したがって、ストック価格としては、その時々の価格時点における時価を再評価(課税問題は省略)しなければならないことになる。再評価が必要となる

のは、上記の理由の他に、土地については、つねにその正常な価格水準に応じた利用、すなわちその地域の発展に応じた利用をしてその土地にふさわしい利益をあげているかが問題となるからである。

それゆえ、未利用地又は低利用地については、評価に当たって別途に考慮しなければならないことになる（このことは企業のリストラを必要とさせる原因の一つでもある）。

非上場株式の評価では、株式のこのような側面に着目して、ストック価格を求める純資産方式をその主要な手法の一つに取り入れている[注18]。

日本の現実の株式市場において、株価が国際的に見て割高であったのは、上記の諸特性、特に①株式の相互保合いが浮動株比率を少なくしていたこと、及び②ストック（土地・他の株式等）価格が上昇したこと、すなわちバブルが生じたのは、貨幣が、国内的及び国際的要因により、フロー用及びストック用の基礎的流通に必要な資金量を超えて供給されたことに原因があるが、今回のバブル景気は特に超過貨幣の殆どの増加部分が、ストックの超過需要に応じストック用の基礎的流通を超えて、ストック用の非基礎的流通にまで向かったことによるのである。

しかしながら、管理通貨制度の下にあるとはいえ、経済が国際化した下では、全般的なハイパーインフレを起こせば、なおさらその国の経済を駄目にするから、インフレの程度は欧米諸国と同程度ないしそれ以下に抑えられねばならない。それゆえ、今回のバブル景気時には一般商品価格とサービス価格はほとんど上昇しなかったから、高騰したストック価格は、実体面を反映する水準まで、すなわち付加価値とのバランスを回復するところまで下落せざるを得なかったのである。

したがって、1988年10月に出されたqレシオ(株価を1株当たりの時価純資産で割った比率)理論[注11・19]は、株価のストック価格の側面を重視したものであるが、①実は分母の時価を押し上げる主要因である土地価格にもバブルが大きく入り込んでいたのに気づいていなかったこと、②退職給与引当金を超える退職金等の簿外負債と譲渡益に対する税の控除後のそれは1をかなり下回ってい

たこと、③株価のフロー価格の側面の期待利益・期待配当の財源である付加価値、すなわち収益価格との関連を重視しなかったことから、当時すでに行き過ぎていた株価をあおるという間違いを犯したものといえよう。

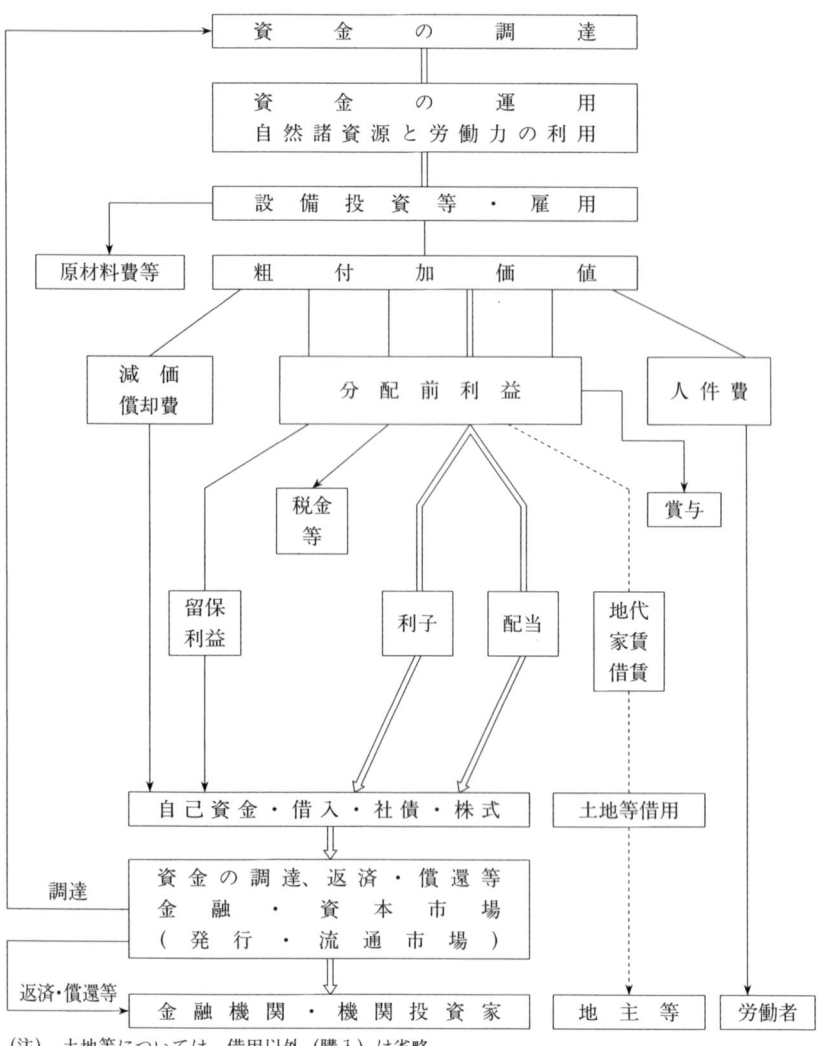

図II-3 資金の調達・運用と粗付加価値等との関連図

```
                    ┌─────────────────────┐
           ┌───────→│   資 金 の 調 達      │
           │        └─────────┬───────────┘
           │                  ↓
           │        ┌─────────────────────┐
           │        │   資 金 の 運 用     │
           │        │ 自然諸資源と労働力の利用 │
           │        └─────────┬───────────┘
           │                  ↓
           │        ┌─────────────────────┐
           │   ┌────│   設 備 投 資 等 ・ 雇 用  │
           │   ↓    └─────────┬───────────┘
           │ ┌──────┐         ↓
           │ │原材料費等│    ┌─────────────────────┐
           │ └──────┘    │   粗  付  加  価  値  │
           │             └──┬────┬────┬────────┘
           │      ┌─────────┘    │    └──────────┐
           │   ┌──────┐  ┌──────────────┐  ┌──────┐
           │   │減 価 │  │  分 配 前 利 益  │  │人件費│
           │   │償却費│  └──┬─┬──┬──┬──┘  └──┬───┘
           │   └──┬───┘     │ │  │  │         │
           │      │    ┌────┘ │  │  │    ┌────┴────┐
           │      │  ┌────┐   │  │  │    ↓        │
           │      │  │税金│   │  │  │  ┌────┐     │
           │      │  │ 等 │   │  │  │  │賞与│     │
           │      │  └────┘   │  │  │  └────┘     │
           │      │  ┌────┐┌────┐┌────┐┌────┐    │
           │      │  │留保││利子││配当││地代│    │
           │      │  │利益││    ││    ││家賃││   │
           │      │  └─┬──┘└─┬──┘└─┬──┘│借賃│    │
           │      │    │     │     │   └─┬──┘    │
           │      ↓    ↓     ↓     ↓     │       │
           │   ┌────────────────────────┐ │       │
           │   │自己資金・借入・社債・株式│ │土地等借用│
           │   └───────────┬────────────┘ └─┬─────┘
           │               ↓                │
           │   ┌────────────────────────┐   │
    調達   │   │資金の調達、返済・償還等│   │
           │   │  金 融 ・ 資 本 市 場  │   │
           │   │  （発 行 ・ 流 通 市 場）│   │
           │   └───────────┬────────────┘   │
  返済・償還等 │            ↓                │
           └──│金融機関・機関投資家│   ┌─────┐ ┌─────┐
              └────────────────────┘   │地主等│ │労働者│
                                       └─────┘ └─────┘
```

（注） 土地等については、借用以外（購入）は省略。

II 株式価格評価の基礎理論

　以上では、株式市場に上場されている株式について見てきたが、上場株式のフローの期待利益を期待利益率で資本還元した価格及びストック価格としての性格は、非上場株式の評価手法にも間接的に影響を与えている。しかも、次に述べる株式の自然価格については、非上場株式に対しても直接的に妥当性をもつものである。

　株式の市場価格は、既述の諸特徴・諸傾向及び性質によりその本質を非常に見え難いものにしているが、その変動の背後にある本質すなわちファンダメンタルズを反映する株式の自然価格（正常価格）に、中期的又は長期的に収斂しようとする性質をもつものである。したがってここでは、株式の自然価格（正常価格）そのものについてより詳しく検討を行うこととする。

　一般商品の自然価格（正常価格）は、一般商品を生産する資本の循環過程（表II-1）で造りだされた商品の費用価格に平均利潤を加えたもの、すなわちそこで新しく造りだされた付加価値に原材料費・外注加工費・事務用消耗品費・サービス費及び減価償却費を加えたものであるが、株式の自然価格（正常価格）は、その付加価値の一部である、正常期待配当又はその財源としての正常期待利益を正常期待利回りで資本還元した擬制資本価格（利潤証券価格＝収益価格、最も簡単には、$P = \dfrac{D}{y_1}$ 又は $\dfrac{E}{y_2}$）である。

P：株式価格　　　　E：期待利益　　　　D：期待配当
y_1：期待株式配当利回り　　　　y_2：期待株式益回り

　というのは、株式の市場価格は、将来に向けて無限に上がり続ける（キャピタルゲインが低い配当又は利益を補う）ことができない、逆にいえば、企業は高くなった株式の市場価格を合理づけることができるところまで、粗付加価値を高め、分配前利益を高めて配当を増やすことができないからである（図II-3）。

　図II-3では、金融・資本（発行）市場における金融機関・機関投資家からの借入・社債及び株式に自己資金としての留保利益と減価償却費（その蓄積としての減価償却累計額）を加えた調達資金を基に、自然諸資源と労働力を利用した資金の運用（設備投資等と雇用）をして、原材料費等を回収する他、粗付加

価値を生み出して、そのうちの分配前利益の中から、他より調達した資本としての「生産諸資源」に配当・利子・地代と家賃の借賃・賞与及び税金等を支払い、自らの資本にも利益を留保するという繰り返し（資本の循環）の過程、並びに金融市場における返済・償還及び資本（流通）市場における株式等の売却による回収の過程を描いてある。

ここで自然諸資源は、表II-1(1)①のNとI、すなわち自然とインフラの全部を利用していることをさし、同表の「生産諸資源」は、それらのうちのnとi、すなわち費用として認識されている部分をさしている。

これらのことは、表II-1(1)①の付加価値の公式との関連を考えると、明らかになる。具体的には、利潤証券価格の公式を展開した❷式のP×y=dは、❶式のIv×a=Aに含まれている。というのは、期待配当は、期待付加価値の分配分だからである。

企業活動と株式の関係は、直接的であり、株式は、資本蓄積のうちの集中の役割を担うという必要不可欠のものである。すなわち企業が活動をするために資金を調達する場合には、①発行市場における株式の発行、又は②社債の発行、若しくは③借入によらねばならない（図II-3）。そして株式のときは配当が、社債・借入のときは利子が必要となり、これらは、調達資金の運用により生み出された付加価値（その分配分としての営業利益又は経常利益）の中から支払われる（同表）から、期待付加価値が重要になるのである。

このような株式を発行する側のフローに対して、購入（投資）する側は、各種利子率・利回り等の比較の下に投資する場合に資産の選択を行うから、期待配当利回り・期待益回りと期待キャピタルゲインも重要になる。しかし、長期的には、キャピタルゲインが付加価値の伸びを上回れば、必ずキャピタルロスが生ずるから、期待配当利回り・期待益回りには危険率を見込むことも忘れてはならないのである（II 1(1)〜(5)の公式参照）。

人間生活と株式の関係は、間接的（表II-1(1)②）であるが、粗付加価値から減価償却費を控除した純付加価値の中で、人件費が、①配当等の財源としての分配前利益と対抗関係にあり、②市場における消費（製品の売上）に重要な影

Ⅱ　株式価格評価の基礎理論

響を与えるものであり、③健康で文化的な人間生活の向上に不可欠のものであるという意味で、重要であることはいうまでもない。

(注1)　このことは、砂漠の中に造られた街のラスベガスに典型的に見ることができる。
(注2)　建部好治著前掲書（Ⅰ（注20））参照。
(注3)　借地借家法は、1991年9月30日及び同99年12月9日に改正され、「定期借地権」及び「定期借家権」の制度が新たに設けられた（同92年8月1日及び2000年3月1日施行）。
(注4)　粗賃料乗数は、不動産残余法における「収益価額」としての不動産価額の公式、
$P_L = \dfrac{a}{y_L}$ から導き出すことができる（r_Lは省略）。

　　P_L：不動産価額　　　　　y_L：土地粗賃料期待利回り
　　a　：年間不動産期待総収益　R_L：粗賃料乗数

$P_L = \dfrac{a}{y_L} \rightarrow y_L = \dfrac{a}{P_L}$ において、$\dfrac{1}{y_L} = R_L$ とすると、

$R_L = \dfrac{P_L}{a}$　　∴ $P_L = aR_L$ となる。

すなわち、不動産価額は、年間不動産期待総収益のR_L倍としてとらえられる。

粗賃料乗数と同じように、PERは、$P_S = \dfrac{D}{y_S}$ において、DをEにおきかえたものから導きだすことができる（r_Sは省略）。

　　P_S：株式価格　　　　　　y_S：株式期待利回り
　　D　：期待配当　　　　　　E　：1株当たり年間税引後期待利益
　　R_S：PER (Price Earnings Ratio)

$P_S = \dfrac{E}{y_S} \rightarrow y_S = \dfrac{E}{P} \rightarrow \dfrac{1}{y_S} = \dfrac{P}{E}$ において $\dfrac{1}{y_S} = R_S$ とすると、$R_S = \dfrac{P_S}{E}$ ∴ $P_S = ER_S$ となる。

すなわち、株式価格は、1株当たり年間期待利益のR_S倍としてとらえられる。

(注5)　不動産については、期待地代LR（土地帰属賃料）が年々増加する場合には、
$P_L = \dfrac{LR}{y_L - g_L}$ の公式で書くことができる（r_Sは省略）。

この公式を土地価格にあてはめると、期待地代（土地帰属賃料）の成長率だけ土地利回りが低くてよいことがわかる。

　　g_L：地代成長率　　　　　S_L：土地売却収入

$P_L = \dfrac{LR_1}{1+y_L} + \dfrac{LR_2}{(1+y_L)^2} + \cdots\cdots + \dfrac{LR_n}{(1+y_L)^n} + \dfrac{S_L}{(1+y_L)^n}$　（DCF法）

において、$LR = LR_1 = LR_2 = \cdots\cdots = LR_n$ とすると

$P_L = \dfrac{LR \cdot \dfrac{1}{1+y_L}\left\{1 - \dfrac{1}{(1+y_L)^n}\right\}}{1 - \dfrac{1}{1+y_L}} + \dfrac{S_L}{(1+y_L)^n}$

$$= \frac{LR \cdot \frac{1}{1+y_L}\left\{1-\frac{1}{(1+y_L)^n}\right\}}{\frac{y_L}{1+y_L}} + \frac{S_L}{(1+y_L)^n}$$

(有期限)

$$P_L = \frac{LR}{y_L}\left\{1-\frac{1}{(1+y_L)^n}\right\} + \frac{S_L}{(1+y_L)^n}$$

(無期限)

$n \to \infty$ の場合、$\frac{1}{(1+y_L)^n} \to 0$、$\frac{S_L}{(1+y_L)^n} \to 0$、$\therefore P_L = \frac{LR}{y_L}$

以上の算式に g_L を導入すると、次のようになる。

$$P_L = \frac{LR}{y_L - g_L}\left\{1-\frac{(1+g_L)^n}{(1+y_L)^n}\right\} + \frac{S_L}{(1+y_L)^n}$$

以上の算式に g_L を導入すると、次のようになる。

$$P_L = \frac{LR}{1+y_L} + \frac{LR(1+g_L)}{(1+y_L)^2} + \cdots\cdots + \frac{LR(1+g_L)^{n-1}}{(1+y_L)^n} + \frac{S_L}{(1+y_L)^n}$$

$$= \frac{LR \cdot \frac{1}{1+y_L}\left\{1-\frac{(1+g_L)^n}{(1+y_L)^n}\right\}}{1 - \frac{1+g_L}{1+y_L}} + \frac{S_L}{(1+y_L)^n}$$

$$= \frac{LR \cdot \frac{1}{1+y_L}\left\{1-\frac{(1+g_L)^n}{(1+y_L)^n}\right\}}{\frac{y_L - g_L}{1+y_L}} + \frac{S_L}{(1+y_L)^n}$$

(有期限)

$$= \frac{LR}{y_L - g_L}\left\{1-\frac{(1+g_L)^n}{(1+y_L)^n}\right\} + \frac{S_L}{(1+y_L)^n}$$

(無期限)

$n \to \infty$ の場合で $y_L > g_L$ のとき $\frac{(1+g_L)^n}{(1+y_L)^n} \to 0$、$\frac{S_L}{(1+y_L)^n} \to 0$

$$\therefore P_L = \frac{LR}{y_L - g_L}$$

株式について、期待配当が年々増加する場合には、

$P_S = \frac{E}{y_S - g_S}$ の公式で書くこともできる。

(r_S は省略—小野二郎『証券価格論』同文舘(1979.4刊)参照)。

g_S：利益成長率　　　　　　S_S：株式売却収入

$$P_S = \frac{E_1}{1+y_S} + \frac{E_2}{(1+y_S)^2} + \cdots\cdots + \frac{E_n}{(1+y_S)^n} + \frac{S_S}{(1+y_S)^n} \quad \text{(DCF法)}$$

において、$E = E_1 = E_2 = \cdots\cdots = E_n$ とすると

II 株式価格評価の基礎理論

(有期限)

$$P_s = \frac{E}{y_s}\left\{1 - \frac{1}{(1+y_s)^n}\right\} + \frac{S_s}{(1+y_s)^n}$$

(無期限)

$n \to \infty$ の場合、$\frac{1}{(1+y_s)^n} \to 0$、$\frac{S_s}{(1+y_s)^n} \to 0$、$\therefore P_s = \frac{E}{y_s}$

以上の算式に g_s を導入すると、次のようになる。

$$P_s = \frac{E}{1+y_s} + \frac{E(1+g_s)}{(1+y_s)^2} + \cdots\cdots + \frac{E(1+g_s)^{n-1}}{(1+y_s)^n} + \frac{S_s}{(1+y_s)^n}$$

(有期限)

$$P_s = \frac{E}{y_s - g_s}\left\{1 - \frac{(1+g_s)^n}{(1+y_s)^n}\right\} + \frac{S_s}{(1+y_s)^n}$$

(無期限)

$n \to \infty$ の場合で $y_s > g_s$ のとき $\frac{(1+g_s)^n}{(1+y_s)^n} \to 0$　　$\frac{S_s}{(1+y_s)^n} \to 0$

$$\therefore P_s = \frac{E}{y_s - g_s} \qquad\qquad\qquad\qquad (\text{a})$$

(注6)　$P = \frac{D}{y_s + r_s} + CG$ において、$CG = cP_0$ で、

$P_1 = P_0 + cP_0$ であるから、

$P_0(1+c) = P_1$、$P_0 = P_1 \times \frac{1}{1+c}$　それゆえ、

$$P_1 = \frac{D}{y_s + r_s} + cP_0 = \frac{D}{y_s + r_s} + P_1 \times \frac{c}{1+c}$$

$$P_1\left(1 - \frac{c}{1+c}\right) = \frac{D}{y_s + r_s}$$

$$P_1 = \frac{D}{y_s + r_s - \frac{c(y_s + r_s)}{1+c}} \qquad\qquad (\text{b 1})\ \text{又は}$$

$$P_1 = \frac{D(1+c)}{y_s + r_s} \qquad\qquad\qquad\qquad (\text{b 2})$$

　P_1：翌年の株式価格　　　　y_s：株式期待利回り（配当が一定で価格変動がない場合のもの）

　P_0：本年の株式価格　　　　c：株価期待変動率

(b 1) 又は (b 2) において、さらに配当が年々増加する場合には、(a) の公式と組み合わせて次のように書くことができる。

$$P_1 = \frac{D}{y_s + r_s - g_s - \frac{c(y_s + r_s - g_s)}{1+c}} \qquad (\text{c 1})\ \text{又は}$$

$$P_1 = \frac{D(1+c)}{y_s + r_s - g_s} \qquad\qquad\qquad\qquad (\text{c 2})$$

87

(注7) 土地は、株式と比べて、安全性は高いが流動性が低く管理が困難であるから、高度商業地といえども、その利回りは、上場株式の利回りよりは高いところに位置すべきものであるということができる。

(注8) 所有と経営が分離している大企業（上場会社）の場合にも、買収資本による経営支配のためのTOB（株式公開買付け）又はしばしば見られるM＆Aと、買収資本から経営支配権を守るための防戦買いのときに、株式価格が上昇して、支配証券価格の側面を見ることが可能となる。

(注9) 建部好治論文①「中小企業の株式評価の問題点」（『税務弘報』中央経済社1985.5刊）、②「非上場株式価格について」（『証券経済』日本証券経済研究所1989.12刊、及び③「株式価格の理論と実証」（『証券経済』日本証券経済研究所1992.12刊）参照。

(注10) 日本経済新聞社『株式指標10のポイント』（1988.10刊）参照。

(注11) 紺谷典子、若杉敬明、丸淳子、米沢康博他著『日本の株価水準研究グループ報告書』（財団法人日本証券経済研究所'88年刊）参照。

(注12) 運転資本概念には、現金資産説・差額説及び総流動資産説があるが、ここでは、総流動資産説として捉える（高橋昭三編『経営財務の基礎理論』同文館1984.11刊参照）。

運転資本は、運転資金ともいわれる。運転資金は、産業資本の場合には、製造に要する原材料の仕入資金及び労務費・経費の支払資金、並びに販売に要する人件費・物件費等の支払資金のことである。

この運転資金は、①その中身は回転しながらも、一定の残高が維持されるべき現金預金・棚卸資産等の部分（流動資産と流動負債との差額としての固定的な部分）と、②製品化した棚卸資産が販売・回収されて、支払に充てられるという、短期間に回転するそれらの流動的な部分（①の部分を除いた流動資産の部分と流動負債の部分）に分れる（日本実業出版社編『企業の経理・会計事項取扱全書』1988.8刊の建部好治担当「第11章　資金繰り」参照）。

(注13) 川合一郎著作集第2巻『資本と信用』・同第3巻『株式価格形成の理論』刊）・同第4巻『戦後経済と証券市場』及び第6巻『管理通貨と金融資本』（有斐閣1981.9・同81.10・同81.12及び同82.4刊）参照。

(注14) 小林一輔著『コンクリートが危ない』（岩波新書1999.7刊）参照。

(注15) 木村増三担当「株式」、伊藤淳巳担当「株式会社」、真実一男担当「自然価格」、小泉　明担当「正常価格・正常利潤」、宮崎義一担当「完全競争・純粋競争」及び「市場形態」（大阪市立大学経済研究所編『経済学辞典』岩波書店2・3版1979・92刊）参照。

(注16) ここでは、完全市場以外の市場のことをすべて不完全市場という。

(注17) 宮崎義一著『複合不況』（「中公新書」1992.6）参照。

(注18) 建部好治論文「非上場株式価格について」（『証券経済』日本証券経済研究所1989.12刊）参照。

(注19) 西村清彦・三輪芳朗編『日本の株価・地価』（東京大学出版会1990.4刊）参照。

III 株式価格と関連経済諸指標の実態

　ここでは、株式価格の全体としての動きを捉えるために、1987年中～同90年中（今回という）に、土地価格とともに異常な膨張を見せた株式価格の資産バブルにつき、同72年中～同73年中（前回という）のそれらも含めて、次の実証を行う。

　①資産バブルの根底には常に地価問題が横たわっていたから、まず地価形成の実態と問題点についてその趨勢と変動を捉え、次に株価形成の実態と問題点についても同様に見て行くこととし、②収益価格の公式の分子の配当又は1株当たり利益の財源としての付加価値と株価との関係が重要であるから、株価と付加価値等の推移と相関について検討を加え、③収益価格の公式の分母の配当利回り又は株式益回りと株価との関係も重要であるから、株価と各種利子率・利回りの推移と相関についても検討し、④期待配当の成長と株価の値上がり期待との下における株価と配当利回りとの関係に言及し、さらに⑤株価関連経営指標の実態を捉えて、そこにおける問題点と対策をも検討する。その対策としては、土地・不動産の流動性を回復させることが重要であるから、それについても提言を行う（原因分析があって対策が可能になるから、それについては注7で詳細に論じてある）。

1　土地価格・株式価格形成の実態[注1]

a　地価形成の実態

(1)　趨勢

　地価形成の長期的趨勢としては、表III-1の網掛け部分の数値から分かるように、地価の伸び率は、全国平均・三大圏の何れにおいても、人・税控除後純付加価値（全産業）のそれより少し下のところに位置している（この表III-1によ

り、一般的に長期的比較の対象とされている名目GDPよりも、この人・税控除後純付加価値の方がより密接にフィットしていることに注目されたい。平均についても同じことがいえる)。特にバブル景気までの71～83趨勢のそれらの数値は、かなり接近していたことが分かる。

地価の平均変動率としては、やはり当該網掛け部分の数値を見ると、76～86平均では人・税控除後純付加価値(全産業)のそれの方が高かった。87～90平均では、地価の全国平均も少し上にあるが、その三大圏平均が人・税控除後純付加価値(全産業)のそれを大幅に上回っていた(収益価格の分母を代表する長期プライムレートは、87～90平均では76～86平均を下回っていた)。それゆえ、その間は明らかに三大圏における資産バブル景気であったことが分かる(消費者物価指数及び卸売物価指数の平均は、87～90平均では逆に76～86平均よりも低かった)。

LAV(三大圏地価の純付加価値弾力性＝公示価格三大圏平均地価変動率／修正全産業純付加価値変動率)は、71～83趨勢では0.7倍、76～86平均では、0.6倍を示している。

三大圏住宅地価形成の長期的趨勢としては、表Ⅲ-1の太字部分の数値から分かるように、住宅地価の伸び率は、可処分所得のそれよりも少し上のところに位置している。

この趨勢は、84～98趨勢の数値でも貸マンション実質賃料のそれを上回っていて、商業地価形成の長期的趨勢が、人・税控除後純付加価値の非製造業のそれ、及び貸ビルのそれよりも下に位置しているのとはあべこべである。

住宅地価の平均変動率としては、当該太字部分の数値から分かるように、76～86平均では可処分所得のそれの方が高かった。87～90平均には、可処分所得のそれがほぼ半減しているのに、住宅地価の全国平均・三大圏平均のそれは大幅に上回っており、特に三大圏の上昇が大きかった(収益価格の分母に類似する住宅ローン利率は、長期プライムレートと同じく、87～90平均では76～86平均を下回っていた)。

RIV(三大圏住宅地価の可処分所得弾力性＝公示価格三大圏平均住宅地価変

III 株式価格と関連経済諸指標の実態

動率／可処分所得変動率）は、71〜83趨勢では1.0倍、76〜86平均では、0.9倍と、ほぼ1に等しい数値を示している。

　三大圏商業・工業地価形成の長期的趨勢は、資産バブル景気時の87〜90平均とそれを含む84〜98趨勢の工業地価を除いて76〜86平均とともに、人・税控除後純付加価値の非製造業・製造業のそれよりも下に位置しており、特に商業地価の趨勢がかなり下に位置しているのが目立っている。商業地価の趨勢は、84〜98趨勢の数値でも貸ビル実質賃料のそれを下回っているのが注目される。

　CAV（三大圏商業地価の純付加価値弾力性＝公示価格三大圏平均商業地価変動率／修正非製造業純付加価値変動率）及びIAV（三大圏工業地価の純付加価値弾力性＝公示価格三大圏平均工業地価変動率／修正製造業純付加価値変動率）を見ると、前者は、71〜83趨勢では0.4倍、76〜86平均では0.5倍、後者は、71〜83趨勢では0.6倍、76〜86の平均では0.5倍と、何れも0.5倍前後を示している。

(2) 変動

　変動を見るために表III-1を時系列にグラフ化すると、図III-1〜図III-7が得

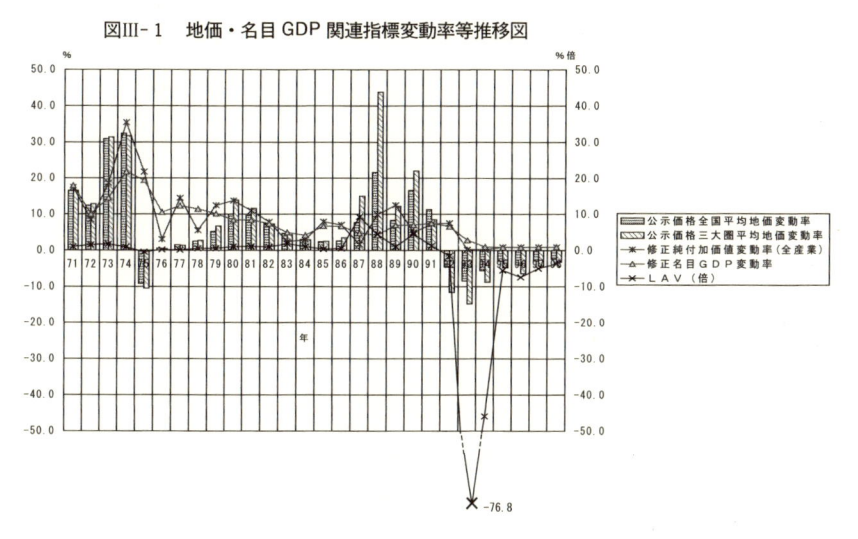

図III-1　地価・名目GDP関連指標変動率等推移図

図III-2 住宅地価関連指標変動率等推移図

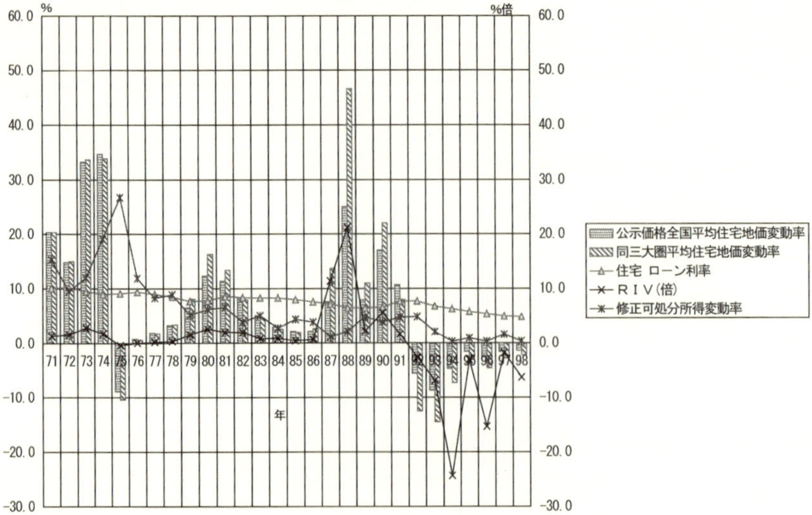

　られる。

　図III-1（地価・名目GDP関連指標変動率等推移図）を見ると、1970～85年中までは公示価格の全国と三大圏平均地価の変動率は、若干のタイムラグはあるものの、修正全産業純付加価値変動率とほぼ等しい動きをしていた（名目GDPも後者より緩やかな動きをしていた）。したがって、その間のLAVは、－0.5～2倍未満のところでほぼ水平に動いていた。

　しかしながら、同86年中以降は、修正全産業純付加価値変動率の動きから独立した、地価バブルの膨張とその崩壊により、LAVは、一方的に上昇後大きい反落を見せるに至っている（表III-1に見られるように、修正全産業純付加価値変動率は、バブル景気時ピークの同88年中にも、第1次石油危機によるインフレ時であったとはいえ73年中の数値の1/3近かったことに注意しなければならない）。

　図III-2（住宅地価関連指標変動率等推移図）を見ると、1970～85年中までは公示価格の全国と三大圏平均住宅地価の変動率は、若干のタイムラグはあるも

III 株式価格と関連経済諸指標の実態

図III-3 商業地価関連指標変動率等推移図

凡例:
- 公示価格全国平均商業地価変動率
- 同三大圏平均商業地価変動率
- 長期プライムレート
- CAV（倍）
- 修正純付加価値変動率（非製造業）

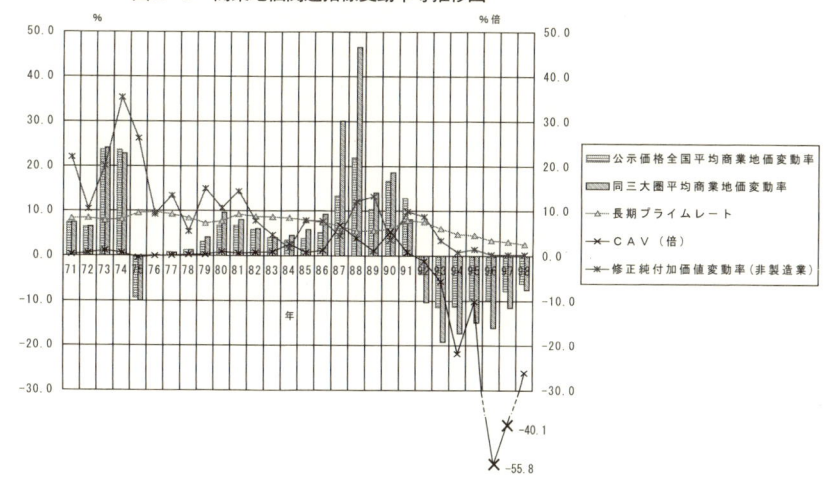

のの、可処分所得変動率とほぼ等しい動きをしていた。したがって、その間のRIVは、-0.5～2.5倍程度のところでほぼ水平に動いていた。

しかしながら、同86年中以降は、可処分所得変動率の動きから独立した、地価バブルの膨張とその崩壊により、RIVは、一方的に上昇後大きい反落を見せるに至っている（表III-1に見られるように、可処分所得変動率は、バブル景気時ピークの同88年中にも、第1次石油危機によるインフレ時であったとはいえ74年中の数値の1/5以下であったし、75～80年中の上昇にもとどいていないことに注意しなければならない―第2次石油危機は79年）。

図III-3（商業地価関連指標変動率等推移図）を見ると、1970～85年中までは公示価格の全国と三大圏平均商業地価の変動率は、若干のタイムラグはあるものの、修正非製造業純付加価値変動率とほぼ等しい動きをしていた。したがって、その間のCAVは、-0.5～2.5倍程度のところでほぼ水平に動いていた。

しかしながら、同86年中以降は、修正非製造業純付加価値変動率の動きから独立した、地価バブルの膨張とその崩壊により、CAVは、一方的に上昇後大きい反落を見せるに至っている（表III-1に見られるように、修正非製造業純付加

図III-4　工業地価関連指標変動率等推移図

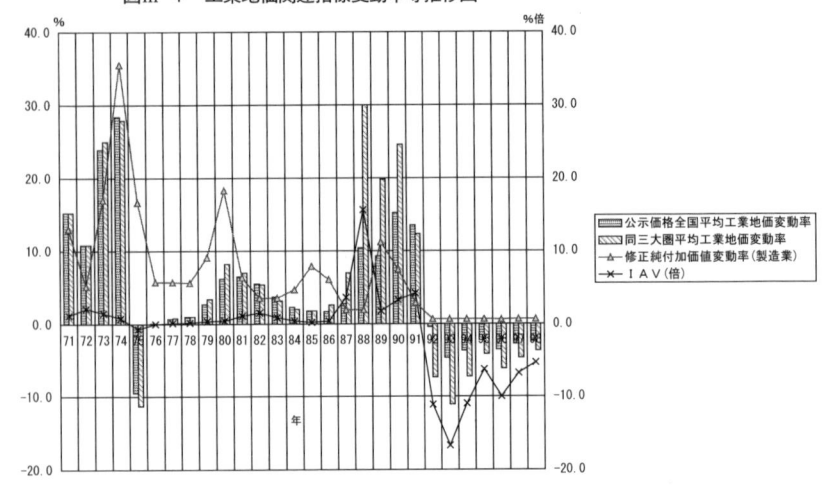

価値変動率は、バブル景気時ピークの同88年中にも、第1次石油危機によるインフレ時であったとはいえ73年中の数値の1/3近かったし、74・78・80年中の上昇にもとどいていないことに注意しなければならない—同上)。

図III-4（工業地価関連指標変動率等推移図）を見ると、1970～85年中までは公示価格の全国と三大圏平均工業地価の変動率は、若干のタイムラグはあるものの、修正製造業純付加価値変動率とほぼ等しい動きをしていた。したがって、その間のIAVは、−1.0～2倍程度のところでほぼ水平に動いていた。

しかしながら、同86年中以降は、修正製造業純付加価値変動率の動きから独立した、地価バブルの膨張とその崩壊により、IAVは、一方的に上昇後大きい反落を見せるに至っている(表III-1に見られるように、修正非製造業純付加価値変動率は、バブル景気時ピークの同88年中にも、第1次石油危機によるインフレ時であったとはいえ73年中の数値の1/3以下であったし、74・79年中の上昇にもとどいていないことに注意しなければならない—同上)。

以上に見てきたように、今回の資産バブル景気は、ストックとフローとの関連が重要であることを全く考慮に入れていなかったことに起因しているといえ

る。

　土地供給の稀少性とストックとしての土地の持続的上昇が「地価神話」を生んだのであるが、ストックとしての土地価格の上昇は、フローとしての土地価格のそれによって、限界づけられているのである。

　フローとしての土地価格の公式（無期限）は、簡単には、次のとおりである。

$$P_L = \frac{R}{y_L + r_L + t_L}$$

R＜AV 又は Y

R　：期待地代　　　　　y_L：土地期待利回り
r_L　：土地リスク　　　t_L：保有税
AV：期待純付加価値　　Y：期待可処分所得

　ここで、期待地代（又は家賃）は、期待純付加価値（又はその内訳としての期待可処分所得）を財源として支払われることが重要なのである。

b　株価形成の実態

(1)　趨勢

　株価形成の長期的趨勢としては、表Ⅲ-1から分かるように、株価の伸び率は、地価とは逆に、人・税控除後純付加価値（全産業）のそれよりかなり上のところに位置している（株価の趨勢は、経常利益のそれよりも高いところに位置している）。

　平均変動率においても、株価は、地価と比べて、人・税控除後純付加価値（全産業）よりも91～98平均を除いてかなり高いところに位置しているが、経常利益により近くなっているのが興味深く見られる。しかも資産バブル景気時の87～90平均でより高い経常利益とより低い長期プライムレートとが期待を一層大きくして、株価を押し上げていたことが分かる。

　SAV（株価の純付加価値弾力性＝株価（日経平均）変動率／修正全産業純付加価値変動率）は、71～83趨勢では0.8倍、76～86の平均では、1.3倍を示している。

(2) 変動

 図III-5（株価関連指標変動率等推移図）を見ると、1970～82年中までは株価（日経平均）変動率は、若干のタイムラグはあるものの、修正全産業純付加価値変動率とほぼ等しい動きをしていた。したがって、その間のSAVは、三大圏各地価の純付加価値弾力性よりも幅が少し大きくなるが、−0.5～3倍程度のところでほぼ水平に動いていた。

 しかしながら、同83年中以降は、経常利益がほぼ伴ってはいたが、修正全産業純付加価値変動率の動きから独立した、地価バブルの膨張とその崩壊により、SAVは、かなりの上昇後、経常利益の反落とともに大きい下落を見せるに至っている（地価のところで見たように、修正全産業純付加価値変動率は、バブル景気時ピークの同88年中にも、第1次石油危機によるインフレ時であったとはいえ73年中の数値の1/3近かったし、より直接的には経常利益変動率の上昇率が株価（日経平均）と比べて僅少にとどまり、両者ともに79年中の上昇にもどどいていないことに注意しなければならない—同上）。

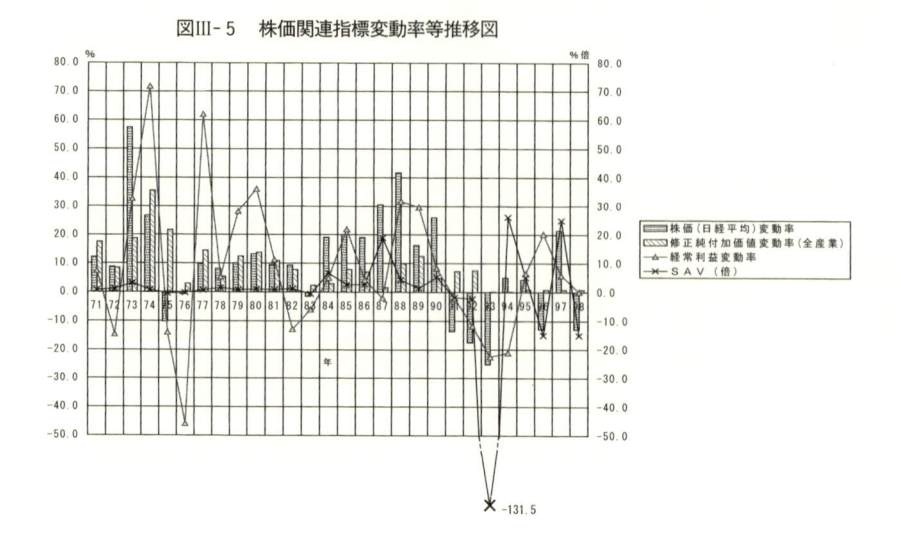

図III-5　株価関連指標変動率等推移図

III 株式価格と関連経済諸指標の実態

以上に見てきたように、地価の場合と同じく、今回の資産バブル景気は、ストックとフローとの関連が重要であることを全く考慮に入れていなかったことによるのである。

ストックとしての株式価格の上昇も、やはり地価の場合と同じく、フローとしての株式価格のそれによって、限界づけられているのである。

フローとしての株式価格の公式（無期限）は、簡単には、次のとおりである。

$$P_s = \frac{D（又はE）}{y_s + r_s}$$

D：期待配当　　　　y_s：株式期待利回り
r_s：株式リスク　　E：税引後期待利益
D（又はE）＜AV

ここで、期待配当（又は税引後期待利益）は、期待純付加価値（又はその内訳としての経常利益）を財源として支払われることが重要なのである。

(3) 資産バブルの真の原因

表III-1から分かるように、MGV(マネーサプライの名目GDP弾力性＝(M2＋CD)変動率／名目GDP変動率)は、71～83趨勢、及び76～86平均がどちらも、1.3倍を示している。マネーサプライ（M2＋CD）は、71～83趨勢では6％弱の伸びであったのに、87年中～90年中は、各年ともに約10～12％の伸びを示しており、この間に消費者物価指数及び卸売物価指数が安定していたから（後者は殆どの時期がマイナスであった）、増加したマネーの殆どが土地・株式等の投機的取得に向けられて、資産バブルが形成されたのである。

MGVD（マネーサプライ・名目GDP変動率差額＝(M2＋CD)変動率－名目GDP変動率）は、71～83の趨勢では1.5倍、76～86の平均では、2.1倍を示し、その間の、①第1次・第2次石油危機によるインフレの影響、及び②土地・株式等資産取引の増大を表している。

図III-6（MGVD・MGVと地価・株価変動率推移図）を見ると、MGVが2倍以上になった時期の、1971年中と同87年中の直後に資産バブルが起きているのが分かる（これらの時期は、好況で、表III-1に見られるようにM2＋CDの平残変動率も2桁であった）。MGVは94年中以降も2倍以上になっている年

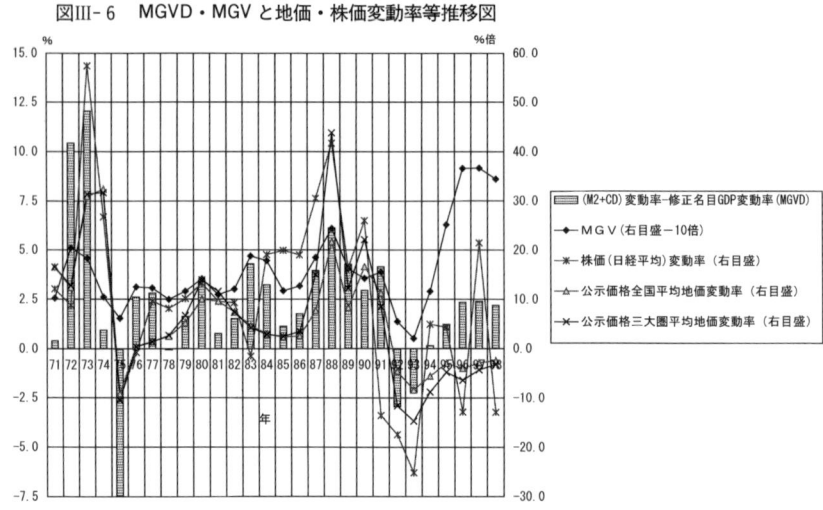

図III-6　MGVD・MGVと地価・株価変動率等推移図

が多いが、これらの時期は、不況で、M2＋CDの平残変動率も1桁の前半であるから、資産インフレには結びついていない。

　MGVDとして捉えなおすと、1971・72年中が第1次石油危機によるインフレが原因で2桁の変動率差を示し、同87年中は6％を超える数値を記録し、その動きは、同92年中までは地価及び株価変動率のそれとほぼ等しい推移を見せている（ただし今回は三大圏地価の上昇が大きく、全国地価のそれと二極化している）。それゆえ、このことからも、過剰なマネー供給の継続が、巨大な不良債権を残した資産バブルを生み出したことは、明らかである。

　図III-7（地価・株価・ドル相場変動率等推移図）を見ると、ドル（対円）年平均相場の変動率は、バブル崩壊後の「金融システム危機」時を除いて、地価・株価の変動率とほぼ反比例的である。

　地価・株価変動率の上昇期（資産インフレ期）には、円高防止のためのドル買い介入等によるマネーサプライの増加が照応している。具体的には、ドル（対円）年平均相場は、72～73年中・77～78年中・86～88年中及び91～95年中に顕著に下落し、それらのうち第1回目及び第3回目は概してMGDVが上昇して、その度毎に程度の差はあるが、第1次石油危機による全般的なインフレ及

100

III 株式価格と関連経済諸指標の実態

び今回の資産バブル（資産インフレ）を招いている。

ドル（対円）年平均相場は、その下落の第2回目には、MGVDの増え方は鈍いが、第1次石油危機の後遺症としての全般的な軽いインフレを招いている。それらに対して、その第4回目には後半の94～95年中に漸くそれが上昇に転じたが、長期プライムレートの低下にもかかわらず地価には反応せず、株価だけがPKOもあって僅かに反応し、それまでとは逆に地価・株価の変動率と概ね比例的になってきているのが注目される。

2　株式価格と関連経済諸指標の動向

a　株価と付加価値等の推移と相関[注2]

ここでは次の理由により、付加価値等との関連で株価が暴落せざるをえなかったことにつき検討を行うこととする[注3]。

① 配当金の源泉は経常利益であり、経常利益の源泉は付加価値である（経常利益は表II-1では営業利益から支払利息を控除した額）。

② 株価変動率と付加価値変動率（全産業）・経常利益変動率及び配当金変動率（資料の関係で後三者は前者と3ヵ月のずれがあることに留意されたい）に

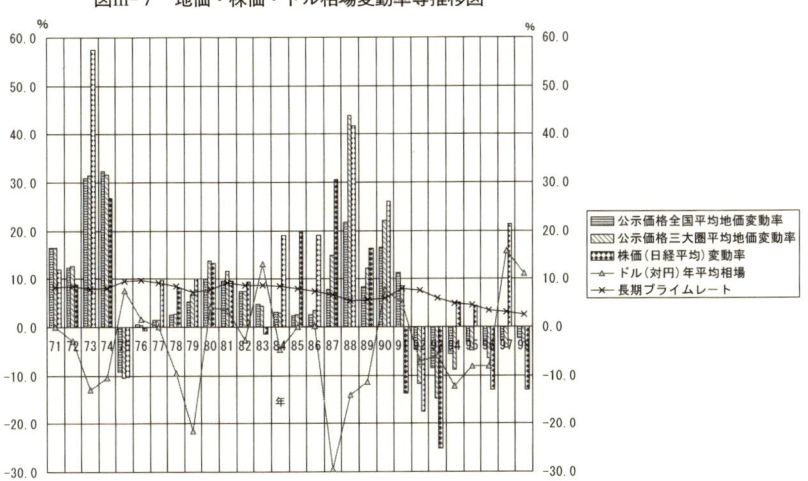

図III-7　地価・株価・ドル相場変動率等推移図

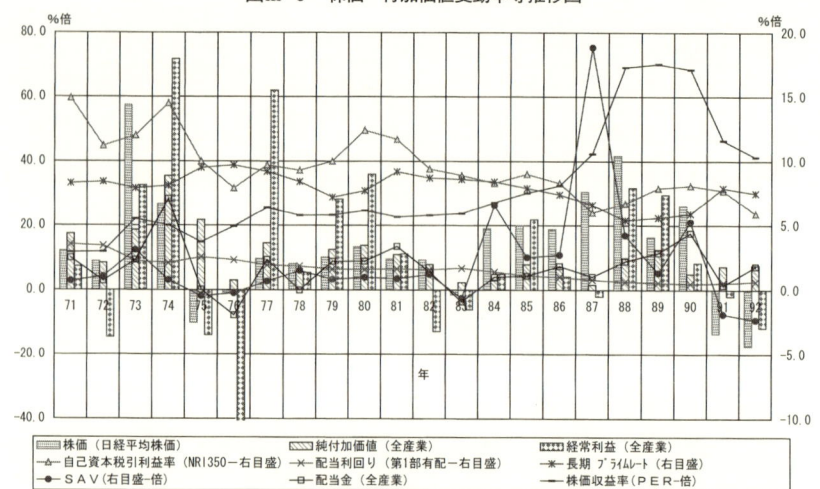

図III-8　株価・付加価値変動率等推移図

（凡例）
- 株価（日経平均株価）
- 純付加価値（全産業）
- 経常利益（全産業）
- 自己資本税引利益率（NRI350—右目盛）
- 配当利回り（第1部有配—右目盛）
- 長期プライムレート（右目盛）
- SAV（右目盛—倍）
- 配当金（全産業）
- 株価収益率（PER—倍）

ついて、1965年度の証券恐慌時後同91年度までの年平均変動率を求めると、前者が12.7％を示すのに対して、後三者はそれぞれ12.5％、14.1％、7.1％を示して、付加価値変動率（同）が株価変動率に一番近い数値になる。

③　株価変動率と比べる分母の変動率はプラスを前提とするのに、経常利益変動率及び配当金変動率には時々マイナスがある。

④　株価と同様に擬制資本価格である地価のバブルが、崩壊せざるをえなかったことの説明には、商業地価格変動率の付加価値変動率に対する割合が有効である。

したがって、付加価値等との関連で株価の変動を見るために表III-2を時系列にグラフ化すると、図III-8が得られる。この図III-8により、検討を行うと次のとおりである。

①　利潤証券価格の公式における分子の期待配当又は期待利益は、期待付加価値の分配分（表II-1）であるから、先ず株価と付加価値等との関連について、(b)の(1)で採用したSAVにより分析をすると、次のとおりである（SAVも分母のプラスを前提とする）。

　　SAVは、前回、1972年中に株価変動率が経常利益変動率（全産業）の上昇

III 株式価格と関連経済諸指標の実態

とともに高騰したときに、純付加価値変動率（全産業）も上昇し、その翌年中に株価変動率が反落したのに、純付加価値変動率（同）は上昇を続けたので、1972年中に約3倍になったが、その翌年中には、1倍未満に下落している。

　SAVは、その後同82年中まで0倍～1倍前後で推移している。そして今回、同83年中に株価変動率が経常利益変動率(同)とともに上昇したときに、純付加価値変動率（同）が少ししか上昇しなかったので、SAVは6倍を超えるところまで上昇した。

　SAVは、その後反落して、同84・85年中は2倍台の後半を示していたが、同85年9月のプラザ合意を契機とする景気政策による低金利と利益の増加を期待して、株価変動率がより一層の上昇を見せたのに、純付加価値変動率（同）が逆に下落したので、同86年中に高騰して、約19倍という異常な倍率を示すに至っていた。

　純付加価値変動率（同）は、同87・88年度に回復し、株価変動率が経常利益変動率（同）とともに同88年中に反落したので、SAVは、同87年中には約4.2倍に、同88年中には約1.3倍にまで下落した。そして、同89年度に純付加価値変動率（同）が経常利益変動率（同）とともに下落したのに、株価変動率が上昇したので、SAVは、再び約5.3倍に上昇した。しかし、同90・91年度に純付加価値変動率（同）が微騰する反面で株価変動率が経常利益変動率(同)の急落から1年遅れて急落したので、SAVは、0倍を下回るところまで落ち込むに至っていた。

　以上を通じてみれば、SAVは、前回は株価変動率の上昇に純付加価値変動率（同）がかなりついていくことができていたが、今回は、株価変動率の上昇に純付加価値変動率（同）が僅かしかついていくことができなかったから、それが大幅に高騰した後は、その反動として株価（日経平均）変動率とともに大幅に下落せざるをえなかったことが読み取れるのである。

② 利潤証券価格の公式における分母の期待利回りを株価と相関度の高い長期プライムレート（b参照）で代表させて、それとSAVとの関係を見ると、1971

中年から同82年中までは、若干のタイムラグ（SAVが1年早い）があるが、かなりの逆相関関係にあったことが分かる。しかしながら、同83年中以後には両者の間のタイムラグがなくなるほか、SAVが一方的に激しく上下して、しかも同89年中には長期プライムレートが上昇傾向にあるのにSAVと株価変動率も上昇するという金利の動向を無視した異常な動きまで生じていた。

同90年中には長期プライムレートの急騰に応じてSAVと株価変動率は急落するという逆相関の動きをしていたが、同91年中には同89年中の異常な動きの反動として、長期プライムレートが低下傾向にあるのに、株価変動率が下落を続けたのである。

③ 株価収益率(PER)は、1971年中から同80年中までは経常利益変動率(同)と前後していたが、同81年中以後は株価収益率(PER)が経常利益変動率(同)を一方的に上回って、しかも両者の差を広げてきている。

④ 自己資本税引利益率（ROE）は、前回は長期プライムレートよりもかなり高いところにあったが、今回はSAVのピークの時期に逆に水準の低くなった長期プライムレートを更に若干下回っているのが目立っている。この自己資本税引利益率は傾向としてかなり下ってきて、配当平均利回りとの差を縮めてきていることも、株価変動率の下落の原因の一つとして注目される。

このSAV及び株価と相関度の高い長期プライムレートにより、SAVが長期的には1に等しくなるものとして、それにほぼ近い(1976年中から同81年中までの平均は0.99)ものをとり、同82年中以後の株価がその延長線上にあるものとして同92年の株価平均を推定すると、次のとおり20,762円となる（純付加価値変動率（同）は同82年度から同91年度までのものが継続し、長期プライムレートは同92年9月以降同年中5.7％が継続するものとして年平均を求めてある）。

$$SAV = \frac{SPV}{AV}$$ SPV：株価（日経平均）変動率
　　　　　　　　　　　AV　：純付加価値変動率（同）
$SPV = SAV \times AV$

III 株式価格と関連経済諸指標の実態

$$\begin{array}{cccc} & (\text{76-81 年中平均}) & (\text{82-91 年中平均}) & \\ \text{SPV}= & 1.00\% & \times \quad 6.38 & \fallingdotseq 6.38\% \end{array}$$

(81 年平均株価)
7,510.73 円　　×$(1+0.0638)^{11}$＝14,830 円

　　　　(長期プライムレート)
14,830 円　　×$\dfrac{8.40\%}{6.00\%}\fallingdotseq$　　20,762 円

　実際の株価がこれよりもかなり低いところまで下ったのは、①実体経済の不況でその後の付加価値変動率の下落が予測されたこと、②金融機関の不良債権が期待利益を押し下げていたこと、③②との関連でキャピタルゲインの消滅(現実にはキャピタルロス)に伴なって、利潤証券としての本来の期待配当利回りの低さ(アメリカの約1/3であり、1965年の証券恐慌時の配当利回りが1年定期の利子率を上回っていたのに、現在は前者が後者をかなり下回っていることが事態をより深刻なものにしていた)が改めて問題になりだしたこと、④③との関連で株式相互持ち合いのうち、その重要でない部分の解消が改めて検討され始めたこと等によるものであるといえよう。

b　株価と各種利子率・利回りの推移と相関[注2]

　株価と利潤証券価格の公式における分母の期待利回り(各種の利子率及び利回り)の推移と相関について表III-3を時系列にグラフ化すると、図III-9が得られる。

　図III-9では株価に対して、各種の利子率及び利回りの逆数が、配当利回りの逆数及び株式益回りの逆数(PER＝株価収益率)を除いて、次のようにより緩やかな相関関係を持っていることが分かる。

① 各種の利子率及び利回りの逆数は、配当利回りの逆数及び株式益回りの逆数(PER)を除き、全体として公定歩合の逆数の動きにつれて、ほぼ同じ方向に動いている。
② 株価は、変動が激しいが、1971年中・同77年中・同79年中・同82・83年中・同88・89年中を除いて、これらの各種の利子率及び利回りの逆数と同じ

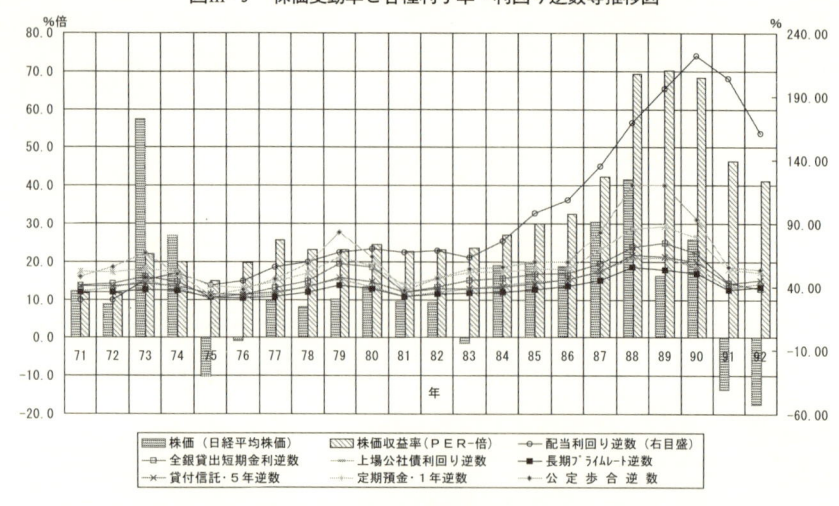

図III-9 株価変動率と各種利子率・利回り逆数等推移図

方向に動いている。なかでもそれは、1984中年から1987年中にかけて、公定歩合の逆数の動きとほとんど歩調を合わせている。
③ 配当利回りの逆数は、全体として、1989年中まではその他の各種の利子率及び利回りの逆数よりもかなり右肩上がりの傾斜が高かったから、同90年中以後は、株式益回りの逆数（PER）を除いたその他の各種の利子率及び利回りの逆数よりも急カーブで下降している（相互の目盛が異なるから相対的な意味において述べている）。
④ 株式益回りの逆数（PER）は、1977年中・同79年中・同89年中及び同91年中には、各種の利子率及び利回りの動向を無視した動きが見られるほか、同83年中から同89年中にかけては、各種の利子率及び利回りの逆数と方向が同じであっても、それらとはかけ離れた動きをしている。

既述のように株式価格は、本質的には期待配当又は配当財源としての期待利益を期待利回りで資本還元した擬制資本価格、すなわち配当利潤証券価格であるから、③で述べた配当利回りの逆数の異常な右肩上がりと、④で述べた株式益回りの逆数（PER）の各種の利子率及び利回りの逆数とはかけ離れた動きの反動として、同91年中には各種の利子率及び利回りが低下傾向にあったにもか

かわらず、株価が下げ止まることなく、このような動きが、今回の株式不況を一層深刻なものにしていたのである。

　これらの関係について、株価と株式益回り、配当利回り、全国銀行貸出約定短期金利、上場公社債利回り、長期プライム、貸付信託・5年、定期預金・1年、公定歩合のそれぞれの逆数との相関係数 r を求めると、表III-4 の上段(1970年中～同 91 年中) のとおりである。95％信頼区間における真の相関係数は、r＝0.018 の配当利回りの逆数及び r＝0.231 の株式益回りの逆数 (PER) については、後者でも-0.22～0.58 であまり役に立たないが、その他の各種の利子率及び利回りの逆数については、r＝0.448 のもので 0.06～0.73、r＝0.547 のもので 0.18～0.79 であり、全国銀行貸出約定短期金利、上場公社債利回り、公定歩合、定期預金・1年、長期プライム、貸付信託・5年の順にかなりの程度で正の相関関係があることが分かる。

　しかしながら、株価は、1976 年中前と同 90 年中以後には、各種の利子率及び利回りとはかなりかけ離れた動きをしているから、これらの期間を除外した期間について、改めて株価と各種の利子率及び利回りのそれぞれの逆数との相関係数 r を求めると、表III-4 の下段 (1976 年中～同 89 年中) のとおりで、同表の上段の数値と比べてかなり相関度が高まってくる。特に株価と株式益回りの逆数 (PER) 及び配当利回りの逆数との相関度が大幅に高まるのが注目される。

　この場合の 95％信頼区間における真の相関係数も、それが最も低い r＝0.656 のもので 0.20～0.88、最も高い r＝0.748 のもので 0.38～0.92 であり、各種の利子率及び利回りの順序は、長期プライム、貸付信託・5年、上場公社債利回り、株式益回り、配当利回り、定期預金・1年、公定歩合、全国銀行貸出約定短期金利の順に変わるが、同表の上段のものよりかなり高い正の相関関係があることが分かる。

表III-4　株価（日経平均）と各種の利子率及び利回りとの相関表

	株式益回り	配当利回り	全国銀行貸出短期金利	上場公社債利回り	長期プライム	貸付信託・5年	定期預金・1年	公定歩合
71～92年	0.231	0.018	0.547	0.531	0.458	0.448	0.477	0.506
77～90年	0.713	0.696	0.656	0.732	0.748	0.737	0.680	0.659

c 株価と配当利回りとの関係[注2]

Ⅱの注6の次の（c1）式又は（c2）式

$$P_1 = \frac{D}{y_s + r_s - g_s - \frac{c(y_s + r_s - g_s)}{1+c}} \quad （c1）又は$$

$$P_1 = \frac{D(1+c)}{y_s + r_s - g_s} \quad （c2）$$

において、配当が年々一定の増加をするのに加えて一定のキャピタルゲインがある場合には、（c1）式では、分母の期待配当利回りは、①期待配当成長率、及び②株価期待変動率に期待配当成長率を差引いた通常の期待配当利回りを乗じたものを株価期待変動率に1を加えたもので除した率だけ低くてよいが、③値下がりの株式予想危険率だけ高くなる必要があることも忘れてはならないのである。

（c2）式では、翌年の株価は、期待配当に株価期待変動率を乗じたものを通常の期待配当利回りで除した額だけ高くなる（キャピタルロスの場合には低くなる）ことが分かる[注4]。

（c1）式の分母の期待配当利回りについて、期待配当成長率・株価期待変動率に応じた期待配当利回りの変動を見ると、表Ⅲ-5のとおりである。たとえば、M銀行の例では、1986年5月の最低値1410円の場合で期待配当成長率g_sが年5％（配当が7円から4年かけて8.5円になると年複利で5％になる）として、株価期待変動率cが200％（実際には同87年4月の最高値は4,350円で209％の値上がり）のときに、長期プライムレートy_sが6.5％から5.5％に下がれば、分母の期待配当利回りは0.50％から0.17％（実際には0.20％）に下落してもよいことになる（このように増配会社については、増配に要する期間との関連でかなり説明可能となる）。

しかしながら、最近のような値下がりの株式予想危険率を考慮に入れると、期待配当利回りが低すぎるのが問題点としてクローズアップされてくる（表Ⅲ-5ではy_sが5.5％で配当利回りが約0.9％の場合に、株価期待変動率cについて付加価値の増加率より少し上の年約10％の値上がりを目指そうとすれば、

III 株式価格と関連経済諸指標の実態

期待配当成長率 gs の年約 4.5％の上昇が必要とされることが分かる）。

3 株式価格と関連経済指標の実態における問題点と対策[注5]

　株価・地価の急騰・急落は、財政金融政策・システムのあり方等に多くの問題があることを提示しているが、ここでは、株式にしぼり、システムを除いて検討を行うこととする。

　そのために表III-6を時系列にグラフ化すると、図III-10～図III-13が得られる。

　マネーサプライについて、図III-10を見ると、MGD（(M2＋CD) と名目 GDP の差）と株価がかなり比例的であることが興味深い（回転率は捨象）。ただし、1993年以降の MGD に対する株価の低迷が目立っている。

　図III-11を見ると、自己資本税引利益率（≒ROE (Return on equity)＝株主資本利益率）[注6] は、①株価変動率に対して、前回には、1年遅れで1974年に上昇し、今回には、やはり1年遅れで同88～89年に上昇したが、2桁に届かず、その後は下落の一途を辿っている。②長期プライムレートに対して、前回不況時には、同76年に交叉しただけであったが、今回不況時の同91年以降は逆転をしたままである。

　この自己資本（経常）税引（又は税引前）利益率は、総資本税引（同）利益率とともにIV 2 の非上場株式評価を求める収益還元法において重要な役割を担うものである。

　株式益回りは、長期プライムレートと比べて、1976年以降キャピタルゲインのある分だけほぼ一定の格差を保って低位にあったが、今回不況時には後者の低水準にもかかわらず株価以上に税引後利益の低迷により両者の格差が縮小してきている。

　配当利回りは、他の利率と比べて変動が少なく、この間に傾向として低落してきている。

　自己資本税引利益率（同上）に株価収益率 PER (Price earnings ratio) を乗じたものは、株価純資産倍率 PBR (Price book-vaiue ratio) に等しい（R/E

図III-10 MGD・株価変動率推移図

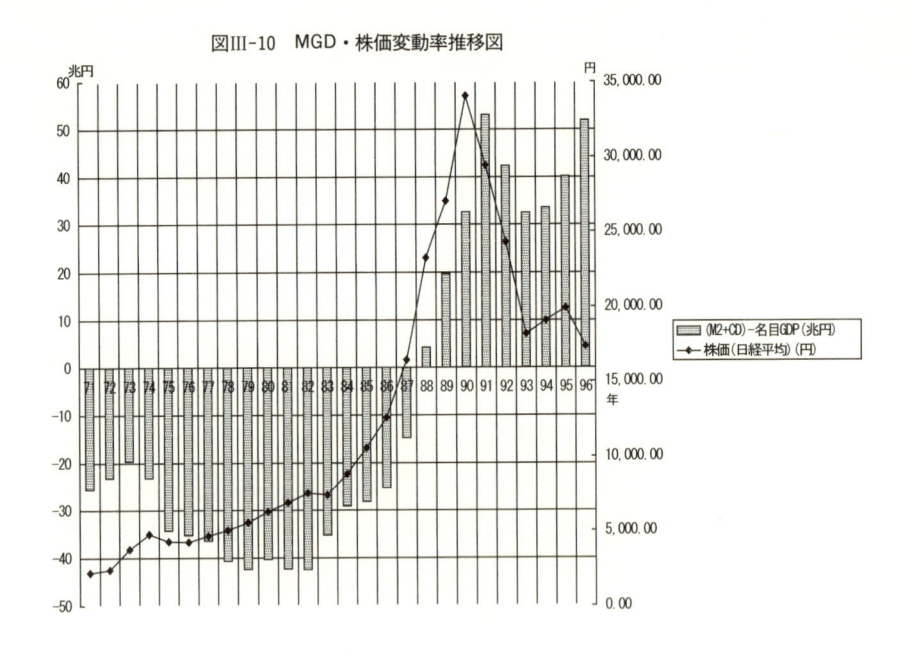

図III-11 株価変動率・各種利率推移図

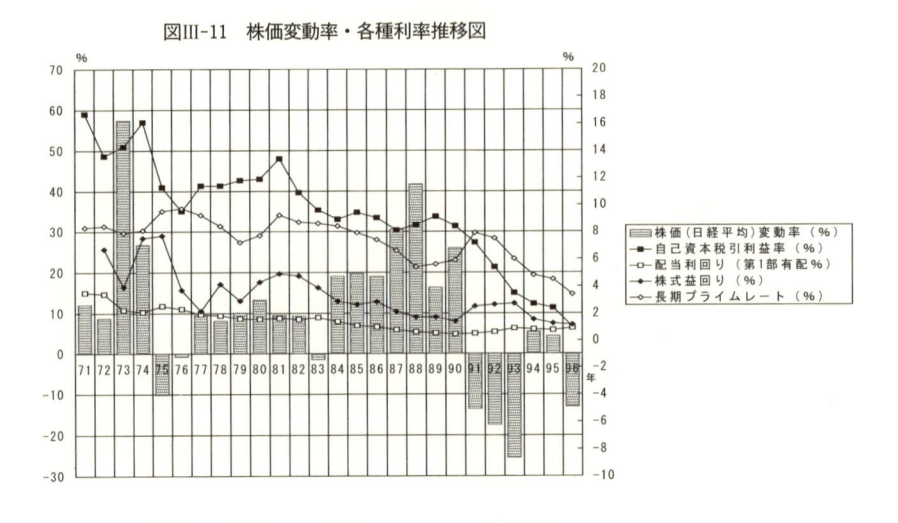

×P/R＝P/E）から、それらの関係について、東証市場第1部のものについて見ると、図III-12のとおりである（これらの比率は本来事前的な期待に基づくものであるが、ここでは事後的な数値によっている）。

この株価純資産倍率の分母の純資産は、IV 2の非上場株式評価を求める再調達原価法において重要な役割を担うものである。

この図によると、今回の1987～90年に、PBRが上昇したが、ROEは、前回の同73年のような二桁台の上昇をしておらず、PERだけが異常に上昇していることが分かる。そして、バブル消滅後は、PBR・ROEがいずれも低下しているのに、ひとりPERが、同94年以降PKOの効果もあってバブル景気時以上に上昇しているのが目立っている。

図III-11・12の自己資本税引利益率は、NRI 400（総合）のもの、すなわちNRI 350（産業）のほか、運輸・公益・金融という全部の業種を含んだもので、同様に全部の業種を含んだ株価に対応している。

しかしながら、これ以上の分析を進めるには、金融を除いたものしか入手できないから、その影響度合いを見るために各種の自己資本税引利益率（中小企

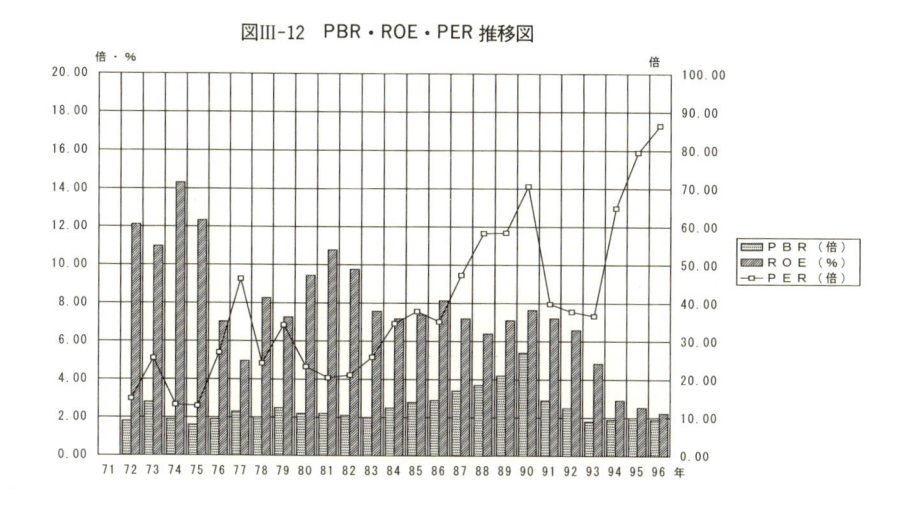

図III-12　PBR・ROE・PER 推移図

113

図III-13 各種自己資本税引利益率推移図

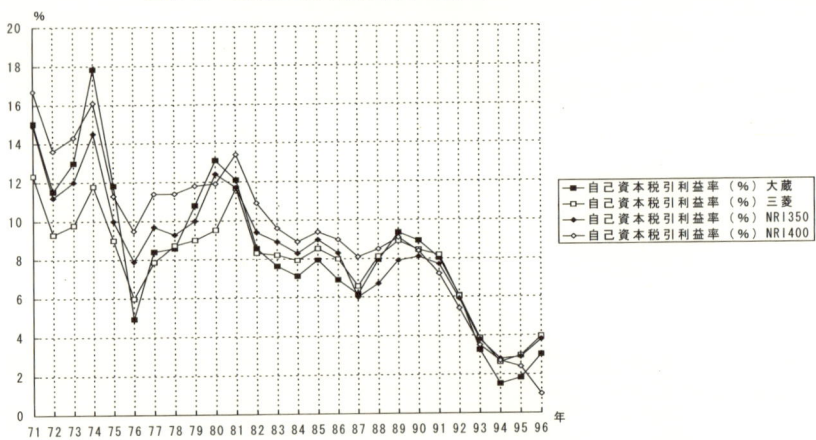

図III-14 純付加価値構成比率推移図

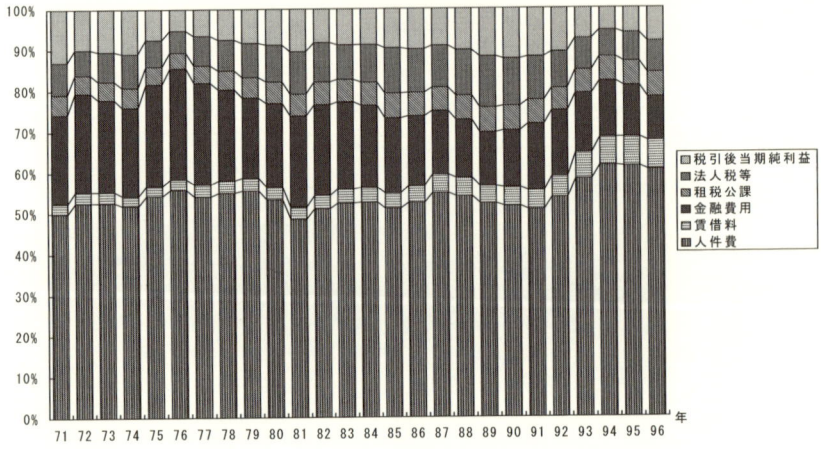

III 株式価格と関連経済諸指標の実態

業をも含んだ大蔵省の『法人企業統計年報特集』・大企業を対象とした三菱総合研究所の『企業経営の分析』・東証の NRI 350 及び NRI 400）を比較すると、図III-13 のとおりである。

この図によると、①金融を含んだ NRI 400 の自己資本税引利益率が 1971～89 年の間は最上位ないしそれに近い比率を示していたが、同 91 年には最下位になり、同 96 年には他の三者の回復とは逆に 1％にまで下落している。②中小企業をも含んだ大蔵省の自己資本税引利益率が他の三者より大きく変動しているのが目立っている。③傾向としては、一二の例外を除いて、四者ともほぼ同様の動きをしてきている。

したがって、これ以降の分析は、大企業を対象とした三菱総合研究所の『企業経営の分析』の数値によることとする。

金融を除く全産業について、税引後利益の財源としての純付加価値の構成比率の推移を見るために表III-7 を時系列にグラフ化すると、図III-14 が得られる。

この図から分かるように、税引後当期純利益は、前回の不況時には 1975～76 年に、今回の不況時には同 93～94 年にそれぞれかなり比率を下げている。しか

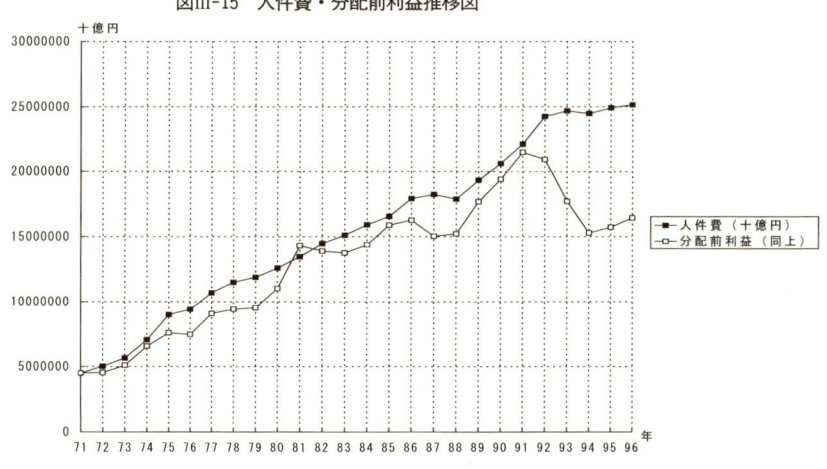

図III-15　人件費・分配前利益推移図

115

図III-16 付加価値・人件費・分配前利益対総資本比率推移図

凡例:
- 総資本粗付加価値率
- 総資本純付加価値率
- 総資本人件費率
- 総資本分配前利益率

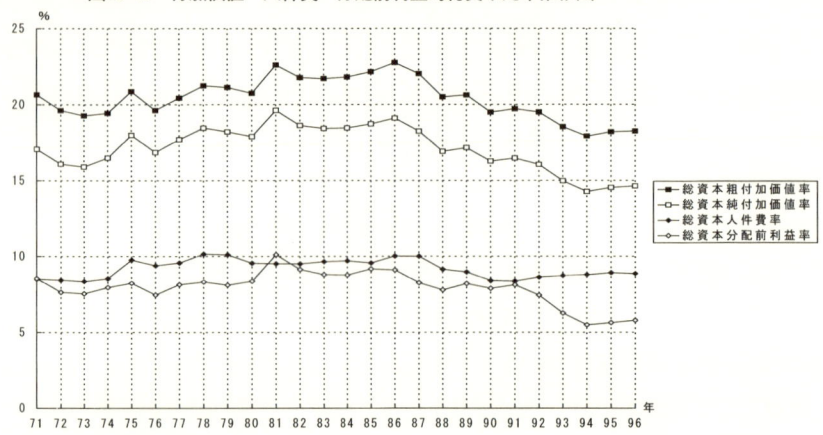

図III-17 付加価値・人件費・分配前利益対自己資本比率推移図

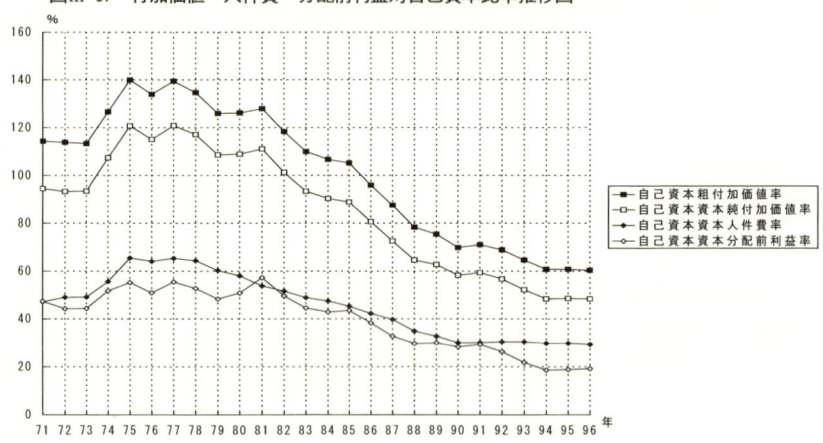

凡例:
- 自己資本粗付加価値率
- 自己資本資本純付加価値率
- 自己資本資本人件費率
- 自己資本資本分配前利益率

III 株式価格と関連経済諸指標の実態

し、両者を比較すると、後者では、①人件費のウエイトがかなり高くなり、②賃借料のウエイトが高くなり、③金融費用のウエイトが低くなり、④租税合計（法人税等及び租税公課）のウエイトが高くなっているのが目につく。

純付加価値は、簡単には人件費と分配前利益からなるから、それらの推移を見るために表III-6を時系列にグラフ化すると、図III-15が得られる。この図のとおり、1992年以降に、①分配前利益は傾向線からはずれて低下しており、②人件費も傾向線をむしろ若干下回っていることが分かる。

分配前利益の低下について、より詳しく分析するために表III-8を時系列にグラフ化すると、図III-16～図III-22が得られる。

この図III-16によると、①総資本人件費率の1990年以降の若干の水準低下に対して、総資本分配前利益率は、同92年以降かなり水準を下げてきている。②その原因としては、総資本粗（又は純）付加価値率の水準低下にあることが、明らかである。

総資本ではなく、自己資本との関係を見ると、図III-17のとおり、前回よりも今回の方が、自己資本に対する各比率の低下（右肩上がりでなく右肩下がり）が目立っている。

さらに総資本分配前利益率の内訳を見ると、図III-18のとおり、①総資本租税合計率の1990同～94年の水準低下、②総資本金融費用率の同92年以降の水準低下にもかかわらず、③総資本賃借料の水準の上昇傾向もあって、総資本税引利益率は、同92～94年にかなり水準を切り下げ、それ以後同96年まで若干の回復を見せたにとどまっている。

これらについても、総資本ではなく、自己資本との関係を見ると、図III-19のとおり、自己資本税引利益率は、総資本税引利益率と異なり、今回は前回よりも低水準にとどまっていたことが目につく。

製造業は、根底において資本蓄積と人間生活を支えるモノとしての付加価値を創造する重要なものであるから、以下では、製造業にしぼって、三菱総合研究所の『企業経営の分析』製造業の数値により、自己資本税引利益率・総資本税引利益率及び総資本純付加価値率とそれらの内訳につき、検討を加える。

図III-18　分配前利益内訳等対資本比率推移図

凡例:
- 総資本賃借料率
- 総資本金融費用率
- 総資本租税合計率
- 総資本税引利益率
- 総資本キャッシュフロー率

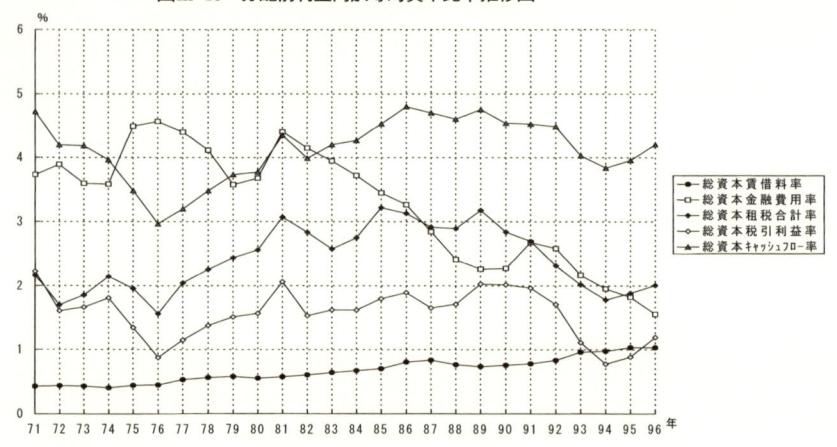

図III-19　分配前利益内訳等対自己資本比率推移図

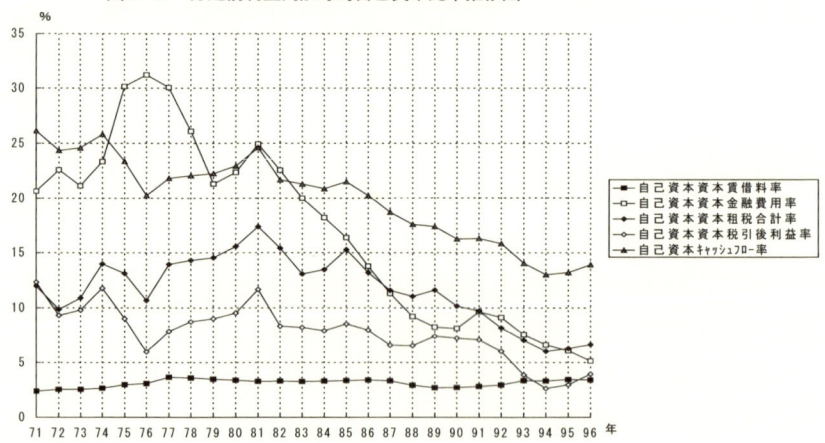

凡例:
- 自己資本資本賃借料率
- 自己資本資本金融費用率
- 自己資本資本租税合計率
- 自己資本資本税引後利益率
- 自己資本キャッシュフロー率

III 株式価格と関連経済諸指標の実態

　自己資本税引利益率の内訳は、製造業としての主要な勘定を含んだ次の❶式又は❷式で捉えることができる。

$$\underset{\text{自己資本税引利益率}}{\frac{NI}{SE}} = \underset{\text{固定比率}}{\frac{FA}{SE}} \times \underset{\text{固定資産土地比率}}{\frac{L}{FA}} \times \underset{\text{土地純付加価値率}}{\frac{AV}{L}} \times \underset{\text{純付加価値税引利益率}}{\frac{NI}{AV}} \qquad ❶$$

$$= \underset{\text{自己資本純付加価値率}}{\frac{AV}{SE}} \times \underset{\text{純付加価値税引利益率}}{\frac{NI}{AV}} \qquad ❷$$

NI (Net Income)　　　　　：税引後当期純利益
SE (Shareholders' Equity)：自己資本
FA (Fixed Assets)　　　　：固定資産
L (Land)　　　　　　　　：土地
AV (Added Value)　　　　：純付加価値

　❶式から図III-20 を描くことができる。この図によると、自己資本税引利益率は、純付加価値税引利益率とほぼ比例して変動しながら、1974年以後後者よりも僅かに上位にあったものが、同82年に後者を下回って次第にその差を広げてきている。

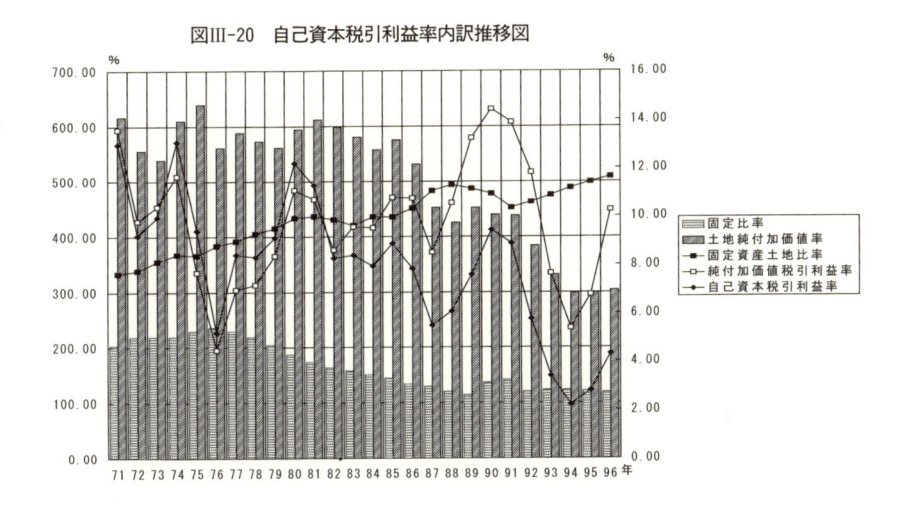

図III-20　自己資本税引利益率内訳推移図

119

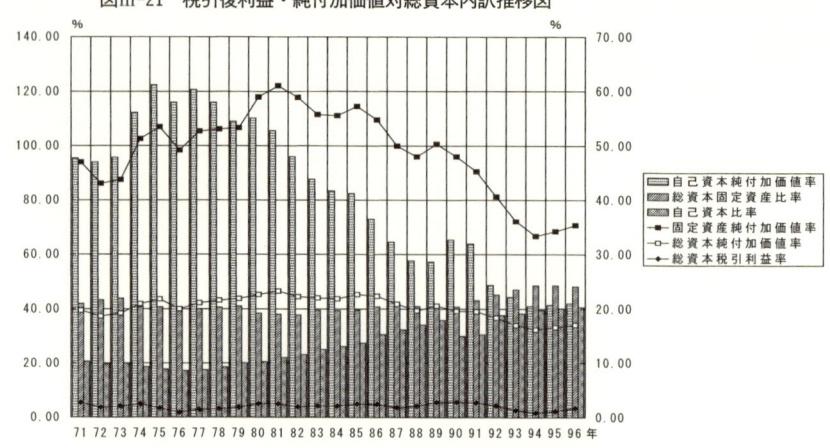

図III-21 税引後利益・純付加価値対総資本内訳推移図

凡例:
- 自己資本純付加価値率
- 総資本固定資産比率
- 自己資本比率
- 固定資産純付加価値率
- 総資本純付加価値率
- 総資本税引利益率

　これらの両者の1974年・同80年・同90年のピークは、何れも景気のピークと照応しており興味深いが、今回の後者の山の厚みと水準に比べて、前者の山の厚みと水準の貧弱さが目立っている。

　その理由としては、自己資本比率の上昇（図III-21）により、固定比率が低下する中で、固定資産土地比率がバブル後にも上昇気味であるにもかかわらず、土地純付加価値率が固定資産純付加価値率（図III-21）とともに今回及びバブル後に固定比率以上に大きく低下していることにあることが明らかである。

　❷式は、「国際会計基準」への大幅な接近としての時価主義化の動きの下で、株主資本の利益稼得力を見る自己資本税引利益率（≒ROE＝株主資本利益率）に対する影響を見るために❶式を単純化したものである。

　すなわち、有価証券及び土地の再評価により含み益が出る場合には、自己資本純付加価値率の分母のSE（自己資本）が、含み益から繰延税金負債を控除した額だけ大きくなるから、自己資本税引利益率は低下するし、有価証券及び土地の再評価により含み損が出る場合には、自己資本純付加価値率の分母のSEが、含み損から繰延税金資産を控除した額だけ小さくなるから、通常の営業活動に基づくフローの利益をあげてさえおれば、それとは逆に自己資本税引利益率は上昇する。

III　株式価格と関連経済諸指標の実態

　前者の場合には、自己資本税引利益率の低下を通じて株主資本を効率的に使っていないことが分かるが、後者の場合には、自己資本税引利益率の上昇が株主資本を効率的に使っていることにはならないから注意しなければならない。それゆえ、営業活動に基づくフローの損益と資産変動によるストックの損益とを常に峻別して捉えることが必要になってきているのである。

　総資本税引利益率及び総資本純付加価値率は、自己資本純付加価値率を含めて、次の❸式及び❹式で捉えることができる。

$$\underset{\text{総資本税引利益率}}{\frac{NI}{TA}} = \underset{\text{総資本固定資産比率}}{\frac{FA}{TA}} \times \underset{\text{固定資産純付加価値率}}{\frac{AV}{FA}} \times \underset{\text{純付加価値税引利益率}}{\frac{NI}{AV}} \quad ❸$$

$$\underset{\text{総資本純付加価値率}}{\frac{AV}{TA}} = \underset{\text{自己資本比率}}{\frac{SE}{TA}} \times \underset{\text{自己資本純付加価値率}}{\frac{AV}{SE}} \quad ❹$$

　TA (Total Assets)：総資産＝総資本

　❸式及び❹式から図III-21（純付加価値税引利益率は図III-20にあるので省略）が得られる。この図によると、今回以降固定資産純付加価値率が総資本純付加価値率と比べてかなり低下してきている。その理由としては、エクィティファイナンスにより自己資本比率を増加させて総資本固定資産比率をむしろ微増させてきたのに、1979年以降の自己資本純付加価値率の固定資産純付加価値率に比しての目立った低落に見られるように、固定資産への投資が固定資産土地比率の増加（図III-20）となって、必ずしも付加価値の創造能力増につながっていなかったのである。その結果として、バブル後の総資本税引利益率は、低迷したままである。

　売上高の関係比率（回転率等）は、次の各❺式〜❾式で捉えることができる。

$$\underset{\text{売上純付加価値率}}{\frac{AV}{NS}} ❺ \quad \underset{\text{売上税引利益率}}{\frac{NI}{NS}} ❻ \quad \underset{\text{総資本回転率}}{\frac{NS}{TA}} ❼ \quad \underset{\text{自己資本回転率}}{\frac{NS}{SE}} ❽ \quad \underset{\text{固定資産回転率}}{\frac{NS}{FA}} ❾$$

　NS (Net Sales)：売上高

　各❺式〜❾式から図III-22が得られる。この図によると、1980年以降自己資本回転率は、固定資産回転率と総資本回転率が僅かしか下落していないのに、

121

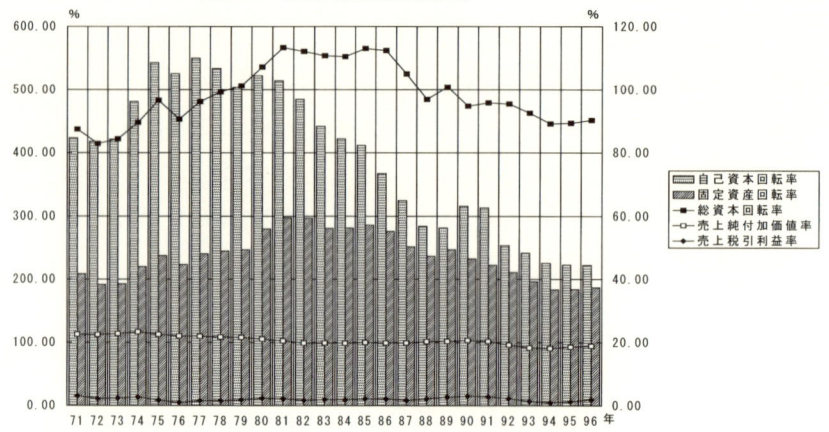

図III-22　売上高関係比率推移図

かなり低下してきている。売上純付加価値率と売上税引利益率は、ともに微落してきている。

　以上で述べた製造業についての、固定資産土地比率の上昇と土地純付加価値率・固定資産純付加価値率の低下問題を解決する方法としては、バブル時の土地・不動産の高値取得による経営効率の悪化を克服して、土地・不動産の付加価値創造力を高めることである。具体的には個々の土地・不動産について、早急にそのコストに対する収益力を検討し、採算のあわないものは手放さなければならない（経営分析の数値には、含み損と保証債務による予想損失が含まれていないから注意する必要がある）。

　しかしながら、工業専用地域内にある土地・不動産については、個別企業を超えた問題、すなわち住宅地域等への転用不可能の問題があるから、行政による用途地域の見直しも必要である。その際、重要なことは、行政がこれまでの貧困な発想を転換して、用途の見直しに当たり生態系全体を呼び込む街づくりをすることである。

　バブル時の土地・不動産の高値取得問題を解決するための土地・不動産の流動化は、今回の極端なバブルの膨張とその崩壊との関連において見れば、ここで述べる産業資本（製造業）以外に、商業資本・貸付資本・サービス資本及び

公的資本の諸資本だけではなく、生活者も含めたかなりの部分において緊急に必要とされているものである[注7]。

その対策としては、土地・不動産の証券化がいわれているが、その前にやるべきことは、次の政策を実施することにより、土地・不動産を流動化し、それらに相応しい収益を生む状態にすることである。

土地・不動産の流動性を回復させるために、その前提条件として、2段階的（準備的なFプランと拘束的なBプランを持つドイツ的）な、自然の生態系をとり込んだ、しかも歴史的建造物と調和した街づくりのための都市計画等を早期に作成する（東京一極集中の是正も行う）必要がある。

そして、土地・不動産の流動性を回復させるためには、金融システム安定化、日銀法改正、財政・金融の分離、不動産税を除く税法改正（注7「日本経済低迷への真の対策」の2(1)参照）とあいまって、次の対策を早急に実施することである。

a　公的資本で1965年の「証券恐慌」時の「日本共同証券」等を見習い、JRJ（「日本共同不動産」）を設立する。

b　大都市中心部にある虫食いの不良担保地域に街区単位で、土地収用対象事業としての「都市整備区域」の都市計画決定をする。

c　JRJによる当該区域内土地の買取りに競売同等の機能を持たせて、重畳的な担保の処理を行う。

d　詐害目的の短期賃借権による不法占拠者を強制的に排除する。

e　虫食い残地の所有者に当該街区の処理コストの少ない片方に移住して貰う。

f　街区のもう片方を更地化して、入札により売却する。

以上のことを特別立法により実施すれば、fでは高く売却できるから、この事業は黒字化する可能性が大きく、しかも土地は流動化する。

そして、上場会社・非上場会社を問わず、株式価格の根底にこの土地・不動産の流動化問題があるから、この問題を踏まえずにいくら議論をしても重要なものが欠けていることをここで強調しておきたい。

(注1) 建部好治論文「日本経済の再生策は？―地価・株価形成の問題点と対策」(住宅金融普及協会『住宅問題研究』1999.6刊) 参照。

(注2) 建部好治論文「株式価格の理論と実証」(日本証券経済研究所『証券経済』第182号 1992.12刊) 参照。

(注3) 地価と付加価値との関連については、建部好治論文『地価鎮静化と景気動向』(「日本経済研究センター会報」1992.3.15号) 参照。

(注4) 株式投資利回りを測定する場合には、(c 2) の $P_1=\dfrac{D(1+c)}{y_s+r_s-g_s}$ について、$P_1=\dfrac{D+CG}{y_s+r_s-g_s}$ の公式により計算を行うが、後者の場合にキャピタルゲインのときは、分母の利回りは、かなり高いものとなるから、配当利回りの低いことの説明にはこれを利用することができないのである。これについては、Ⅲ 1 c で実証している。

(注5) 建部好治レジュメ (1997.6開催の証券経済学会第47回全国大会報告論文『証券経済学会年報』1998.5刊) 参照。

(注6) ROEは、期首・期末の自己資本の平均を基に求めるが、ここでは簡単化のために、期末の自己資本により自己資本税引利益率を求めてある。

(注7) バブルの膨張とその崩壊については、その根底に土地問題が横たわっているのに、ほとんどの論述はそれを踏まえていないから、ここでは土地・不動産の流動化について詳細にわたり、次のとおり「日本経済低迷の真の原因」を追究した上、それを踏まえた「日本経済低迷への真の対策」を実施することが必要であることを強調しておきたい。

「日本経済低迷の真の原因」

1 aの実態分析を踏まえて、日本経済低迷の真の原因を述べると、別表左欄のようになる。

すなわち、1988年7月に決定し、同91年3月31日から実施されたBISの自己資本比率規制と、同89年のソ連・東欧の社会主義政権崩壊による国際的に拡大した自由市場における競争激化を契機として、次に述べるように、日本の経済と政治は、その硬直的な、システムの下で、その対応を誤ったまま、今日に至っているのである。

1 経済と政治

(1) 異常な低金利と過剰なマネー供給の継続

このことについては、①日銀の元佐々木総裁が第1次石油危機時に過剰なマネー供給を続けてインフレを招いた失敗を死ぬまで悔やんでいたのに、内外の政治的要請に応じて再び「前車の轍」を踏んだこと(政策の失敗)、②既述のように、フロー面のインカムゲイン(純付加価値としての地代・家賃又は配当・利益)に対する期待ではなく、ストック面の

キャピタルゲインに対する過剰な期待（経営判断の誤り）を継続させていたこと、③金融機関等が闇の世界へ膨大な資金を流して社会を一層不安定にさせたこと等が重要である。

(2) 行き過ぎの反動大

行き過ぎの反動が大きいことについては、地価・株価は、インカムゲインを期待利回りで資本還元した価格とバランスのとれるところまで必然的に下落することが自明であるから、膨大な不良債権が残存することになる。今回の資産バブル景気時には、土地・不動産及び株式等を巡って、貸出・保証・購入をした金融機関・ゼネコン等非金融機関・家計部門及び公的部門の殆どすべてがかかわっているから、その影響は重大である。

(3) 不良債権処理の遅れ

これについては、株価は90年以後、地価は91年以後暴落（後追いの公的評価だけはより緩やかに下落）したにもかかわらず、すぐにありもしない地価・株価の回復に架空の期待を寄せて、直ちに処理にとりかからなかった政策・経営の失敗と問題の先送りによる弊害が重要である（アメリカは破綻したＳ＆Ｌを早期に処理してその後の長期景気をもたらしている）。金融機関が当初から赤字決算を組んでおれば、少なくとも大銀行については不良債権処理は終わっていた筈である（実際には住友銀行が1995年から他の大銀行が同96年から漸く赤字決算を組むことになったに過ぎない）。

2 システム（制度・組織）

1については、基本的に次のような遅れたシステムの下における省庁の誤った指導があったことを指摘しなければならない。

(1) 日銀の独立性の欠如と銀行の審査能力の欠如等

これらについては、次のとおり、大蔵省等の責任が大である。

① 1987年10月のブラックマンデーからの早期回復を狙った同88年1月の特金・ファントラの原価主義容認と株式を買い支えるためのPKO等がある（株式に対する原価主義の容認は同98年にも行われている）。

② 政治家及び大蔵省の金融政策への介入がある（日銀法の改正は、人事・予算の面等バブルの反省を踏まえずに行われている）。しかしながら、日銀に対しても資産バブル時に「前車の轍」を踏まないためにどれ程抵抗したのかが問われねばならない。

③ 金融機関における目立った粉飾決算の認容がある。公認会計士又は監査法人も、1965年の証券恐慌時の失敗を生かすことなく、今回も大蔵省と一緒になって、プロとしての責任を果していない。このことは、「無限定意見」以外は、上場を廃止するという誤った指導にも起因している。「限定意見」でも「意見差控え」でも、それこそ市場の判断に任せればよい筈であるから、至急に取扱いを変えるべきである。

④ 官民を問わず正しい情報の開示が遅れている。国際的に遅れた会計基準（流動資産等

への時価主義の不適用等)の下で、大蔵省・日本公認会計士協会等のそれに対する取組みが遅いことも、粉飾決算を助長している(時価の中味についての議論が抜けているが、原則的には収益価格を採用することにしなければならない)。
⑤ 資産バブルがとっくに崩壊して、大変な時代を迎えているのに、地価税を導入する等土地税制等の緩和が遅れて、不良債権の処理を一層遅らせてきている。一般的に政策の実施には早くても1～2年のタイムラグを伴うものであるから、政策当局はこのことを常に念頭に置いて、その実施に当たり再度その必要性を検討すべきである。

(2) 政治家・高級官僚等による政策の遅延と民間誘導等の誤り

これらについては、次の諸問題を指摘することができる。これらに対しては、国土庁・建設省・農林水産省・運輸省・環境庁・法務省等の責任が重大である。
① 不動産鑑定評価基準の「正常価格」と土地収用法による「公共用地の取得に伴う損失補償基準要項」の「正常な取引価格」との混同による公示価格への投機の反映がある。
　その理由としては、公示価格は、第一義的に土地収用対象地の買収への役立ちを目的としているから、資産バブル価格を追いかけざるを得ない性質をもっているからである。このことは、かなり以前から指摘されているのに未だに改めようとしないことに起因している。
② 国土庁及び不動産鑑定士等は、地価が暴落しているのに、③の「作為的取引」に引きずられ、公的評価だけを軟着陸させて、不良債権処理を遅らせる役割を果たすに至っていた。
　不動産鑑定評価基準には「予測の原則」があり、予測とは、まず一般的要因の中の経済的要因の予測である。(3)で述べる大学の不動産研究の欠如にも大きい原因があるが、この「予測の原則」を疎かにし、地価の見通しを誤って、不良債権処理を遅らせたことは重大である。
③ 国土利用計画法は、「功」については殆ど地価高騰に対して効き目がなく、逆に「罪」については悪用が多く目立っていた。今回の資産バブルの原因が金融緩和の継続にあったのに、効果の薄い「監視区域制」を先ず行ったため、本来の対策をかえって遅らせたこと、さらにはその制度を地価の下落が始まってからも継続したために、かえって割高な「作為的取引」等を認めて悪用(金融機関の不良債権の関係会社への移し替え等)されたこと等を指摘しなければならない。
　それゆえ、これらの事実を深刻に受け止めて、この届出制度・「監視区域制」等の存在意義を再検討しなければならない。
④ 「土地についての公共の福祉優先」「適正な利用及び計画に従った利用」「投機的取引の抑制」「価値の増加に伴う利益に応じた適正な負担」という四つの基本理念を内容とする土地基本法が、かなり遅れて成立(1989年12月)している。
　お隣の韓国は、日本を反面教師として、国土開発研究院による「土地公概念」に基づき1989年半ばに強力な土地三法とその受皿としての特別会計法を成立させている。

⑤　資産バブル景気時代の総合保養地域整備法（リゾート法）による煽りがある。この立法がゴルフ場と別荘地の開発ブーム等に輪をかけて、不良債権を増加させるほか、自然環境を荒廃させる度合いを大きくしてしまったのである。
⑥　⑤等の開発を野放しにしたことについては、環境影響評価法の成立（1998年6月）遅れと、環境庁の弱腰がある。「長良川の河口堰設置」と「諫早湾の一部堰止め」は、後者を示す象徴的な出来事である。
⑦　証券取引のインサイダー規制に熱心なのに、土地取引のインサイダー規制の声が出てこないのはどうしてか。すなわち近い将来に国等のプロジェクトがある地域の土地を密かに前もって取得し、値上がり益を入手して政治資金等を作るのを規制しなければならないのはいうまでもないことである。

(3)　大学の不動産研究の欠如

戦後に何度も「土地問題」が叫ばれ、その「土地問題」の根底には「地価問題」があったから、まず大学の経済学部で研究・教育の対象として取り組むべきであったのに、次の欠陥により、長い間ほとんどの大学でこれに取り組もうとしてこなかったことは重大である。学問は現実の問題解決に役立ってこそ、その存在意義があるのではないか。一部では「土地・不動産」は俗っぽいから避けているということも聞いているが、それは論外である。

①　文部省の「大学設置基準」の縛りが強くて、新しい講座の開設が困難であったようであるが、大学当局からの「土地・不動産講座」開設のための積極的な働きかけも少なかったのではないか。
②　大学の権威主義と大学研究者の現実問題への取組み不足がある。大学の研究・教育は、実際に起きている現実問題に対処できてこそ、その目的を達することができる筈であるのに、多くの大学研究者が、余りにも「象牙の塔」にしかも自らの研究領域に閉じ籠もりすぎではないか。

(4)　不祥事件と価値基準の欠如

資産バブルの崩壊後に官公庁・金融機関等で不祥事件が続々と出てきているが、その根底には価値基準の欠如がある。

学生時代に理想に燃えていた者が、官公庁・会社等に入ってから、資本主義の利潤原理に取り込まれて、例えば欧米のキリスト教のような価値基準（現状は拝金主義でかなり怪しくなってきている）をもたず、それ故他者（自己以外の生態系全体）・後世代・自然環境の傷みの分からない利己的人間になってしまうから、今回のような不祥事件が起きるのである。

「日本経済低迷への真の対策」
先進資本主義諸国の一般的な低成長化の下で石油危機を契機として過剰化したドルが、

金融技術を駆使して短期的な利益を追求し、持続的成長のために資本を必要とする発展途上国に大量に流れ込んで、長期的な投資目的等に充てられていた。

しかしながら、一旦当該途上国経済の実勢と為替相場（概ねドルにリンク）との間に隙間が生じると、流入した短期資本のドルは、直ちに引上げられて大混乱がもたらされることになる。このことが、1997年の半ばから惹起された事態であり、それによる経済危機は、東アジアから、ロシア・中南米等を経て、原因者のアメリカヘッジファンドそのものにまで及んでいるから、過剰な短期資本のあり方について検討を迫られている。

そして、IMFは当該発展途上国に資金を供給したが、その救済条件は、各国毎のシステムの相違を考慮に入れない一律のやり方が問題化している。

① 経済政策

債務者利潤と実質金利の切下げによる救済を狙いとして、調整インフレ政策を求める声もかなりあるが、先進資本主義諸国は、第1次石油危機時のインフレで懲りているから、このところ一般物価は安定している。このような時に日本だけがインフレをやると資本が回転の遅い生産面から回転の速い流通面に逃避し、年金生活者も困窮して消費が低迷するから、経済力が疲弊することは目に見えている。それゆえ、先進資本主義諸国が一斉にインフレ政策を採用することにならない限り、インフレ救済は不可能な時代なのである。

(1) 土地生産性の向上＝地域の立地の良化と熟成度の増進

① 公的資本投下により、膨大な不良債権の全部を速やかに処理することが必要である。この場合、抵当土地・不動産の内容を選別し、序列をつけるため、環境アセスに効率アセスを加えることが重要である。

財源としては、国民貯蓄の1200兆円を利用して広義の建設国債を発行し、公的資本投下システムを改革して、子・孫等将来世代もその効用に預れるもの（ハード面では再開発を含めて生態系全体を回復させるとともに、バリアフリーの通路を設け、ソフト面ではNPO・NGOが常時幼児・老人・障害者等のそれらの施設利用に当たり支援するシステムを備えること）を造って残すことである。

このことによる財政費負担の増加には常に留意して、国債の償還基金に公共投資等の無駄を省いてできた財源等を充てることも大事である。

② 不良債権処理を実質的に終わらせるには、土地・不動産の流動性を回復させること（具体的には2(2)②によること）が重要である。そして、中古住宅流通が回復すれば、新築住宅購入も増えることにつながり、このことは消費の増加に直結する。

そのためには、2(2)の新たな規制を伴う対策を早急に実施することである。

③ 資産バブル景気崩壊後の、その間の配当・賞与には理由がないから、返済すべきもの（配当については経営者が自発的に責任を取るべきもの）であるし、不良債権をもたらした経営者の退職金は過大であるから、自発的に返済すべきものである（多額の公的資金を必要としたのに、責任を取らないというのはどういう了見なのか？銀行等が潰れていないからという理由で、資産バブルの膨張に深くかかわった経営者が責任を取らない

というのでは、同じくそれに深くかかわった政治家・高級官僚とともに、無責任の汚名を後世まで残すことになるのではないか)。

　これらの政治家・高級官僚・銀行等経営責任者（アドミニストレイターズーR・ターガート・マーフィー著畑水敏行訳『日本経済の本当の話』毎日新聞社1996.4刊参照）が、責任をとって自発的に退陣する必要があることは、勿論である。そのほか、資産バブルに深くかかわった銀行等については、低金利の恩恵があるから、他の業種と均衡をとって相対的に高い給与水準を自発的に引き下げるべきであることも言うまでもない。

(2)　人・税控除後の純付加価値の増加

　人・税控除後の純付加価値は、賃借の場合の地代・家賃、又は購入の場合の利子・配当・留保利益等の重要な支払財源であるから、次の諸方策により、これを増加しなければならない。

① もはや海外から既開発の技術導入には限界がきているから、官民を通じて科学・技術の研究（基礎研究を含む）・開発に十分な予算を割き、外部者による監査の裏付けの下に民と学の連携をすることが必要である。このことは、既成産業の生産性を向上させることに繋がる筈である。

② 自然環境の保護・保全が重要になってきている折から、このような保全・保護のために①の研究・開発を利用することも重要である。このことは、環境ビジネスを含めた新産業を創出し、製品の歩留まりを真の意味で向上させることにも繋がるのである。

③ 官民、特に前者と民の中でも銀行等が早急にリストラに努めることである。土地関係税制については、それを見直し、流通税を思い切って軽減し、生産・生活水準維持のために買換えを全面的に復活させることが必要である。

2　システム（制度・組織）の改革

(1)　金融システム安定化、日銀法改正、財政・金融の分離、不動産税を除く税法改正

① アメリカの1929年に端を発した恐慌対策としてのRFC、又は同80年代後半のＳ＆Ｌ問題解決のためのRTCに真似るのではなく、1965年の「証券恐慌」時の「日本共同証券」等から学んで、(2)②の機能を持つ「日本共同不動産」（以下JRJという）を設立する。

② 金融システム安定化策としては、(2)②で述べる土地・不動産の流動性を回復させることが基本であるが、JRJによる普通株の買い取りも重要である。優先株・劣後債への資金供与がいわれているが、普通株を底値近くで買って、景気対策による値上がり後に売却すれば、1965年の「証券恐慌」時の「日本共同証券」等と同じく、儲かるのではないか。

　今回の土地再評価は、対象企業を限定し、しかもそれらの企業にとっても任意のものであるから、真の意味の情報開示からはほど遠く、比較可能性の問題も残されている。

③　今回の資産バブルについては、1993年になって、大蔵省・日銀・経済企画庁からそれぞれ一応の分析結果の報告書が出されたが、本当の反省を踏まえたアメリカの「ペコラ委員会報告書」のような報告書は、まだ出されていない。同98年6月の日銀法改正は、まだまだバブルの反省に立っておらず、それゆえ人事・予算等の面でもドイツ・アメリカ等の中央銀行とほぼ同等の独立性を守れるように再度見直すべきである。

④　③の反省に立った日銀の独立性確保の観点から、大蔵省に集中し過ぎる財政と金融の権限をも見直す必要がある。したがって、検査機関の金融監督庁は、大蔵省から独立したことに加えて、財政を金融行政から早期に分離すること、さらにその権限を縮小するために、財政では歳入業務と歳出業務を切り離すことが必要である。

⑤　資産バブル景気時代に不動産に頼って、企業を見る目をなくした金融機関は、再度リスクテイキング能力（審査能力）を強化しなければならない。

　本来の融資の基準は、対象企業の収益稼得による返済能力と経営者の資質等にあり、担保は、中・長期の場合のリスクをカバーするものであることが、資産バブル時代には忘れられていたのである。

　「貸し渋り」が問題になっているが、その理由が、銀行の自己資本比率（BIS基準によるもの）の制約又は短期の場合の企業の担保欠如であってはならないのである。

⑥　官民ともに情報開示の強化が重要である。民主政治の時代にあって「依らしむべし、知らしむべからず」は通用しないから、常に情報を開示して、国民の判断を仰ぐ必要がある。情報を開示するということは、自らの責任を明らかにして国民にも責任を負って貰うということである。それゆえ早急に情報公開法を成立させて、「情報非公開で責任もとらない」無責任なシステムを徹底的に変える必要がある（1999年5月成立）。

⑦　政府税制調査会が基本的に誤っていたことは、政策当局全部に対していえることであるが、資産バブルの崩壊による日本経済への深刻な影響を見通せなかったことである。特に資産バブルが崩壊してからの地価税の導入は、致命的な間違いであったし、しかも、たとえそれを始めたとしても、直ちに停止し、土地税制全部を緩和して、少なくとも資産バブルの前の状態に戻す必要があったのである（土地に対して基本的に必要なのは、低・未利用地課税・開発利益課税・含み益利子課税の三者である）。

　政府税制調査会は、地価税については、数年間にわたって「土地基本法を堅持し」といってきたが、既述のとおり、土地基本法の四つの基本理念の一つに「適正な利用及び計画に従った利用」が掲げられているのに、一方ではそのとおりに利用しているビル・ホテル・百貨店等に課税し、他方では面積が少ないからというだけで免税点未満の低・未利用地は課税しないままにしていたのである。

　法人税・所得税の引下げについては、国際的に見て高かった税率の軽減が、ようやく決定したが、問題は、むしろ所得税と法人税との間のアンバランス、すなわち所得税が法人税と比べて一方的に不利になっていることにある。それゆえ、重要なことは、真の意味での「個の確立」の観点に立ってそのアンバランスを解消することである。さらには、NPO・NGOに対する税の優遇措置も緊急に実施されなければならない。

III 株式価格と関連経済諸指標の実態

(2) 規制緩和と新たな規制・助成・誘導

① 土地基本法には、自然環境への配慮が希薄であるから、その点を見直して、(1)⑦で述べた三者の土地課税（現在は検討・準備期間とし、景気が回復してから実施を図ること）のほか、自然環境の保護・保全のための規制・誘導、官民の計画の中止・縮小策を実施すべきである。

② 明治・大正・昭和のはじめにかけての欧風建物については、歴史的建造物として自然環境と同様に保護・保全をすると同時に、新しい建築物等は、当該歴史的建築物と調和のとれたものにする必要がある。このような配慮をしてこそ魅力ある街づくりが可能になる筈である。

③ 1991年9月から不徹底な生産緑地法が実施されている。すなわち回りを生産緑地に囲まれた無道路の土地が宅地化を指向したり、あべこべに回りを宅地に囲まれた土地が生産緑地化を指向したりして、街づくりに繋がっていない。これらのことは、ドイツ的なFプラン・Bプランの欠如と縦割り行政の弊害から生じているものである。

④ 定期借地権は、1992年8月から実施され、一応普及しつつあるが、借地人が自ら生み出した開発利益が期限に全部無償で地主に帰属してしまうから、契約期間を超えて長持ちするような建物を建てなくなり、資源の無駄に繋がってしまうという弊害がある。

定期借家権は、2000年3月から実施された。一般に借家人は、店舗を除いて殆ど改良投資をせず、それ故開発利益が生じないから、定期借地権で述べたような不合理はない。ただしこの場合には、別途に低廉な公的借家の供給が必要となる。

(3) 大学の不動産研究の促進と教育改革

経済の成長に伴い、土地問題をはじめとして新しい諸問題が次々と出てきているから、関係当局は横の連携をしながら、総合的にそれらに対処しなければならないのである。

10年余り前に「日本不動産学会」が設立されて、経済学・法律・都市計画等の研究者に不動産鑑定士等の実務家が加わって、学際的な研究が行われてきているが、残念ながら、資産バブルのときには、ごく一部の会員を除いて資産バブルの崩壊とその後の諸問題を見通せなかったのではないか。それゆえ、土地問題には、当学会員等が他の関連する領域の研究者及び現場の人達と共同研究を組んでこそ、始めて問題の解決に迫れることに留意しなければならない。

何れにしても「土地・不動産」は、先ず経済学として重要であり、経済学としても新古典派だけではなく、ケインズ・マルクス等主要な経済学を理解したうえで取組む必要があり、しかも学際的な分野であるから、緊急に人材を育成する必要がある。

したがって、人材育成に当たる教員の側も先ず蛸壺から脱出することが重要である（現在の状態は、余りにも専門分野に安住し過ぎているのではないか）。

(4) 価値基準の構築

 利己的人間になることなく、個を確立し、次に述べる「価値基準」違反へ異議申し立てできる人間形成を目指すことが重要である。

 「価値基準」とは、自己利益と、①他者の利益、②後世代の利益、③自然環境の保全・保存の三者との「同時的・異時的・立体空間的共生の理念」をいう。この理念の下に、経済の目的としては、固有の歴史を持つ美しい安全なそれぞれの街づくり（ハード面では新旧の街づくりに当たり生態系全体を取入れるとともに、バリアフリーの通路を設けることと、ソフト面では幼児・老人・障害者等のそれらの施設利用に当り NPO・NGO の常時支援システムを備えること）をして、真に各自の健康で文化的な人間生活を向上させることである。

 土地・環境システムの将来像は、経済の目的に到達するために、このような「価値基準」を実現できるシステムを構築することである（建部好治論文「日本経済の再生策は？―地価・株価形成の問題点と対策―」住宅金融普及協会『住宅問題研』1999．6 刊参照）。

IV 株式(出資)価格評価の諸方式

　ここでは個別の株式価格を評価するために、第1に、土地価格を求める三方式（収益方式・原価方式・比較方式）との比較において、株式価格を求める諸方式を検討し、その結果として、そこからもフロー方式（収益方式）とストック方式（純資産方式）が導出されることを明らかにする。

　第2に、I・II及び第1から導出された「フロー・ストック方式」に基づく株式価格鑑定評価の具体的方式を究明する。すなわち①フロー価格とストック価格との関係を具体的な数値で示した後、②土地価格を求める諸方式との比較において株式価格を求める諸方式を論述し、③上場株式価格を求める諸方式、④上場する場合の株式価格を求める諸方式につきそれぞれ検討を加えた後、⑤非上場株式（出資）価格を求める諸方式を追究する。

1　株式（出資）価格評価の理論的諸方式

a　土地価格と株式価格を求める諸方式

　土地価格は、「不動産鑑定評価基準」（以下「基準」という）により、三方式、すなわち収益方式・原価方式・比較方式という三つの方式を用いて求めるものとされている。

　土地価格は、株式価格も含めて、一般商品価格と同じように、現象的には需給によって決まるが、その需給のうち、需要の側にたつものが収益方式であり、供給側にたつものが原価方式であり、需給によって決まった価格と比べるものが比較方式である。このような性格をもつ三方式のそれぞれについて、土地価格の三方式との比較において株式価格の三方式を検討すると次のとおりである。

(1)　フロー価格を求める土地の収益方式と株式の収益方式

　「基準」については、I 1 eBで述べたが、ここでは必要な範囲で再述する。

土地価格では、収益還元法により収益価格を求める。
「基準」によれば、収益還元法は、収益方式のうち不動産の価格を求める場合の手法で、対象不動産が将来生みだすであろうと期待される純収益の現価の総和を求めるものであり、純収益を還元利回りで還元して対象不動産の試算価格（収益価格という）を求めるものとされている。

収益還元法は、擬制資本としての本質と軌を一にする、最も理論的な方式である。

株式価格では、価格時点における試算価格として、配当還元法又は収益還元法によりフロー価格としての配当・利潤証券価格（Ⅱ１ａ）を求める。株式価格を求める配当還元法又は収益還元法も、土地価格を求める収益還元法と同じく、擬制資本としての本質と軌を一にする最も理論的な方式である。この方式により求めた価格は、投下資本等の採算を重視する需要者価格の性格をもつものである。

Ⅱ１でとりあげた価格のうち、ｂ成長証券価格・ｃ投機証券価格及びｄ支配証券価格も収益還元法により求めるフロー価格である。これらの価格の諸側面は、上場株式の場合にはすべて顕在化可能であるが、非上場株式の場合には、次の各理由によりｄを除いて顕在化不可能か、顕在化することが少ないから、採用することが困難である。

成長証券価格については、創業者利得は株式上場により初めて入手することが可能となるものである（Ｍ＆Ａの場合には創業者利得は実現するが、その前に株価を求める必要がある）。

投機証券価格については、やはり、株式上場しない限り発生する余地がないものである。

支配証券価格については、支配利益はTOB（株式の公開買付）等上場株式の買占めの場合に実現するが、非上場株式の場合には、所有＝経営として実質的に支配をしているにしても、株式の譲渡制限等によりそれは実現し難いものである。しかしながら、支配利益があるから、その利益の評価が問題となる（同族間で経営権を維持して役員給与等を取得している場合が多く、その同族会社

Ⅳ　株式(出資)価格評価の諸方式

の全部又は一部を売却する場合に支配利益に見合う価格も実現するが、やはりその前に株価を求める必要がある)。

(2)　ストック価格を求める土地の原価方式と株式の純資産方式

　「基準」については、ここでも必要な範囲で再述する。
　土地価格では、原価法により積算価格（時価）を求める。
　「基準」によれば、原価法は、原価方式のうち不動産の価格を求める場合の手法であり、価格時点における対象不動産の再調達原価を求め、この再調達原価について減価修正を行って、対象不動産の試算価格（積算価格という）を求めるものとされている。
　株式価格では、価格時点における試算価格として、時価純資産法により時価純資産価格を求めるほか、簿価純資産法により簿価純資産価格を求める場合もある(Ⅱ１ｅの財産証券価格)。この方式により求めた価格は、原価法と同じく、投下資本等の回収を図ろうとする供給者価格の性格をもつものである。

(3)　比準価格を求める土地の比較方式と株式の比準方式

　「基準」については、ここでも必要な範囲で再述する。
　土地価格では、取引事例比較法により比準価格を求める。
　「基準」によれば、取引事例比較法は、比較方式のうち不動産の価格を求める場合の手法であり、まず多数の取引事例を収集して適切な事例の選択を行い、これらに係る取引価格に必要に応じて事情補正及び時点修正を行い、かつ、地域要因の比較及び個別的要因の比較を行って求められた価格を比較考量し、これによって対象不動産の試算価格(比準価格という)を求めるものとされている。
　しかしながら、取引事例比較法は理論的には循環論である。すなわち、収集した取引事例価格がどうして成立したかといえば、その取引の成立する以前にそれと比準する取引事例価格がすでに決まっていたからということの無限の繰り返しになってしまうのである。
　加えて、不動産の取引事例価格は、市場で実現した価格として重要であるが、

売手市場では付加価値の分配分から捉えた収益価格とはかけ離れて高騰するし、買手市場では投下資本から捉えた積算価格とはかけ離れて下落するという欠陥がある。

　株式価格では、価格時点における試算価格として、類似会社又は類似業種比準法により相場としての株価を求める。この方式については、財産評価基本通達の非上場株式の価格評価における類似業種比準方式に準ずる方式が考えられる。類似会社又は類似業種比準法は、たとえば後者では、類似業種の上場株価をもとに1株当たり配当・利益・簿価純資産を比較した上、市場性を考慮する[注1]が、理論的には循環論である。そして、株式の取引価格についても、不動産の場合と同じことがいえる。

　しかも、類似業種比準方式は、次の諸問題を内包している。
① 擬制資本価格の同じ側面である収益と配当との両者を別々のものとして扱っている。
② 中小規模で同業種の非上場株式の客観的な取引事例価格自体が非常に少ないから、実践的にはこれを求めることは困難である。
③ 類似業種比準法は、相続財産評価等の税務において非上場株式の評価手法として定着しているが、通産省等の強力な指導（護送船団方式）下にあった時代とは異なり、各業種の内部で各企業の格差が大きく開いてきている折から、この方法の妥当性を問い直す必要もあるのではないか。

b　フロー方式とストック方式

　Ⅰ・Ⅱ及びaから導出された「フロー・ストック方式」による価格、すなわちフロー方式により求めるフロー価格とストック方式により求めるストック価格との関係を例示すると、図Ⅳ-1のとおりである（ストック価格では上昇の場合を例示しているが、バブル崩壊後は、下落が続いている）。

　図Ⅳ-1において、最初の1年間の価格水準が一定で、投資時の投下資本に対する期待利益率による期待利益と実際利益が100百万円で等しい場合には、実際利益100百万円をその期待利益率0.1で資本還元すれば当初の投下資本

IV 株式(出資)価格評価の諸方式

図IV-1　フロー価格・ストック価格例示図

フロー価格（フローの逆算価格）	ストック価格
フロー価格の変動のない場合	ストック価格の年10％上昇の場合
1年後の期待利益（全額内部留保を仮定） 1,000百万円×0.1＝100百万円 1年初の期待価格 1,000百万円　＝$\frac{100百万円}{0.1}$ 1年後の価格 1,000＋100＝1,100百万円	1年後の価格 1,000百万円×1.1＝1,000百万円
2年後の期待利益（全額内部留保を仮定） 1,100百万円×0.1＝110百万円 2年初の期待価格 1,100百万円　＝$\frac{110百万円}{0.1}$ 2年後の価格 1,100＋110＝1,210百万円	2年後の価格 1,100百万円×1.1＝1,210百万円

1,000百万円と等しい額になる。その場合には、図IV-1左側のように、フロー価格は、フロー価格の変動のないときでも、期待利益(税引後)100百万円全額の内部留保を仮定すると、1年後には投下資本1,000百万円と合わせて、1,100百万円になる。そのときには、右側のように、ストック価格の年10％上昇の場合に相応する(実質的な値上がり)。逆の場合には、実質的な値下がりになる。

このケースにおいて、例えば、①実際利益が期待利益より少ないとき、②両者が等しくても、全額内部留保をしないとき、③ストック価格が年10％を超えて上昇するとき等には、ストック価格のほうが高くなる（2年後についても同様である）。

2　株式（出資）価格評価の具体的諸方式

a　上場株式価格を求める諸方式

以上のIの「会計システム（法制度等）と株式（出資）等の価格」、IIの「株式価格評価の基礎理論」、及びIV1aの「土地価格と株式価格を求める諸方式」における検討の結果として、上場株式の価格を具体的に求める諸方式について

は、次のように結論づけることができる。

　全体としての景気変動の下で、株式価格は、一方でフローとしての配当還元法又は収益還元法によるⅡ１ａの配当・利潤証券価格と、収益還元法による同１ｂの成長証券価格に規定されながら、収益還元法による同１ｄの支配証券価格においては相対的に独自な動きを示し、他方でストックとしての、土地価格と異なる側面である、再調達原価法による同１ｅの財産証券価格をも反映し、さらにそれらのうえに、収益還元法による同１ｃの投機証券価格の側面としての投機的な動きをも加えている。

　これらの方式は、フロー価格を求める収益還元法又は配当還元法と、ストック価格を求める再調達原価法によっているから、「フロー・ストック方式」と呼ぶのが相応しいのではないか。

　上場株式の場合には、「Ⅰ２ｂ．証券取引法」の下で、市場性に応じて流動性が高まるから、その価格水準は、通常次のとおり、Ⅳ２ｃ「非上場株式（出資）価格を求める諸方式」の(1)式又は(2)式で求める価格よりも流動化比率 γ の割合だけ高いものとなる。

　　　　（収益還元法）　　　　　　　（再調達原価法）
　　（１株当たり収益価格×α＋１株当たり時価純資産価格×β）×γ　　　　(1)

　　　　（配当還元法）　　　　　　　（再調達原価法）
　　（１株当たり配当還元価格×α＋１株当たり時価純資産価格×β）×γ　　　　(2)

　（$\alpha+\beta=1$、以下同じ）

　非上場株式価格を求める諸方式では、Ⅱでとりあげた価格のうち、(1)式前者の収益還元法により求める価格のなかには、Ⅱ１ａの配当・利潤証券価格だけが入り込むことが可能である。

　というのは、同１ｂの成長証券価格・同１ｃの投機証券価格及び同１ｄの支配証券価格も収益還元法により求める価格であるが、それらは、既述のとおり非上場株式価格を求める諸方式には採用することが困難だからである。

　しかしながらそれらの価格は、上場株式価格を求める諸方式としての、(1)式又は(2)式の流動化比率 γ のなかに入り込むことが可能である。

Ⅳ 株式(出資)価格評価の諸方式

　具体的には、上場株式は、不況時には、利益の減少（又は損失）を反映して、配当のある間は配当証券価格を下限（継続企業ですぐに解散する訳ではないから、財産証券価格を割り込むことも間々ありうる）とし、好況時には、①配当の増加期待を反映する配当証券価格と資産の値上がり期待を反映する財産証券価格の両者から求めた価格、又は②利益の増加期待を反映する利潤証券価格と資産の値上がり期待を反映する財産証券価格の両者から求めた価格を超えた成長証券価格、支配証券価格、さらには投機証券価格を上限として、その価格形成をしてきているということができる。

b　上場する場合の株式価格を求める諸方式[注1]

　株式は、景気状況との関連では、概ね好況時（近い将来の好況を期待する不況時の第2段階には金融相場になるからその時期を含む）に上場することになる場合が多いといえる。

　それゆえ、上場する場合の株式価格を求める方式は、通常次のとおり、①配当の増加期待を反映する配当証券価格と資産の値上がり期待を反映する財産証券価格の両者から求めた価格に流動化比率γを乗じた価格、又は②利益の増加期待を反映する利潤証券価格と資産の値上がり期待を反映する財産証券価格の両者から求めた価格にγを乗じた価格をもとに、さらに超過リスクカバー価格hを加減して求めることになる。

　　　（収益還元法）　　　　　（再調達原価法）
　（1株当たり収益価格×α + 1株当たり時価純資産価格×β）×$\gamma \pm h$　　　(1)
　　　（配当還元法）　　　　　（再調達原価法）
　（1株当たり配当還元価格×α + 1株当たり時価純資産価格×β）×$\gamma \pm h$　　　(2)

　株式を上場すれば、(1)式前者の収益還元法により求める価格としてのⅡ1bの成長証券価格・同1cの投機証券価格及び同1dの支配証券価格は、既述のとおりすべて実現可能となる。特に成長証券価格については、創業者利得は株式上場により初めて入手することが可能となるから、株式の上場は、①資金調達の容易化、②知名度と信用の上昇、③人材採用の容易化等とともに、④創業

者利得の実現をねらって行われる。

　市場第1部・大証第2部（東証第2部の財務数値は同第1部と同じゆえ省略）に上場する場合の財務数値の基準は、次のとおりである（新日本証券ホームページより）。

① 市場第1部―株主資本の額が、連結で10億円以上かつ単体で負でなく、連結の「経常利益」又は「税引前当期利益」のいずれか低い額が、最近2年間又は3年間につき、最初の1年間は1億円以上、最近の1年間は4億円以上で、3年間合計で6億円以上

② 大証第2部―株主資本の額が、連結で3億円以上かつ単体で負でなく、連結の「経常利益」又は「税引前当期利益」のいずれか低い額が、最近1年間で1億円以上

　ところで、ベンチャー企業の資金調達を容易にするため、1963年設立の店頭市場（JASDAQ（Japan Securities Dealers Association Quotations）市場）が1983年に中小中堅ベンチャー企業向けの株式流通市場として生まれ変わったほか、1998年12月に大証新市場部が、1999年11月に東証新市場として「マザーズ」が、さらに2000年6月には大証新市場として「ナスダック・ジャパン」がそれぞれ創設された。

　「店頭市場」は、次のとおり、第1号基準（過去の経営成績を重視するもの）及び第2号基準（将来の成長性に目を向けたもの）に分けて、利益・純資産等の一定以上の企業が上場できるものとしている（「日本証券業協会」ホームページより）。

① 第1号基準―当期純利益が連結・単体ともに正で、純資産が両者とも2億円以上

② 第2号基準―利益・純資産等を問わないが、登録日に時価総額が5億円以上のもの

　大証新市場部の、①創設の趣旨、②対象、③審査については、実質基準として、次のとおり市場第2部基準より大幅に緩和したものが設けられた（大証ホーム・ページより）。

① 創設の趣旨――成長産業の担い手であるベンチャー企業等に資金調達の途を開き、投資者に新たな投資機会を提供する。
② 対象――成長事業を営んでおり、キャッシュ・フローが正で、アドバイザーを設置している（一定の場合には経理事務の外部委託を認める）。
③ 審査――成長事業の維持拡大見込みがあり、企業経営が健全で、上場までの純資産が2億円以上見込まれ、最近1年間の営業利益が正であり、企業内容等の開示が適正である。

「ナスダック (NASDAQ-National Association of Securities Dealers Automated Quotations)・ジャパン」は、次のとおり、スタンダード基準及びグロース基準に分かれて、利益や純財産等財務数値等の一定以上のクォリティを有する、様々なステージにある特徴を持った企業が上場できるものとしている[注2]（「ナスダック・ジャパン」ホームページより）。
① スタンダード第1号基準――質的に優れた高成長企業のうち、収益性・資産性があり、市場性の見込める企業
② スタンダード第2号基準――収益性は問わないものの、資産性（資産実績）があり、市場性の著しく見込める企業
③ スタンダード第3号基準――収益性・資産性は問わないものの、売上や総資産等の企業規模が大きく、市場性の著しく見込める企業
④ グロース基準――収益性・資産性において事業規模は小さいものの、将来に対する潜在的な成長性に富んだ、市場性の見込める企業

「マザーズ (Market of the high growth and emerging stocks)」は、上場する場合の、①対象、②基準、③審査、④開示について、次の基本的コンセプトを掲げている[注3]。
① 対象――個人創造型、企業内ベンチャー型あるいは情報通信等のインフラ型の新興企業等、企業の大小を問わず次世代を担う高い成長の可能性を有する企業とする。
② 基準――過去の経営実績は問わない（利益・株主資本の額・設立後の経過年数等に関する基準はない）。

③　審査——開示に関する審査を中心とする（事業継続、損益及び収支の状況に関する審査は行わない）。
④　開示——開示資料における提供情報の充実及び四半期の業績概況の開示、会社説明会の開催の義務化を行う。

　このように、「マザーズ」では、極端には、赤字で債務超過の企業も株式上場をすることが可能となる。この場合の株式価格を求める方式が問題となるが、純資産がマイナスのときは、近い将来の利益の増加期待と裏腹に、それ以上の割合でその期待どおりに行かずに倒産する虞もある。それゆえ、このような場合の方式は、利益の増加期待を反映する利潤証券価格にγを乗じたものに、さらに各銘柄毎の将来予測の下に、倒産した場合の損失分の超過リスクを分散投資によりカバーする価格hを加減した価格をもとに求めることになる。

　すなわち、「マザーズ」市場に上場される株式のうち、どの銘柄が生き残るのか否かが明確には見通せないから、投資家は、投資時における一応の各銘柄毎の将来予測の下に、多数の銘柄への投資により、倒産する銘柄のカバーを求めることになる。それゆえ株価は、相対的に流通株の少ない下で、各銘柄毎の通常のリスク超過分をカバーする程度に応じて、hだけより高く又はより低くなるのである。

　具体的には、「マザーズ」市場に上場される株式の銘柄毎に、将来予測される純収益を通常のリスクを含んだ株式益回りで資本還元した価格と比べて、実際の株価は、通常のリスクを超える価格差hだけより高く又はより低くなるから、主として資力のある機関投資家等が、分散投資によりカバーを求めることになるのである。

　それゆえ、超過リスクカバー価格hは、投機証券価格の側面をより多くもっているが、本来の投機証券価格は、γのなかに入るので、それとは別のものとして捉えた方が分かり易いのではないか？

　この超過リスクカバー価格hは、その性質上「マザーズ」市場では、株式上場後も存続することになることはもちろんである（このhは、「マザーズ」市場以外の①第一部市場、②第二部市場でも見られるほか、相対的に流通株の少な

144

Ⅳ 株式(出資)価格評価の諸方式

い、③店頭市場、④新市場、及び⑤「ナスダック・ジャパン」市場で、特に⑤の第3号基準は財務数値の収益性・資産性を問わないから多く見られるであろうが、「マザーズ」市場で特徴的に現れるものである)。

「マザーズ」市場に上場する場合及び上場後における株式の超過リスクカバー価格hについては、近い将来の世界経済の動向及びその中における日本経済の動向の予測と、さらにその中における当該産業の動向の予測を踏まえた当該企業の予測数値を、一般企業の株式上場時以上に批判的に検討しなければならないことはいうまでもないであろう。

現実の「マザーズ」市場では、暴騰後に急落しており、早くも「情報開示に関しては、企業を上場・公開にまで持っていく証券会社や監査を担当する公認会計士もほめられたものではない」という厳しい批判が出てきている[注4]。

このような市場では、上場後に育つよりも消えていく企業が多いから、信頼できる市場にするためには、アメリカで行われているような証券取引所の有効な規制と投資家保護等の実施に加えて、証券会社・公認会計士・アナリスト・投資家等がそれぞれの役割を十分に果たすというインフラ整備が重要であることはいうまでもない[注4]。

c 非上場株式(出資)価格を求める諸方式

Ⅰの「会計システム(法制度等)と株式(出資)等の価格」、Ⅱの「株式価格評価の基礎理論」、及びⅣ1aの「土地価格と株式価格を求める諸方式」における検討の結果として、①経営支配の可能な株主の所有する株式の価格、及び②経営支配とは関係がない株主の所有する株式の価格を具体的に求める諸方式については、それぞれ次のように結論づけることができる。

(1) 経営支配の可能な株主の所有する株式の価格

この株式価格は、Ⅱ1のうちa(分子を経営権に基づく税引後利益Eにしたもの)とe(残余財産分配請求権に基づくもの)の両者を加味して求める。

この場合の具体的な諸方式は、次のとおりである[注5]。

（収益還元法）　　　　（再調達原価法）
1株当たり収益価格×α＋1株当たり時価純資産価格×β　　　　　　（1）
1株当たり収益価格＝収益価額÷発行済株式数

収益価額 $P_E = \dfrac{平均経常利益}{平均利回り}$ 　　　　　　（a1）

平均（又は標準、以下同じ）経常利益＝平均営業収益－平均営業費用
　－平均販売費及び一般管理費＋平均営業外収益－平均営業外費用　（a2）

平均利回り＝平均自己資本経常利益率＝$\dfrac{平均経常利益}{平均自己資本}$　（a3）

1株当たり時価純資産価格＝時価純資産価額÷発行済株式数
時価純資産価額 P_A＝時価総資産－実質総負債－含み益課税額　　　（b1）

含み益＝$\left(\dfrac{時価}{総資産} - \dfrac{実質}{総負債}\right) - \left(\dfrac{簿価}{総資産} - \dfrac{簿価}{総負債}\right)$　（b2）

　　　　　　　　　　　　　　　（実効税率）
含み益課税額＝含み益×$\dfrac{法人税率（1＋住民税率）＋事業税率}{1＋事業税率}$
　＋土地譲渡税額　　　　　　　　　　　　　　　　　　　　　　　（b3）

　ここで平均経常利益を採用するのは、株式評価の場合には、一般企業用不動産評価の場合と異なり、株式を売買したときは、そのままの資本構成で引継ぐことを想定するので、営業利益に、さらに営業外収益・費用を加減した後の平均経常利益を求めるのである。

　一般企業用不動産評価の場合には、土地建物等を売買したときは、平均的な資産と資本の構成をもつ企業が引継ぐことを想定するので、営業利益から、「正常運転資金利息相当額」及び「その他純収益を求めるために差し引くことを必要とする額」（不動産を除く固定資産等に帰属する利益）を控除した後の純収益を求めるのである。

　平均経常利益と平均使用総資本経常利益率は、本来、価格時点後3～5期間のP/L及びB/Sの期待数値をもとに求めるべきものである。その場合には、その企業の属する産業の動向及び日本経済全体としての公表された予測数値と実際の動向との関連において、その企業の将来計画を批判的に検討して求める。

　実際には、このような作業は、それらのデータを得て始めて可能となるが、

それが5年分も作られていない場合が多いし、作られていても、不正確であるから、一般的には、価格時点前3～5期間をとったうえ、将来の動向を予測してそれらを標準化した数値を使うことは、次善の方法としてやむを得ないのではないか（DCF法についても同じことがいえる）。

　平均利回りは、原則として対象企業と類似の規模で同業種の平均自己資本経常利益率を適用する。

　資本還元に用いる利回りについては、これまでほとんどの場合に根拠の説明し難い達観的な利回りを採用しているが、そのような利回りでは、短期的な好・不況及び金融情勢等に左右される利回りの変動、及び中・長期的なその趨勢を反映することが困難であり、したがって、説得力に欠けているといえる。

　資本は原則として自由に移動するものであり、産業一般等にどこへでもより高い利潤を求めて移ってゆき、その結果として、産業一般等を通じての平均利潤率（又はその分配としての平均配当率）が形成されるものである。

　したがって、数字が入手可能である場合は、製造業及び当該産業等のほかに、産業一般等の数字をも採用したうえ、そこで得られた利益率（又は配当率）のなかで、そのケースに最も適応すると判断される、単独又はそれらの平均の利益率（又は配当率）を採用するように努めるべきである。

　平均自己資本経常利益率は、企業の経理が取得原価主義に基づいて行われているから、原価と時価との差額分だけ高く求められる。したがって、このような状態の下では、株価は実際よりも低く求められるという問題が残されている。保有損益の開示の必要性は、この面からみても非常に高いのである（現在は企業経営における意思決定の情報は取得原価に基づいているから、当面は、当該差額分を反映しない平均自己資本経常利益率を採用することはやむを得ないのではないか。しかしながら、国内的・国際的に時価情報の開示が必要とされている折から、それが開示されれば、この問題は解決する）。

　時価総資産は、土地・有価証券等については、価格時点における時価を求め、受取手形・売掛金・貸付金・棚卸資産等については、内容を分析して必要な評価減を行う。

実質総負債は、退職金等について、価格時点における簿外負債を加算する。

　含み益は、時価総資産の実質総負債を超える差額が簿価総資産の簿価総負債を超える差額を上回る額である（前者が後者を下回る額は、含み損になる）。

　含み益課税額は、含み益に価格時点の有効税率を乗算して求める（土地譲渡益重課税がある場合には、その土地譲渡税額を加算する）。

　この税額について、課税当局が、1994年頃に関係会社間の取引における純資産価額方式の税額控除不適用の方針を打ち出していたことは問題を含んでいた。

　課税当局は、①半永久的な将来の税金の現在価値は、限りなく0に等しいこと、及び②実際の取引価額は、実効税率51％（この図書出版時は42％）控除前の額のおおむね10％程度低いことを理由にあげていたようであるが、①については、産業構造の変化に応じ、一部の土地を売却して、リストラ又は配当等を行う企業が後を絶たないこと、②については、その10％控除した取引水準というのは、企業が半永久的にリストラを必要としないというバブル時代における右肩上がり信仰に基づく取引であったこと、加えて、③売却法人（旧株主等）がその分だけ増加した利益（含み益の一部分）に課税されたうえに、株式等発行法人が景気変動等により数年後に土地を売却する場合（けっして稀なことではない）に、売却法人（旧株主等）に属する利益（課税済み部分）にまで課税されるから、二重課税の側面があり、しかも購入法人（新株主等）の有価証券の簿価が当該課税分だけ高いままに残ることが無視されていた。

　実際に法人の土地を取得する代りにM＆Aにより株式を取得する場合、将来（半永久的な将来ではない）のその土地の売却時に法人税等の負担がかかるので、それを見越して当該税金分だけ安く買わないと、前株主等への税金分も新株主等が負担することになるから、当該税金分を控除することが必要なのである。さらにいえば、この場合には、解散を前提としないから、清算所得に対する税金分ではなく、各事業年度の所得に対する税金分を控除するべきである（土地重課のあるときは、さらに別途控除する必要も生じてくる）。

　$\alpha \cdot \beta$は、原則的には0.5を採用する（V2の具体例a［1］参照）。

IV 株式(出資)価格評価の諸方式

ただし、たとえば、業界全体が赤字で回復見込みが乏しい場合、又は年齢的に引退の時期が近づいて後継者がいない場合には、βのウエイトを大きくして求めることになる。この場合には、βのウエイトを大きくする代わりに、次の算式のように収益還元法において有期限の方法を採用し、予想される引退時点迄の収益価格に引退時点の期待譲渡価格（税引後自己資本）の現在価値を加算した価格を求めるのも一法である（Ⅴ2の具体例 b (1)参照）。

$$P_E = E \times \frac{(1+y)^n - 1}{y(1+y)^n} + S \times \frac{1}{(1+y_P)^n} \quad (c)$$

(収益価額)　(複利年金現価率)　(複利現価率)

E：標準経常利益
y：平均自己資本経常利益率
S：n年後税引後自己資本
y_P：現価算出利回り

(2) 経営支配とは関係がない株主の所有する株式の価格

この株式価格は、Ⅱ1のうちa（分子をDにしたもの）とeの両者を加味して求める。

この場合の具体的な諸方式は、次のとおりである。

　　（配当還元法）　　　　　（再調達原価法）
1株当たり配当還元価格×α＋1株当たり時価純資産価格×β　　　　　　（2）

1株当たり配当還元価格＝$\dfrac{1株当たり平均配当}{平均配当利回り}$　又は、　　　　（d1）

1株当たり配当還元価格＝配当還元価額÷発行済株式数

配当還元価額 $P_D = \dfrac{平均配当金額}{平均配当利回り}$　　　　　　　　　　　　　　（d2）

平均配当金額＝平均税引（前）後経常利益×平均配当性向　　　　　　　（d3）

平均配当金額は、対象企業の期待税引後経常利益に対象企業と類似の規模で同業種の平均配当性向を適用して求める。(1)の経常利益について述べたことと同じ理由で期待税引後経常利益を得ることが困難な場合には、平均税引前経常利益に基づく標準的な数値によることは、次善の方法としてやむを得ないのではないか（ゴードン・モデルについても同じことがいえる）。

平均配当利回りは、対象企業と類似の規模で同業種の平均資本金配当率を採

用する。

　1株当たり時価純資産価格は、(1)と同じものである。

　α・βについては、含み益実現との関連において、一般にはβのウエイトを低くして求めることになる（Ｖ２の具体例ａ［２］参照）。

　将来Ｍ＆Ａが予測される場合には、Ｍ＆Ａ時点には時価純資産価格が実現する可能性があるから、βのウエイトを低くする代わりに、次のように有期限の割引再調達原価法により当該Ｍ＆Ａ時点の現在価値としての時価純資産価格を求めるのも一法である（Ｖ２の具体例ｃ(2)参照）。

$$P_{AD} = A_n \times \underset{\text{(複利現価率)}}{\frac{1}{(1+y_P)^n}} + D \times \underset{\text{(複利年金現価率)}}{\frac{(1+y_P)^n - 1}{y(1+y_P)^n}} \quad (e)$$

（ｎ年後時価純資産価額の現在価値）（ｎ年間の年々の配当還元価額）

A_n：ｎ年後時価純資産価額
D：平均配当金額
y_P：現価算出利回り

　この場合等には、簿価純資産価格が時価純資産価格を上回ることもありうるから、時価純資産価格の把握が困難であれば、簿価純資産価格によることも便法として認められよう。

　具体的には、配当還元価格とこの簿価純資産価格にα・βを適用して得られた価格が、配当との関連においてその時点の利回りとバランスがとれているかどうか、逆にいえば、その時点の利回りとバランスのとれるα・βを採用して株価を求めることが重要である。

　この方法においても、持株会員等の貢献の結果としての留保利益が反映されるから、社員等の勤労意欲の向上に役立つというメリットも得られることになる。

　以上の量的側面の検討に当たっては、監査の手順による財務諸表の各項目の検証のほか、実質的関係会社との連結・同関連会社に対する持分法の適用が必要である。

　さらに、これらの前提として、質的側面、特に日本と世界の経済動向、対象企業の属する業界事情等及び対象企業そのものの調査研究が必要であることを最後につけ加えさせていただく[注6]。

IV　株式(出資)価格評価の諸方式

3　「株式等鑑定評価マニュアル」の考え方とその問題点

　「株式等鑑定評価マニュアル」(以下「マニュアル」という)の「II　株式等鑑定評価の手順」のところは、「基準」の「第8　鑑定評価の手順」を参考としており、内容としても、「基準」の「不動産価格形成過程の追及と、その過程を逆に辿る不動産鑑定評価過程」(図IV-2)に準じているから、図IV-3のように捉えると、「マニュアル」の流れを理解しやすくなる。

　具体的には、「基準」では、図IV-2の「基準」の関連性に見られるように、一般商品価格と同じく、①不動産の価格は、需要と供給によって決まり、②需要の側は、不動産の効用に対する有効需要からなるが、一般商品価格とは異なって、③供給の側は、土地の供給ひいては不動産の供給が相対的に稀少であり、④需要と供給には、一般的要因(自然的・社会的・経済的・行政的要因)・地域要因及び個別的要因がそれぞれ影響を与えている(以上は不動産価格形成過程を逆行して追及する過程である)から、不動産鑑定評価格は、①一般的要因(自然的・社会的・経済的・行政的要因)・地域要因及び個別的要因のそれぞれについて、一般分析・地域分析及び個別分析を行い、②それらの価格形成要因が、需要と供給にどういう影響を与えているかを捉えて、③需要者の側に立つ収益方式、供給者の側に立つ原価方式、及び土地・不動産市場における取引事例と比べる比較方式(これらの諸方式を三方式という)をそれぞれ適用して、収益価格・積算価格及び比準価格(これらの価格を試算価格という)を求めたうえ、④これらの試算価格を調整して決定される(以上は不動産鑑定評価手続を順次行う過程である)ものとしている。

　そして、「基準」は、不動産価格形成過程では、次に述べる11の基本的な諸原則が働いているから、不動産鑑定評価手続を行うに当たっては、常にこれらの諸原則が考慮されるべきものであるとしている。

　諸原則は、①需要と供給の原則、②変動の原則、③代替の原則、④最有効使用の原則、⑤均衡の原則、⑥収益逓増及び逓減の原則、⑦収益配分の原則、⑧寄与の原則、⑨適合の原則、⑩競争の原則、及び⑪予測の原則からなるものと

されている。

　「マニュアル」では、「基準」と同様の流れである図Ⅳ-3の「マニュアル」の関連性に見られるように、一般商品価格と同じく、①非上場株式の価格は、需要と供給によって決まり、②需要の側は、有効需要からなり、③一般商品価格とは異なって、供給の側は、ほとんどの株式が譲渡制限によりその供給が相対的に稀少であり、④需要と供給には、一般的要因（法律的・経済的・税務的要因）・業界要因及び個別の企業要因がそれぞれ影響を与えている（以上は株式価格形成過程を逆行して追及する過程である）から、株式鑑定評価格は、①一般的要因（法律的・経済的・税務的要因）・業界要因及び個別の企業要因のそれぞれについて、一般分析・業界分析及び企業分析を行い、②それらの価格形成要因が、需要と供給にどういう影響を与えているかを捉えて、③需要者の側に立つ収益方式、供給者の側に立つ原価方式、及び取引が行われておれば、非上場株式市場における取引事例と比べる比較方式（これらの諸方式を三方式という）をそれぞれ適用して、収益価格・積算価格及び比準価格（これらの価格を試算価格という）を求めたうえ、④これらの試算価格を調整して決定される（以上は株式等鑑定評価手続を順次行う過程である）ことになる。

　「基準」において、不動産鑑定評価の手順が、①鑑定評価の基本的事項の確定、②処理計画の策定、③対象不動産の確認、④資料の収集及び整理、⑤資料の検討及び価格形成要因の分析、⑥鑑定評価方式の適用、⑦試算価格又は試算賃料の調整、⑧鑑定評価額の決定、⑨鑑定評価報告書の作成からなっているのとほぼ同じように、株式等鑑定評価は、①鑑定評価の基本的事項の確定、②処理計画の策定、③対象会社の確認（訪問・関係責任者との面談及び資産・負債・損益取引等の確認）、④資料の収集及び整理、⑤資料の検討及び価格形成要因（一般要因としての法律的・経済的・税務的要因、業界要因及び個別の企業要因）の分析、⑥鑑定評価諸方式の選択・適用、⑦試算価格の検討・調整、⑧鑑定評価格・評価額の決定、⑨鑑定評価報告書の作成という手順を踏むことになる。

　そして、「基準」の11の基本的な諸原則に対して、「マニュアル」では、それらのうち、①変動の原則、②収益配分の原則、③寄与の原則、④予測の原則が

Ⅳ　株式(出資)価格評価の諸方式

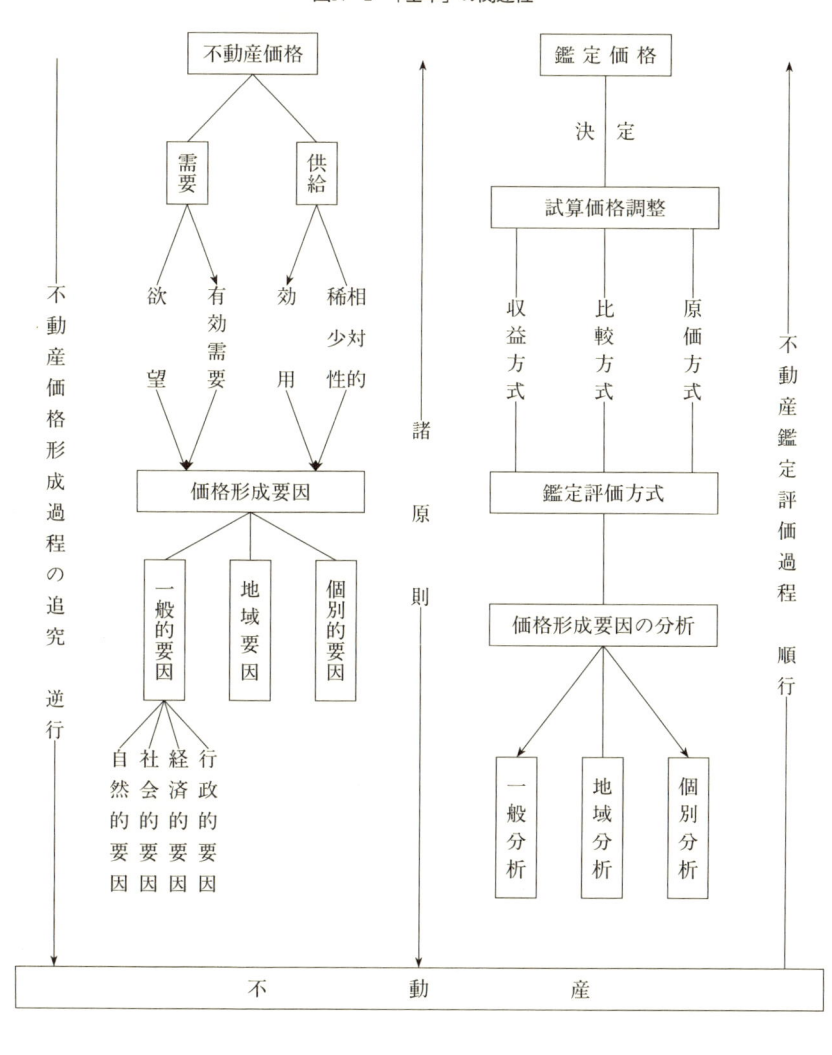

図Ⅳ-2　「基準」の関連性

```
                          不動産価格                        鑑定価格
                          ／    ＼                           │
                        需要    供給                        決定
                       ／  ＼   ／  ＼                        │
                      欲  有  効  稀相                    試算価格調整
                      望  効  用  少対                   ／    │    ＼
                          需      性的                 収益   比較   原価
                          要                           方式   方式   方式
                           ＼  ＼／  ／                  │    │    │
不 不                     価格形成要因                  鑑定評価方式              不 不
動 動                    ／    │    ＼                    │                    動 動
産 産                  一般的  地域  個別的             価格形成要因の分析        産 産
価 価                  要因    要因  要因              ／    │    ＼            鑑 鑑
格 格                 ／│＼                          一般   地域   個別         定 定
形 形               自 社 経 行                       分析   分析   分析         評 評
成 成               然 会 済 政                                                  価 価
過 過               的 的 的 的                                                  過 過
程 程               要 要 要 要                                                  程 程
の の               因 因 因 因                                                  順 順
追 追                                                                           行 行
究 究                         諸原則                                             
逆 逆                                                                           
行 行                                                                           
  ↓                           ↓                                                ↓
─────────────────────────────────────────────────
                          不　　動　　産
─────────────────────────────────────────────────
```

153

図IV-3 「マニュアル」の関連性

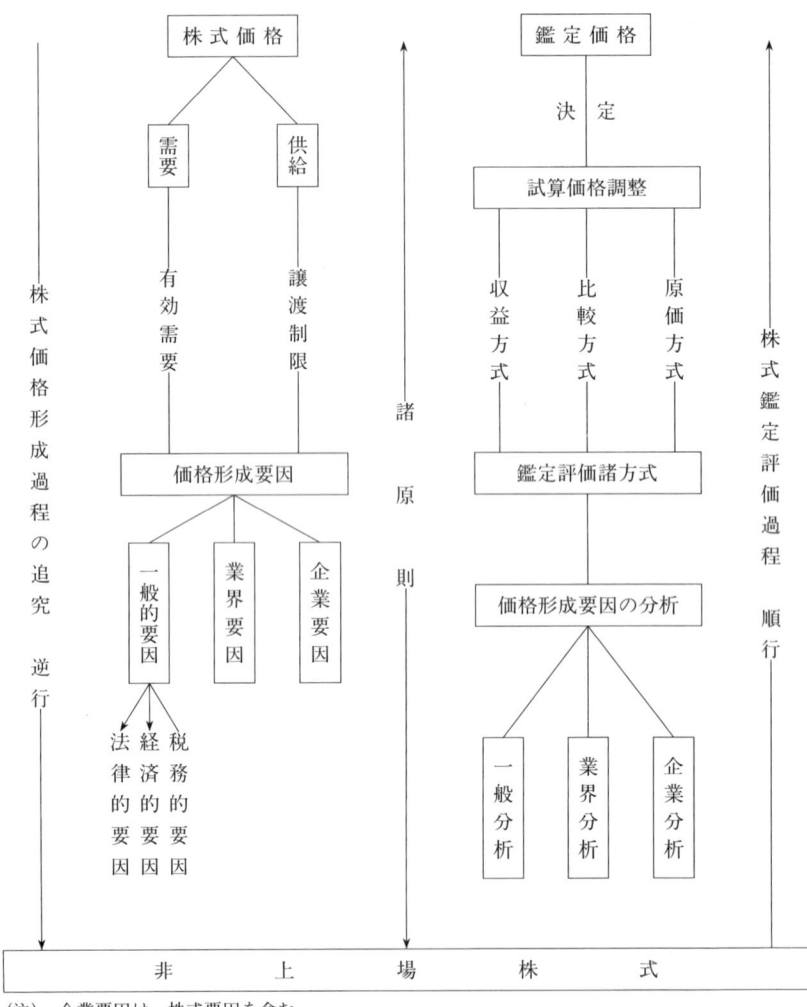

```
                    株式価格                      鑑定価格
                   ┌──┴──┐                        │
                  需要   供給                     決 定
                   │     │                         │
                  有効   譲渡                   試算価格調整
                  需要   制限                ┌─────┼─────┐
                   │     │                 収益   比較   原価
                   └──┬──┘                 方式   方式   方式
                      │                     └─────┼─────┘
                 価格形成要因                鑑定評価諸方式
              ┌──────┼──────┐                     │
             一般的  業界   企業             価格形成要因の分析
             要因   要因   要因            ┌──────┼──────┐
           ┌──┼──┐                        一般   業界   企業
          法律 経済 税務                    分析   分析   分析
          的  的  的
          要因 要因 要因
```

株式価格形成過程の追究　逆行 ←　　諸原則　　→ 株式鑑定評価過程　順行

| 非　上　場　株　式 |

(注)　企業要因は、株式要因を含む。

154

Ⅳ 株式(出資)価格評価の諸方式

関係してくるものということができる。

しかしながら、「マニュアル」等[注7]には、次の問題点が残されている。

「マニュアル」は、「様々な理論・考え方があり、統一されたものがない」として、「鑑定評価理論については取り上げていない」が、Ⅰ・Ⅱ及びⅣ1aから分かるように、擬制資本価格(フロー)の側面と財産価格(ストック)の側面があることが明らかである。したがって、この観点に立たないかぎり、株式等鑑定評価は、技術論にとどまり、①擬制資本価格の同じ側面である収益方式と配当方式を別の系列のものとしているという批判をされたり、②各方式を理論的根拠の薄弱なまま組み合わせるから説得力に欠けるという批判を浴びることになる[注8]。

Ⅰ・Ⅱ及びⅣ1aの説明から分かるように、フローとしての利益・配当に着目したものが、収益方式であり、ストックとしての純資産に着目したものが、純資産方式である。

それゆえ、これらの両者は、次のように整理されることになる。

　　フロー価格　→収益方式　　収益還元法
　　　　　　　　　　　　　　　配当還元法
　　ストック価格→純資産方式　簿価純資産法
　　　　　　　　　　　　　　　時価純資産法

併用方式(厳密にはフロー・ストック方式)は、これらの両者に着目したものである。したがって、「マニュアル」は、「Ⅳ5．併用方式」でこの論文のⅣ2cと同じ$\alpha\beta$の方式を採用しながら、「Ⅵ株式等鑑定評価の基本事例」では、2・3及び5について、両者の間の整合性がとれていないといわざるをえない。

このほか、1を除くその他のもの及び記載例については、還元利回りの0.1の根拠が、既述のように不明確で、客観性が欠けている面も指摘せざるをえない。

実際の非上場株式等の鑑定評価に当たっては、鑑定評価目的・条件との関連で、ケース毎に諸方式の組合わせを摸索することになるが、何れのケースにおいても、つねに鑑定評価理論を踏まえて諸方式を適用の上、鑑定評価が行われなければならないのである。

含み益にかかる法人税等の控除問題については、「マニュアル」は、「非公開会社のような場合は、企業の永続性を前提としていても、企業外の要因によって事態の変化することが多く、したがって鑑定実務においては、未払法人税の計上を行っているケースが多いように思われる」としているが、重要な問題であるから、組織をあげて至急に実態調査をするべきではないか。

(注1)　「株式公開に際して行う最低入札価格算定基準に関する考え方」(引受部長会1989.3.1) は、次のとおり類似会社の株価を基にしているから、類似会社の株価の根拠 (基礎理論に基づく諸方式) をaで求めたのである。
　　　　適当な類似会社 (原則として2社以上) を選定し、公開会社と類似会社の1株当たり純利益及び純資産についての比率の平均を求め、当該平均比率を類似会社の株価に乗じて、公開会社の最低入札価格を算定する。
(注2)　林英生論文「ナスダック・ジャパン市場について」(資本市場研究会『資本市場』2000.6号) 参照。
(注3)　久保幸年論文「東証新市場─「マザーズ」─について」(中央経済社『企業会計』2000.2刊、及び税務経理協会『税経通信』2000.1刊) 参照。
(注4)　「ネット株が危ない!」及び「続・ネット株が危ない!」(日経BP社『日経ビジネス』2000.2.7及び同5.15号) 参照。
(注5)　1.　中小企業株価研究会著『中小企業の株式評価』清文社 (1973刊) 参照。
　　　　2.　戦前の日本発送電と日本製鉄の合併は、再調達原価法と収益還元法の平均価格により行われたとされている(井上達雄著『例解会計簿記精義』白桃書房(1960刊) 参照)。
(注6)　対象企業の属する業界事情等及び対象企業そのものの調査研究には、次の内容を開示した、それぞれの「有価証券報告書」の3～5期分及び「利益計画」の今後3～5年分と、金融財政事情研究会編の『業種別貸出審査辞典』等を検討する。
　　　　中小企業の場合には、「有価証券報告書」の代わりに、「会社概況」及び「財務諸表」等添付の「法人税申告書」等 (「諸資料」という) の3～5期分及び「利益計画」の今後3～5年分と、同研究会編の同書等を検討する。そして、子会社のないときは、「連結」ではなく、「単独」の「諸資料」を対象とする。
　A．企業情報
　　1．企業の概況
　　　(1)　主要な経営指標等の推移
　　　(2)　事業の内容
　　　(3)　関係会社の状況
　　　(4)　従業員の状況

Ⅳ　株式(出資)価格評価の諸方式

2．事業の状況
　(1)　業績等の概要
　(2)　生産、受注及び販売の状況
　(3)　対処すべき課題
　(4)　経営上の重要な契約等
　(5)　研究開発活動
3．設備の状況
　(1)　主要な設備の状況
　(2)　設備の新設及び除去等の計画
4．提出会社の状況
　(1)　株式等の状況
　　(a)　株式の総数等
　　(b)　発行済株式総数及び資本金等の状況
　　(c)　大株主の状況
　　(d)　議決権の状況
　(2)　株価の推移
　(3)　役員の状況
5．経理の状況
　(1)　中間連結財務諸表等
　　(a)　中間連結財務諸表
　　　［中間監査報告書］
①中間連結貸借対照表
②中間連結損益計算書
③中間連結剰余金計算書
④中間連結キャッシュ・フロー計算書
　　　◎注記事項
　　　・偶発債務
　　　・担保提供資産
　　　・リース取引
　　　・セグメント情報
　　　・有価証券の時価情報
　　　・デリバティブ取引の状況
　　　・１株当たり純資産額
　　　・１株当たり中間純損益金額
　　　・後発事象
　　　・その他の注記事項
　　(b)　その他

(2)　中間財務諸表等
　　　　(a)　中間財務諸表
　　　　　　［中間監査報告書］
　　①中間貸借対照表
　　②中間損益計算書
　　　　◎注記事項
　　　　(b)　その他
　　6．提出会社の参考情報
　B．提出会社の保証会社等の情報
(注7)　Ⅰの（注1）（注3）の図書並びに高橋義雄著『非上場株式の評価・鑑定の理論と実務』及び『非公開株式鑑定・評価の実務』（清文社 1994. 2 及び 2000. 3 刊）参照。
(注8)　1．故川合一郎博士は、「はじめに」の（注4）であげた『株式価格形成の理論』の第1篇第1章で、財産証券・経営＝支配証券・利潤＝配当証券・投機証券について述べておられ、これらがⅡの公式で分かるように、5の財産証券と1～4の収益証券系に分かれるのである。公認会計士高橋義雄氏は、（注4）の図書においてこれ以外のものに組替えているから、川合理論から逸脱している。
　　　　2．同氏の（注4）の図書における株式立体構造論は、収益証券系のものを別系列で捉えようとするもので、誤りである。たとえば、支配株主としての評価で α を1とすれば、純資産価格も必要であるのに、収益価格しか残らなくなる。

V 株式(出資)価格評価の具体例

　ここからは、Ⅳ2cの「非上場株式（出資）価格を求める諸方式」を、まず上場会社のメーカーとディーラー各一社宛にも適用して、具体的な評価を行い、上場会社の株式価格が非上場会社の株式価格よりも流動化比率γを乗じた割合だけ高い水準にあることを確認する。

　次に非上場会社の三社、すなわち、①経営支配の可能な株主の所有する株式の場合と経営支配とは関係がない株主の所有する株式の場合、②経営支配の可能な社員に出資持分を払い戻す場合、③少数株主所有株式を商法第349条に基づき買取る場合のそれぞれに適用して、具体的な評価を試みることとする。

1　上場株式価格評価の具体例

　ここでは、地価税を含めたデータが入手可能な、メーカーのA社、及びディーラーのB社に対し、Ⅳ2aの「上場株式価格を求める諸方式」のところで述べた説明に基づき、Ⅳ2cの「非上場株式（出資）価格を求める諸方式」を適用して検討を行うものとする。

a　A社（メーカー）の場合

　A社について、1993年度から同98年度までの各年度の株価終値平均は、641円、837円、745円、952円、831円、585円である。これらの株価終値平均は、これらを求める期間内に、株式分割・無償交付・買取消却等がある場合には、それらをないものとした場合の価格に修正してある。

　1998年3月31日時点（価格時点）において、A社にⅣ2c(1)の「経営支配の可能な株主の所有する株式の価格」及び同(2)の「経営支配とは関係がない株主の所有する株式の価格」を求める方式を適用すると、次のとおりである。

　　1株当たり収益還元価格　　　624円（平均自己資本税引前経常利益率10.2％）

1株当たり配当還元価格　　　　95円（平均配当利回り5％）
　　　1株当たり時価純資産価格　　　779円

が求められる。

　時価純資産価格は、土地等につき1997年の地価税のデータを同98年1月に時点修正（1～3月の変動は僅少ゆえ省略）した上、時価換算した数値、所有株式につき価格時点の数値（非上場の子会社で重要性の低いものは省略）により、それぞれ求めてある。

　これらの数値から、結論として次の価格が得られる。

　　　収益還元価格と時価純資産価格との平均価格　　702円
　　　配当還元価格と時価純資産価格との平均価格　　437円

　価格時点以前5期の株価終値平均最高952円、最低641円は、これらの価格に対して、前者は250円（流動化比率 $\gamma=1.36$ 倍、逆数は0.737）、後者は204円（流動化比率 $\gamma=1.47$ 倍、逆数は、0.682）高くなり、上場株式としての流動性の高さを示している。

　それゆえ、価格時点の株価終値平均831円は、値下がりのリスクがあるにもかかわらず、前者に対して1.18倍、後者に対して1.90倍になり、何れも上場株式として流動性の高い分だけより高くなっているといえる。

　参考までにA社のPER・PBR及びPMRを求めると、それぞれ次のとおりである。

　　　平均価格　　　　　　　　　　702円　　　　437円
　　　PER（株価収益率）　　　　　22.65倍　　　14.10倍
　　　PBR（株価簿価純資産倍率）　　1.09倍　　　0.68倍
　　　PMR（株価時価　　〃　　）　　0.90倍　　　0.56倍

　念のため、これらの期間内におけるA社の各年度株価終値平均の推移について、関連する指標又は数値（何れも「単独」と「連結」）の推移と比較すると、次のとおりである（図Ⅴ-1～図Ⅴ-7）。

　図Ⅴ-1・図Ⅴ-2では、各年度の株価終値平均は、「単独」・「連結」とも、自己資本経常利益率・自己資本税引前当期純利益率（又は自己資本税金等調整前

Ⅴ 株式(出資)価格評価の具体例

図Ⅴ-1　A社株価関連指標推移図

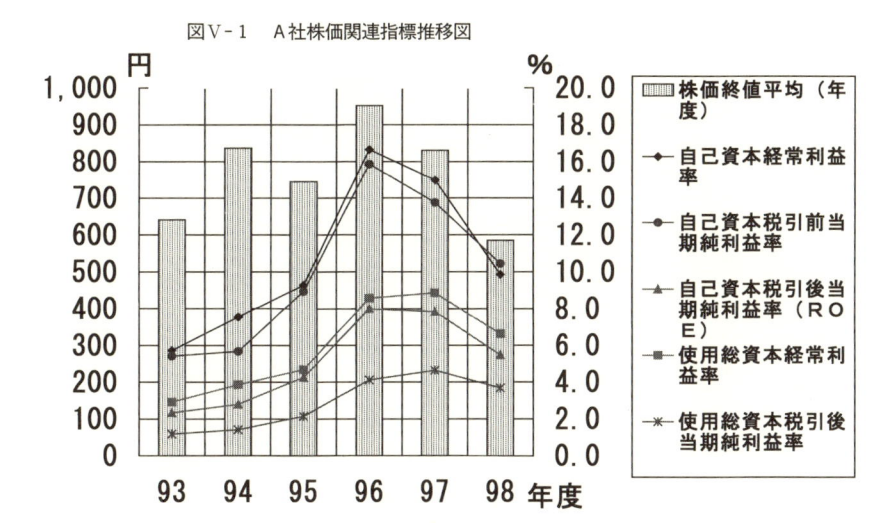

凡例:
- 株価終値平均（年度）
- 自己資本経常利益率
- 自己資本税引前当期純利益率
- 自己資本税引後当期純利益率（ROE）
- 使用総資本経常利益率
- 使用総資本税引後当期純利益率

図Ⅴ-2　A社連結株価関連指標推移図

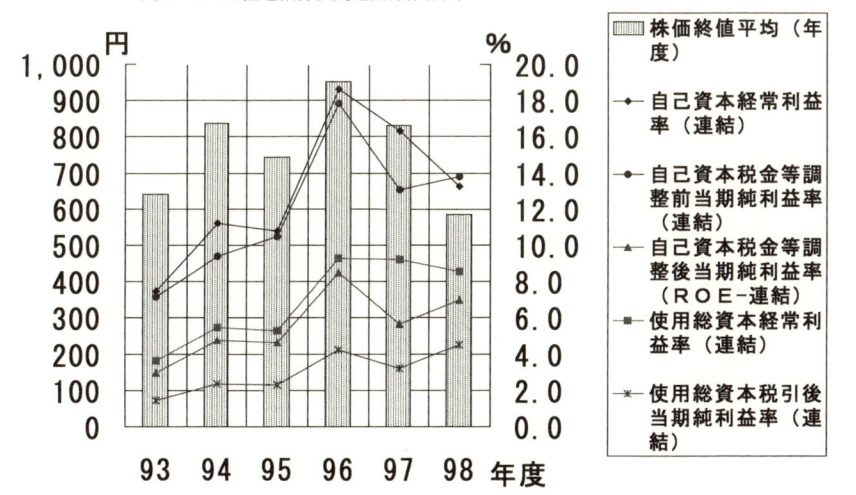

凡例:
- 株価終値平均（年度）
- 自己資本経常利益率（連結）
- 自己資本税金等調整前当期純利益率（連結）
- 自己資本税金等調整後当期純利益率（ROE-連結）
- 使用総資本経常利益率（連結）
- 使用総資本税引後当期純利益率（連結）

161

図V-3　A社株価関連数値推移図

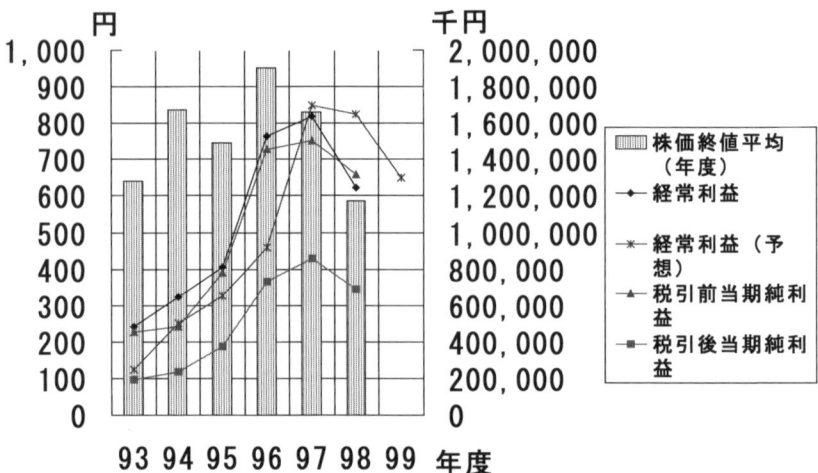

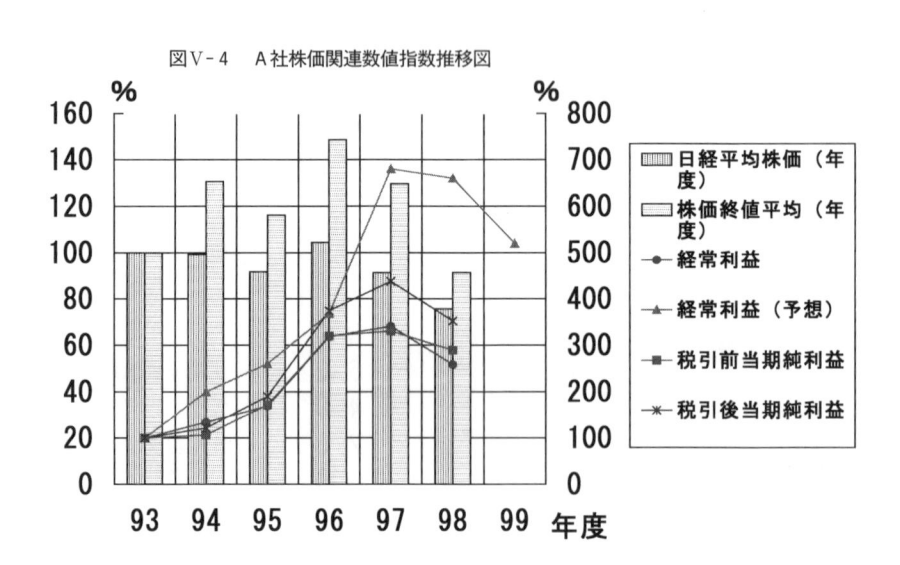

図V-4　A社株価関連数値指数推移図

V 株式(出資)価格評価の具体例

当期純利益率)・自己資本税引後当期純利益率(又は自己資本税金等調整後当期純利益率)すなわちROE・使用総資本経常利益率及び使用総資本税引後当期純利益率と比べて、一部の例外はあるが、全体としての景気の株価への影響を除き、ほぼ同様の傾向を示しているのが興味深く見られる。

図V-3では、各年度の株価終値平均は、「単独」の、経常利益・経常利益(予想)・税引前当期純利益及び税引後当期純利益と比べて、経常利益(予想)のタイムラグと全体としての景気の株価への影響を除き、やはりほぼ同様の傾向で推移しているように見える。

ここで、「単独」について1993年度を100とすると、図V-4に見られるように、1997年度から同98年度にかけて株価終値平均が相対的に低いのは、それらの期間の株価が、金融システム危機等により全体として景気が低迷していた時期であったことによることが分かる。すなわち、1996年度から同97年度にかけて、経常利益・同(予想)・税引前(又は税引後)当期純利益が増加しているのに、金融システム危機等による日経平均株価の下落の影響を受け、さらに値下がりするリスクを反映して、A社の株価終値平均も下落しているのである。ただし、この間の経常利益の予想と実績のズレが大きくなっていることも、全体としての景気の悪化と密接に関係しているものといえる。

「単独」につき更に詳しく四半期別に変動として捉えると、図V-5に見られるように、経常利益(予想)及び税引後利益(予想)について、異常な動きのある1993年第IV四半期(10~12)・同94年第I四半期及び同95年第I四半期を除き、日経平均株価ほどには当社の株価に影響を与えていないことが分る(日経平均株価をTOPIXに置き換えても、ほとんど変わりはない)。

図V-6では、各年度の株価終値平均は、「連結」の、経常利益・経常利益(予想)・税金等調整前当期純利益及び税金等調整後当期純利益のうち、最後の税金等調整後当期純利益が、1998年度を除いて、ほぼ同様の傾向で推移しているように見える。

ここでも、「連結」について、1993年度を100とすると、図IV-7に見られるように、「単独」について述べたことと同様のことがいえる。

図Ⅴ-5　A社四半期別株価関連数値変動図

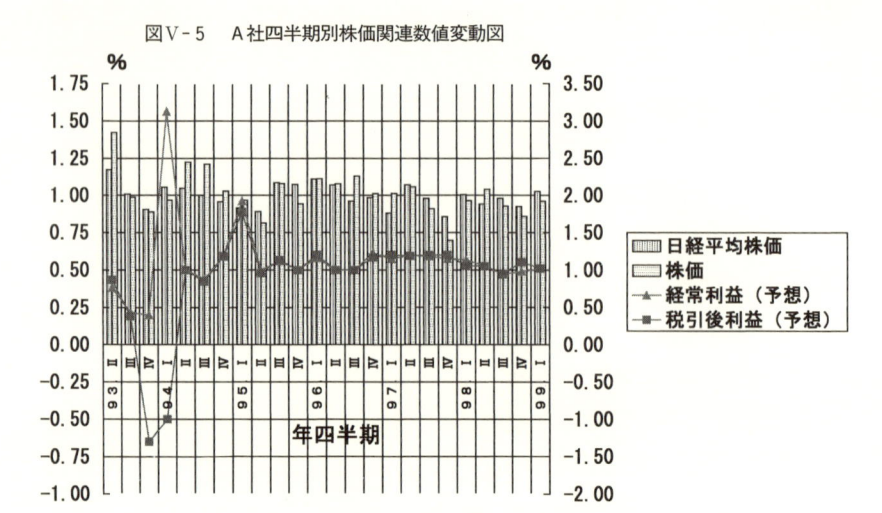

図Ⅴ-6　A社連結株価関連数値推移図

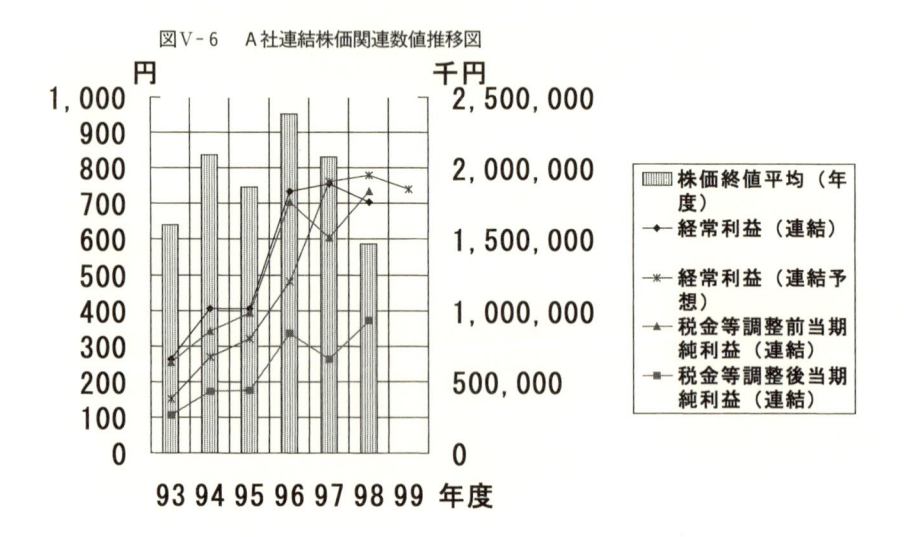

V　株式(出資)価格評価の具体例

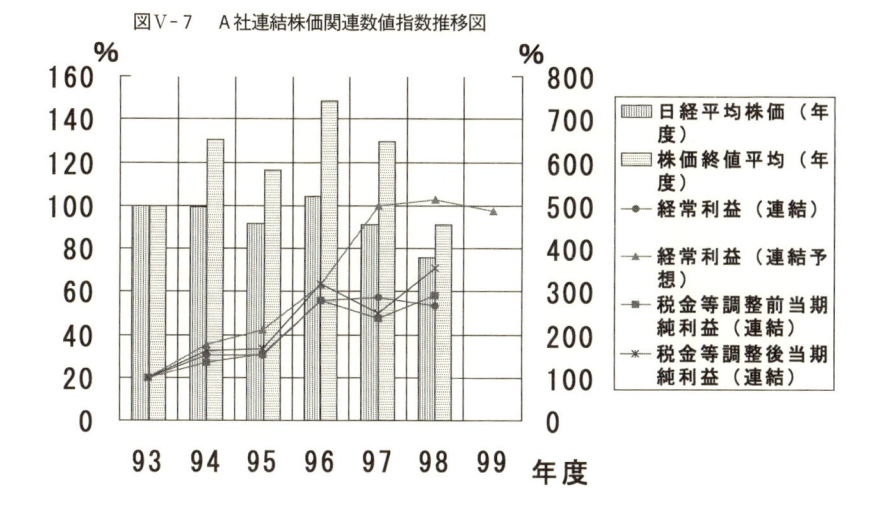

図V-7　A社連結株価関連数値指数推移図

凡例：
- 日経平均株価（年度）
- 株価終値平均（年度）
- 経常利益（連結）
- 経常利益（連結予想）
- 税金等調整前当期純利益（連結）
- 税金等調整後当期純利益（連結）

b　B社（ディーラー）の場合

B社について、1993年度から同98年度までの各年度の株価終値平均は、1,010円、937円、843円、949円、654円、465円である。これらの株価終値平均は、A社の場合と同じく、これらを求める期間内に、株式分割・無償交付・買取消却等がある場合には、それらをないものとした場合の価格に修正する必要がある。

1998年3月31日時点（価格時点）において、B社にIV2c(1)の「経営支配の可能な株主の所有する株式の価格」及び同(2)の「経営支配とは関係がない株主の所有する株式の価格」を求める方式を適用すると、次のとおりである。

　　1株当たり収益還元価格　　　748円（平均自己資本税引前経常利益率9％）
　　1株当たり配当還元価格　　　160円（平均配当利回り5％）
　　1株当たり時価純資産価格　　1,000円

が求められる。

時価純資産価格は、A社の場合と同じく、土地等につき1997年の地価税のデータを同98年1月に時点修正（1～3月の変動は僅少ゆえ省略）した上、時価換算した数値、所有株式につき価格時点の数値（非上場の子会社で重要性の低

165

いものは省略）により、それぞれ求めてある。

これらの数値から、結論として次の価格が得られる。

　　収益還元価格と時価純資産価格との平均価格　　874円
　　配当還元価格と時価純資産価格との平均価格　　580円

　価格時点以前5期の株価終値平均最高1,010円、最低654円は、これらの価格に対して、前者は136円（流動化比率 $\gamma=1.16$ 倍、逆数は、0.865）、後者は74円（流動化比率 $\gamma=1.13$ 倍、逆数は、0.887）高くなり、上場株式としての流動性の高さを示している。

　しかし、価格時点の株価終値平均654円は、値下がりのリスクがあるから、前者に対して0.75倍、後者に対して1.13倍になり、上場株式として流動性の高いことよりも、全体としての景気の低迷と、ディーラーの「冬の時代」とをより多く反映しているといえる。

　参考までにB社のPER・PBRおよびPMRを求めると、それぞれ次のとおりである。

　　平均価格　　　874円　　　　580円
　　PER　　　　26.48倍　　　17.58倍
　　PBR　　　　 1.08倍　　　　0.72倍
　　PMR　　　　 0.87倍　　　　0.58倍

　念のため、これらの期間内におけるB社の各年度株価終値平均の推移について、関連する指標又は数値（何れも「単独」と「連結」）の推移と比較すると、次のとおりである（図Ⅴ-8～図Ⅴ-14）。

　図Ⅴ-8・図Ⅴ-9では、各年度の株価終値平均は、「単独」・「連結」とも、自己資本経常利益率・自己資本税引前当期純利益率（又は自己資本税金等調整前当期純利益率）・自己資本税引後当期純利益率（又は自己資本税金等調整後当期純利益率）すなわちROE・使用総資本経常利益率及び使用総資本税引後当期純利益率と比べて、図Ⅴ-8の1995・同96年度及び図Ⅴ-9の同96年度を除き、全体としての景気の株価への影響を反映して、ほぼ右下がりの傾向を示しているのが興味深く見られる。

V 株式(出資)価格評価の具体例

図V-8 B社株価関連指標推移図

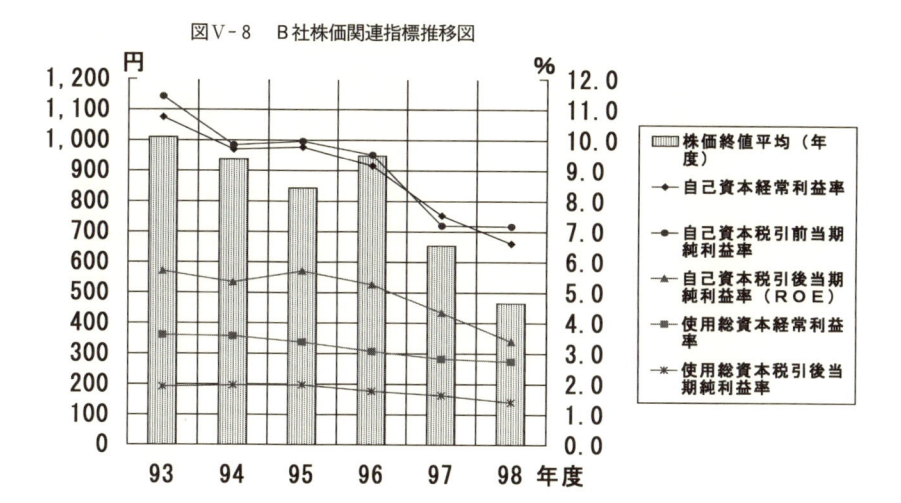

凡例:
- 株価終値平均(年度)
- 自己資本経常利益率
- 自己資本税引前当期純利益率
- 自己資本税引後当期純利益率(ROE)
- 使用総資本経常利益率
- 使用総資本税引後当期純利益率

図V-9 B社連結株価関連指標推移図

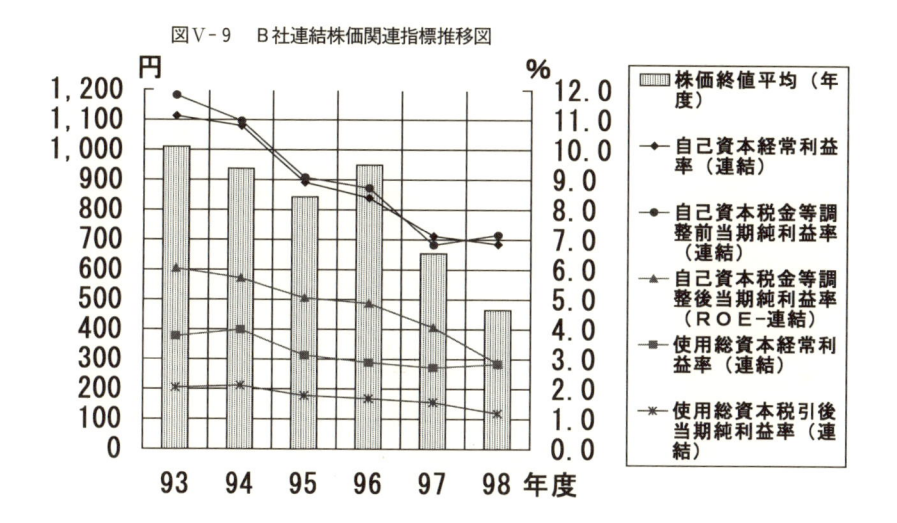

凡例:
- 株価終値平均(年度)
- 自己資本経常利益率(連結)
- 自己資本税金等調整前当期純利益率(連結)
- 自己資本税金等調整後当期純利益率(ROE-連結)
- 使用総資本経常利益率(連結)
- 使用総資本税引後当期純利益率(連結)

図V-10　B社株価関連数値推移図

凡例:
- 株価終値平均（年度）
- 経常利益
- 経常利益（予想）
- 税引前当期純利益
- 税引後当期純利益

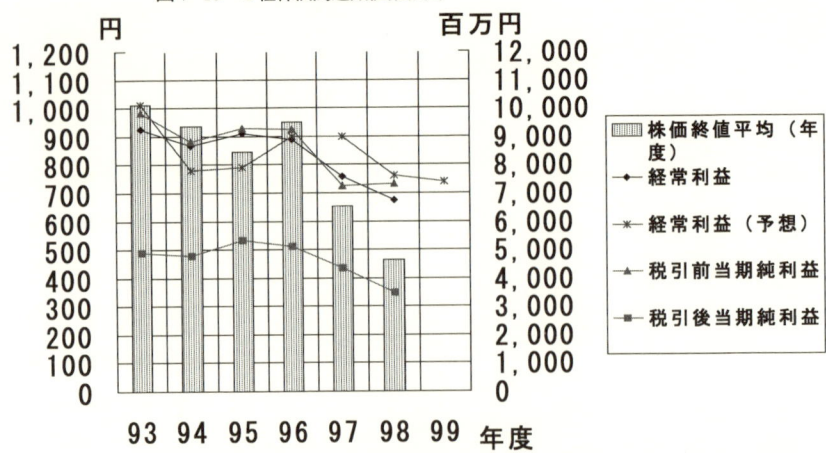

　図V-10では、各年度の株価終値平均は、「単独」の、経常利益・経常利益（予想）・税引前当期純利益及び税引後当期純利益と比べて、A社の場合と同じく、経常利益（予想）のタイムラグと全体としての景気の株価への影響を反映して、ほぼ右下がりの傾向で推移しているように見える。

　ここで、「単独」について1993年度を100とすると、図V-11に見られるように、1997年度から同98年度にかけて株価終値平均が相対的に低いのは、それらの期間の株価が、金融システム危機等により全体として景気が低迷していた時期であったことに加えて、ディーラーの「冬の時代」の影響をより大きく受けたことが分かる。すなわち、1997年度から同98年度にかけて、経常利益・同（予想）・税引前（又は税引後）当期純利益の下落率以上に、業種としての値下がりのリスクを反映して、B社の株価終値平均も下落しているのである。この間の経常利益の予想が1997年度を除いて堅い目になってきていることも、業種としての先行きのリスクと密接に関係しているものといえる。

　「単独」につき更に詳しく四半期別に変動として捉えると、図V-12に見られるように、A社の場合と同じく、経常利益（予想）及び税引後利益（予想）について、異常な動きのある1993年第Ⅲ四半期（7～9）及び同94年第Ⅰ四半

168

Ⅴ 株式(出資)価格評価の具体例

図Ⅴ-11 B社株価関連数値指数推移図

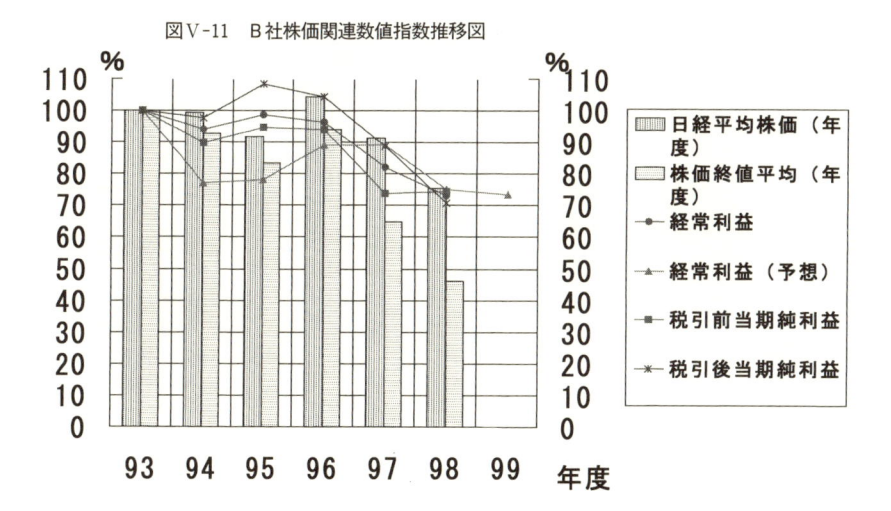

図Ⅴ-12 B社四半期別株価関連数値変動図

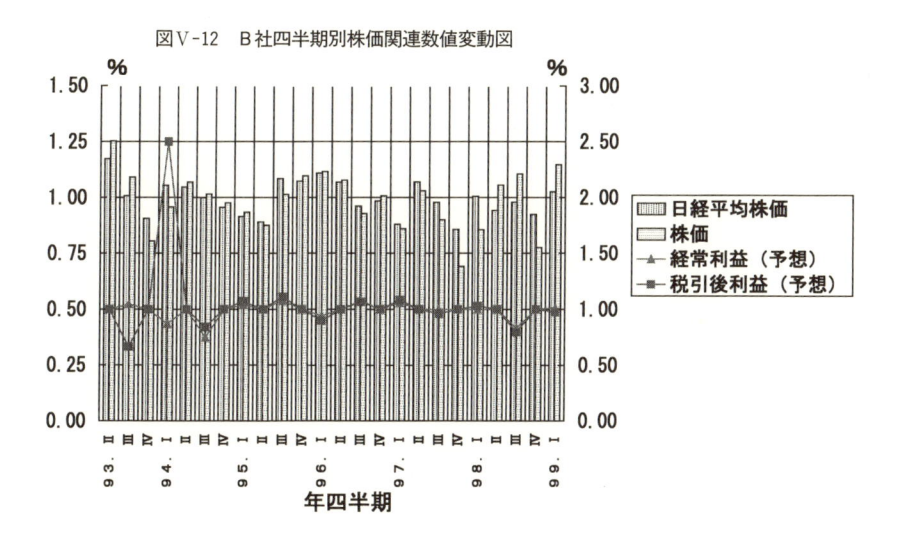

169

図Ⅴ-13　Ｂ社連結株価関連数値推移図

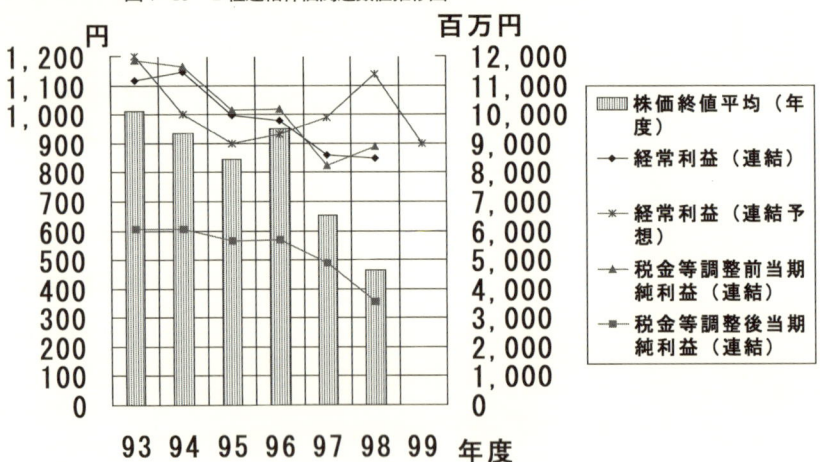

図Ⅴ-14　Ａ社株価関連指標推移図

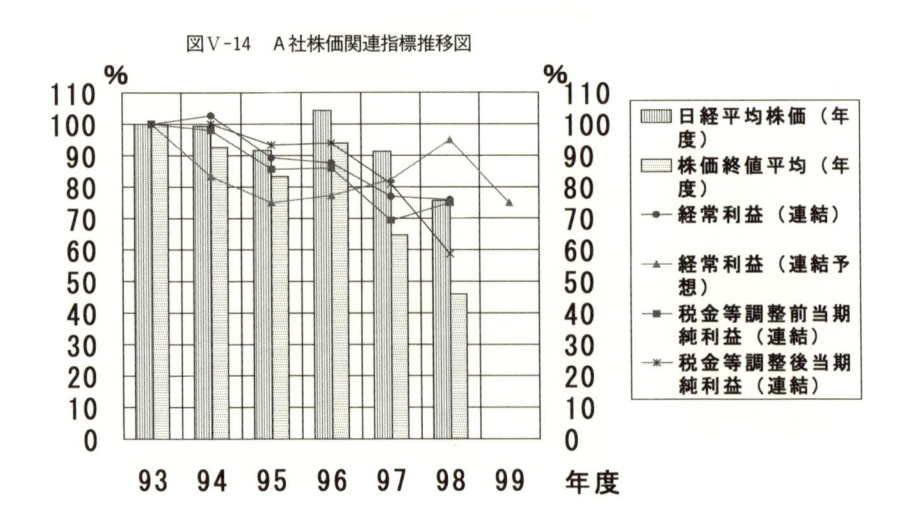

期を除き、日経平均株価ほどには当社の株価に影響を与えていないことが分る（A社の場合と同じく、日経平均株価をTOPIXに置き換えても、ほとんど変わりはない）。

図V-13では、各年度の株価終値平均は、「連結」の、経常利益・経常利益（予想）・税金等調整前当期純利益及び税金等調整後当期純利益のうち、最後の税金等調整後当期純利益が、1996年度を除いて、ほぼ同様の傾向で推移しているように見える。

ここでも、「連結」について、1993年度を100とすると、図V-14に見られるように、「単独」について述べたこととほぼ同様のことがいえる。ただし、経常利益（予想）は、1997年度以降強い目になってきているのに、当社の株価終値平均に全く反映していないのが気になるところである。

2 非上場株式（出資）価格評価の具体例

a C社の場合（経営支配の可能な株主の所有する株式の場合及び経営支配とは関係がない株主の所有する株式の場合）(注1)

この具体例は、海運業を営むC社（非上場会社）について、①経営支配の可能な株主の所有する株式の場合、及び②経営支配とは関係がない株主の所有する株式の場合のそれぞれの根拠資料として、価格時点における適正な株価の鑑定評価を行うものである。

〔1〕 経営支配の可能な株主の所有する株式の場合

この場合の株価の鑑定評価に当たっては、Ⅳ2 c(1)の方式により、①平均経常利益を利回り及び発行済株式数で除した収益還元法による1株当たり収益価格を求め、②税引後の含み益を反映した再調達原価法による1株当たり時価純資産価格を求めたうえ、③本件においては①・②のウエイトをかえる特別な理由がないから、それらを等しいもの（$a=\beta=0.5$）として、1株当たり鑑定評価格を求めるものとする。

(1) 収益還元法による1株当たり収益価格

C社の収益還元法による収益価額 P_E は、具体的にはIV 2 c(1)の（a 1）式により次のように求める。

$$収益価額\ P_E = \frac{243,680(千円)\ (平均経常利益)}{25.2(\%)\ (平均利回り)} = 966,984(千円)$$

ⓐ P_E の分子の平均経常利益は、C社の価格時点前3期間の損益計算書（表V-1）を基に、次のようにIV 2 c(1)の（a 2）式により求めてある[注2]。

表V-1　要約損益計算書

(単位：千円)

科目　　　　　決算期	前々期	前期	当期	3期平均
営 業 収 益	1,786,545	1,398,167	1,321,326	1,502,013
営 業 費 用	1,253,403	992,093	979,764	1,075,087
売 上 総 利 益	533,142	406,074	341,562	426,926
販売費及び一般管理費	274,549	210,415	199,676	228,213
営 業 利 益	258,593	195,659	141,886	198,713
営 業 外 収 益	88,026	75,451	54,609	72,695
受 取 利 息	45,936	50,736	33,964	43,545
雑 収 入	42,090	24,715	20,645	29,150
営 業 外 費 用	19,454	30,341	33,389	27,728
支 払 利 息	18,802	30,099	33,154	27,352
雑 損 失	652	242	235	376
経 常 利 益	327,165	240,769	163,106	243,680
特 別 損 益	△218,897	△2,298	1,432	△73,255
税引前当期利益	108,268	238,471	164,538	170,425
法 人 税 等	76,904	109,411	83,989	90,101
当 期 利 益	31,364	129,060	80,549	80,324

この場合、経常的な収益及び費用についても、異常とみられる数値は標準的な数値の修正を行う。

平均経常利益＝1,502,013(千円)(平均営業収益) －1,075,087(千円)(平均営業費用) －228,213(千円)(販売費及び一般管理費)

V 株式(出資)価格評価の具体例

(営業外収益) (営業外費用)
＋72,695(千円)－27,728(千円)＝243,680(千円)

この平均経常利益の平均使用総資本(表V‐2)に対する比率(平均使用総資本経常利益率)は、次のように13.1％を示して、C社の属する業種(海運業)の平均総資本利益率4.9％をかなり上回っている(表V‐3)。

表V‐2　要約貸借対照表

(単位：千円)

科目	前々期	前　期	当　期	3期平均
流　動　資　産	1,035,275	1,053,344	984,866	1,024,495
固　定　資　産	469,581	714,470	1,318,985	834,345
合　　計	1,504,856	1,767,814	2,303,852	1,858,840
流　動　負　債	489,930	377,315	223,717	363,653
固　定　負　債	166,372	421,885	1,030,091	539,450
小　　計	656,302	799,200	1,253,808	903,103
資　本　金	150,000	150,000	150,000	150,000
利　潤　準　備　金	24,000	27,000	30,000	27,000
剰　余　金	674,554	791,614	870,044	778,737
(当　期　利　益)	(31,364)	(129,060)	(80,549)	(80,324)
小　　計	848,554	968,614	1,050,044	955,737
合　　計	1,504,856	1,767,814	2,303,852	1,858,840

表V‐3　1株当たり収益価格算出表

(単位：千円)

価格時点	○○年○月○○日
平均経常利益　　　　　　　　　　a	243,680
平均使用総資本　　　　　　　　　b	1,858,840
使用総資本経常利益率　　　　a/b	13.1％
業界の平均総資本経常利益率	4.9％
業界の平均自己資本経常利益率　c	25.2％
収益価額　　　　　　　　d＝a/c	966,984
発行済株式数　　　　　　　　　　e	300,000株
1株当たり収益価格　　　　　d/e	3,223円

$$\text{平均使用総資本経常利益率} = \frac{243,680(千円)\text{(平均経常利益)}}{1,858,840(千円)\text{(平均使用総資本)}} = 13.1(\%)$$

ⓑ P_E の分母の平均利回り（平均自己資本経常利益率）は、Ⅳ2c(1)の(a 3)式により、C社の属する業種（海運業）の当該3期分の平均について、次のように求めてある（表Ⅴ-4）。

平均利回り＝平均自己資本経常利益率
　　　　＝(21.5％＋22.3％＋31.7％)÷3≒25.2％

表Ⅴ-4　業界の平均自己資本経常利益率等算出表

(単位：％)

科目　　　　　決算期	前々期	前　期	当　期	3期平均
総資本経常利益率	3.7	4.9	6.2	4.9
自己資本経常利益率	21.5	22.3	31.7	25.2

(注)　「TKC経営指標」より作成した。

ⓒ　以上により得られた収益価額を対象会社の発行済株式数で除算すると、収益還元法による1株当たり収益価格は、次のとおり3,223円と試算される。

1株当たり収益価格＝966,984(千円)(収益価額)÷300(千株)(発行済株式数)＝3,223(円)

(2)　再調達原価法による1株当たり時価純資産価格

　C社の再調達原価法による時価純資産価額 P_A は、具体的にはⅣ2c(1)の(b 1)式により次のように求める。

時価純資産価額 P_A ＝2,710,099(千円)(時価総資産)－1,253,808(千円)(実質総負債)－406,247(千円)(含み益)

　　　　　　　×56.44(％)(実効税率)

　　　　＝1,227,005(千円)

ⓐ　時価総資産は、C社の価格時点直前事業年度における貸借対照表をもとに、次により求めてある（表Ⅴ-5）。

①　土地については、価格時点における時価を求める。

V 株式(出資)価格評価の具体例

表V-5 貸借対照表及び同評価修正後価額

(単位:千円)

科目		当期簿価	評価修正額	修正後価額	評価修正内容
流動資産	現金預金	801,928		801,928	
	受取手形	7,618		7,618	
	未収入金	71,794		71,794	
	貸付金	19,819		19,819	
	その他	83,707		83,707	
	小計	984,866		984,866	
固定資産	船舶	1,049,365		1,049,365	
	構築物	3,838		3,838	
	土地	66,894	31,588	98,482	再評価益
	有価証券	165,975	374,659	540,634	同上
	その他	32,913		32,913	
	小計	1,318,985	406,247	1,725,232	
合計		2,303,852	406,247	2,710,099	
流動負債	支払手形	17,464		17,464	
	未払金	59,132		59,132	
	借入金	58,425		58,425	
	未払法人税等	40,349		40,349	
	未払事業税等	18,085		18,085	
	賞与引当金	4,973		4,973	
	その他	25,289		25,289	
	小計	223,717		223,717	
固定負債	長期借入金	851,657		851,657	
	退職給与引当金	156,692		156,692	
	船舶修繕引当金	21,742		21,742	
	小計	1,030,091		1,030,091	
計		1,253,808		1,253,808	
資本	資本金	150,000		150,000	
	利益準備金	30,000		30,000	
	剰余金	870,044	406,247	1,276,291	含み益
計		1,050,044	406,247	1,456,291	
合計		2,303,852	406,247	2,710,099	

(注) 前々期の評価修正仕訳により、受取手形・未収入金・貸付金及び有価証券の当期簿価は、評価減後の額に修正済である。

② 受取手形・未収入金・貸付金及び有価証券については、内容を分析し、上場株式の時価を求めるほか、それらのうち、主要な関係会社の時価総資産について、①による評価増並びに受取手形・未収入金・貸付金及び有価証券の評価減を行う。

ⓑ 実質総負債は、C社の価格時点直前事業年度における貸借対照表について、簿外負債を含めて負債の加減算を行って求めてある（修正すべきものがないから結果的に帳簿上の負債と一致している）。

ⓒ 含み益は、C社の価格時点直前事業年度における貸借対照表、並びにaで求めた時価総資産及びbで求めた実質総負債をもとに、Ⅳ2c(1)の（b2）式により次のように求めてある（表Ⅴ-6）。

$$含み益 = (\underset{(時価総資産)}{2,710,099(千円)} - \underset{(実質総負債)}{1,253,808(千円)}) - (\underset{(簿価総資産)}{2,303,852(千円)}$$

$$- \underset{(簿価総負債)}{1,253,808(千円)}) = 406,247(千円)$$

表Ⅴ-6　1株当たり時価純資産価格算出表

(単位：千円)

価格時点		○○年○月○○日
時価総資産	a	2,710,099
実質総負債	b	1,253,808
簿価総資産	c	2,303,852
簿価総負債	d	1,253,808
含み益 (a−b)−(c−d)	e	406,247
税金 (e×実効税率)	f	229,286
時価純資産価額 (a−b−f)	g	1,227,005
発行済株式数	h	300,000株
1株当たり時価純資産価格　(g/h)		4,090円

ⓓ 実効税率については、本件はC社の継続企業としての株価を求めるもの

V 株式(出資)価格評価の具体例

であるから、含み益に各事業年度の所得に対する直前事業年度の法人税率及び住民税率のうちの制限税率（表V-7）の合計56.44％（土地譲渡益重課税の対象となる土地はないから重課税額は0である）を求めてある。

表V-7 税率表

(単位：%)

税　　目		当　　期	
法人税 a		42	
		(標準)	(制限)
住民税　（府県民）		5.0	6.0
（市町村）		12.3	14.7
計	b	17.3	20.7
事業税課	c	12.0	13.2
計　　($T_1=a(1+b)+c$)		61.27	63.89
実効税率　$\left(T_1 / \dfrac{1.12}{1.132}\right)$		54.70	56.44
土地重課			
法人税	d	20	
住民税	e	20.7	
計　　($T_2=d(1+e)$)		24.14	
土地重課　（超短期）			
法人税	f	30	
住民税	g	20.7	
計　　($T_3=f(1+g)$)		36.21	

ⓔ　以上の(a)～(d)により得られた時価純資産額価額を対象会社の発行済株式数の300千株で除算すると、再調達原価法による1株当たり時価純資産価格は、次のとおり4,090円と試算される。

　　　　　　　　　　　　　（時価純資産価額）　　（発行済株式数）
1株当たり時価純資産価格＝1,227,005(千円)÷300(千株)＝4,090(円)

(3)　1株当たり鑑定評価格

(1)で求めた収益還元法による1株当たり収益価格3,223円、及び(2)で求めた再調達原価法による1株当り時価純資産価格4,090円は、C社の継続企業とし

てのそれぞれの方法による妥当な株価を示すものであるから、両者のウエイトを等しいものとして、価格時点におけるC社の適正な1株当たり鑑定評価格を次のとおり3,657円と決定する（表V-8）。

(収益価格)　　　　(時価純資産価格)
3,223(円)×0.5＋4,090(円)×0.5＝3,657(円)

表V-8　1株当たり鑑定評価格算出表

(単位：千円)

価格時点		○○年○月○○日
1株当たり収益価格	a	3,223
1株当たり時価純資産価格	b	4,090
評価算式		a×0.5＋b×0.5
1株当たり鑑定評価格		3,657
1株当たり額面価格		500
株式数		300,000株

参考までにこの1株当たり鑑定評価格3,657円に基づいてC社のPER・PBR及びPMRを求めると、それぞれ次のとおりである（表V-9）。

表V-9　PER・PBR及びPMR算出表

(単位：千円)

価格時点		○○年○月○○日
平均経常利益		243,680
税金		137,533
税引後平均経常利益		106,147
同1株当たり	a	354円
株価	b	3,657円
PER	b/a	10.3倍
簿価純資産		1,050,044
同1株当たり	c	3,500円
PBR	b/c	1.0倍
1株当たり時価純資産	d	4,090円
PMR	b/d	0.89倍

(注)　税金は、平均経常利益に表V-7の制限実効税率を乗じて算出した。

PER   10.3 倍
PBR   1.0 倍
PMR   0.89 倍

〔2〕 経営支配とは関係がない株主の所有する株式の場合

この場合の株価の鑑定評価に当たっては、Ⅳ2c(2)の方式により、①1株当たり配当を利回りで除した配当還元法による1株当たり配当還元価格を求め、②再調達原価法による1株当たり時価純資産価格を求めたうえ、③Ⅳ2c(2)において述べた理由により、①よりも②のウエイトを低くして、1株当たり鑑定評価格を求めるものとする。

(1) 配当還元法による1株当たり収益価格

C社の配当還元法による1株当たり配当還元価格は、具体的には、Ⅳ2c(2)の(d1)式により次のように求める。この場合、C社の平均配当は、同業種等の配当性向を勘案して、75円（年15％）とする（平均配当利回りが高い時期のもの）。

$$1株当たり配当還元価格 = \frac{75(円)\,(1株当たり平均配当)}{10(\%)\,(平均配当利回り)} = 750(円)$$

(2) 再調達原価法による1株当たり時価純資産価格

1株当たり時価純資産価格＝4,090円 ((1)参照)

(3) 1株当たり鑑定評価格

(2)で求めた再調達原価法による1株当たり時価純資産価格は、経営支配とは関係がない株主にとって、M＆A等その実現性について半分の可能性がある（含み益を実現する意志決定ができるのは経営支配の可能な株主である）から、1株当たり時価純資産価格のウエイトを(1)で求めた配当還元法による1株当たり配当還元価格のウエイトの半分として、価格時点におけるC社の適正な1株当たり鑑定評価格を求めると、次のように1,863円が得られる。

(配当還元法)　　(再調達原価法)
$$750 円 \times \frac{2}{3} + 4,090 円 \times \frac{1}{3} ≒ 1,863 円$$

ちなみに、持株会等の株価は額面又は配当還元法に基づく価格により決めている場合が多いようであるが、ここで述べたように、再調達原価法に基づく価格を加味すると、そのなかに持株会員等の貢献の結果としての留保利益も反映されて彼等の意欲向上にも役立つことになる。

この場合、時価純資産価格の把握が困難であれば、次のように簿価純資産価格によることも便法として認められよう（表Ⅴ-5）。

　1株当たり簿価純資産価格＝1,050,044(千円)÷300(千株)＝3,500(円)

この簿価純資産価格を採用した場合の1株当たり鑑定評価格は、次のように1,667円が求められる。

(配当還元法)　　(再調達原価法)
$$750 円 \times \frac{2}{3} + 3,500 円 \times \frac{1}{3} ≒ 1,667 円$$

b　D社の場合（経営支配の可能な社員の所有する出資について出資持分を払い戻す場合）

この具体例は、不動産賃貸・管理業を営むD社（合資会社）について、経営支配の可能な社員に出資持分を払い戻す場合の根拠資料として、価格時点における適正な出資持分価格の鑑定評価を行うものである。

この場合の出資持分価格の鑑定評価に当たっては、Ⅳ2c(1)の方式により、①平均経常利益を利回り及び出資口数で除した収益還元法による出資1口当たり収益価格を求め、②税引後の含み益を反映した再調達原価法による出資1口当たり時価純資産価格を求めたうえ、③本件においては、次の手法をとることにより、①・②のウエイトをかえる特別な理由がなくなるから、それらを等しいもの（$α=β=0.5$）として、出資1口当たり鑑定評価格を求めるものとする。

(1)　収益還元法による出資1口当たり収益価格

D社の収益還元法による収益価額 P_E は、具体的には、Ⅳ2c(1)の(a 1)式（永久還元式）によらず、Ⅳ2c(1)の(c)式（有期還元式）により求める。

V 株式(出資)価格評価の具体例

というのは、本件では、無限責任社員が、①50年以上の経営実績をもつこと、②事業継続の強い意志を持つが相当の年齢であること、及び③賃借人の経営好転による当社所有不動産購入可能の時期等を勘案して、少なくとも価格時点以後5年間は事業継続が可能と判断するからである。

この P_E は、次の手法により、価格時点から5年後に事業譲渡の可能性が大きいものとして、①5年間の年々の複利現価合計としての標準経常利益（有期限のもの）に、②5年後税引後自己資本の現在価値を加算して求める。

(収益価額)　(複利年金現価率)　　　(複利現価率)

$$P_E = E \times \frac{(1+y)^5 - 1}{y(1+y)^5} + S \times \frac{1}{(1+y_P)^5} \quad (c)$$

E：標準経常利益
y：平均自己資本経常利益率
S：5年後税引後自己資本
y_P：現価算出利回り

(標準経常利益)　(複利年金現価率)　(5年後税引後自己資本)　(複利現価率)

$= 21,365,856 \text{円} \times 3.18469 + 1,004,301,730 \text{円} \times 0.78353 = 854,944,162 \text{円}$

ⓐ　(c)式第1項の標準経常利益は、Ⅳ2c(1)の（a2）式により、次のように求めてある（表Ⅴ-12）。

(標準営業収益)　(標準販売費及び一般管理費)　(標準営業外収益)　(標準営業外費用)

標準経常利益＝202,861,056円－186,007,398円＋4,512,198円－　0円

$= 21,365,856$ 円

　この標準経常利益は、価格時点以後の予想利益が把握しにくいため、過去3期間の営業収益（表Ⅴ-10）について余り変動がないことから、直前期の数値に消費税増額分を加算した額を中心に、一部の項目は過去3期間の修正後平均値とした額を標準額として算出した。

　この標準経常利益（表Ⅴ-12）を平均使用総資本（表Ⅴ-11）で除した使用総資本経常利益率を全産業と業界のそれと比較すると、次のとおり、当社のそれが僅かに下回っている（表Ⅴ-13・15）。

使用総資本経常利益率　　　　　　　3.3％
全産業と業界の平均総資本経常利益率　3.6％

ⓑ　(c)式第3項の5年後税引後自己資本は、時価の変動が小さくなってきているから、変動を捨象して、次のように5年後自己資本から含み益に対す

181

る税額を控除して求めてある（表Ⅴ-13）。

$$5年後税引後自己資本＝\underset{(5年後自己資本)}{2,023,008,730円}－\underset{(税額)}{1,018,707,000円}＝1,004,301,730円$$

5年後自己資本は、次のように時価自己資本（表Ⅴ-16）に税引後標準経常利益の5年分を加えて求めた（表Ⅴ-13）。

$$5年後自己資本＝\underset{(時価自己資本)}{1,970,982,870円}＋\underset{(税引後標準経常利益)}{10,405,172円}×5＝2,023,008,730円$$

税額（課税標準千円未満切捨、税額百円未満切捨—以下同様）は、次のように5年後自己資本から簿価自己資本（表Ⅴ-16）と税引後標準経常利益の5年分を控除した含み益に税率（表Ⅴ-18）を乗算した額に、土地譲渡税額（表Ⅴ-14）を加算して求めた（表Ⅴ-13）。

$$税額＝\{\underset{(5年後自己資本)}{2,023,008,730円}－(\underset{(簿価自己資本)}{147,457,165円}＋\underset{(税引後標準経常利益)}{10,405,172円}×5)\}×\underset{(税率)}{0.513}$$
$$\underset{(土地譲渡税額)}{＋83,238,689円}＝1,018,707,000円$$

ⓒ　(c)式第2項と第4項の平均自己資本経常利益率は、Ⅳ2c(1)の（a3）式により、1992年度〜1996年度の全産業及び業界（不動産賃貸・管理業）について、それぞれ次のように求めてある（表Ⅴ-15）。

$$平均自己資本経常利益率＝(\underset{(全産業)}{19.3\%}＋\underset{(同業)}{15.1\%})÷2＝17.2\%$$

ⓓ　(c)式第2項の複利年金現価率は、この平均自己資本経常利益率を基に5年間の割引合計数値を求め、同第4項の複利現価率は、現価算出利回りとしての5％を基に5年間の割引数値を求めてある。

現価算出利回りとして5％を採用するのは、①価格時点に予測される長期プライムレート（又は平均長期国債（10年）応募者利回り）約3％にリスク約2％を加えた率を標準とし、②財産評価基本通達(188—2(注)2)で配当につき券面額の5％未満又は無配の場合には5％とされているのを参考としたものである。

ⓔ　以上により得られた収益価額を対象会社の出資総額で除算すると、有期

V 株式(出資)価格評価の具体例

表V-13 出資1円当たり収益価格算出表

(前提条件) 5年後に全資産を売却 (単位:円)

価 格 時 点		当期末
(1) 標準経常利益(表V-12)	a	21,365,856
平均使用総資本(表V-11)	b	652,878,080
使用総資本経常利益率 (a/b)		3.3%
全産業と業界の平均総資本経常利益率 (表V-15)		3.6%
全産業と業界の平均自己資本経常利益率 (表V-15)	c	17.2%
税引後標準経常利益 (a×(1−0.513))	d	10,405,172
複利年金現価率(17.2%、5年)	e	3.18469
標準経常利益の5年間の割引現在価値 (a×e)	f	68,043,628
(2) 自己資本(表V-16)	g	1,970,982,870
自己資本増加額(税引後標準経常利益5年分)	h	52,025,860
5年後自己資本 (g+h)	i	2,023,008,730
5年後自己資本簿価	j	199,483,025
税額の計算 {(i−j)×0.513　　935,468,325 土地譲渡税額(表V-14)　83,238,689	k	1,018,707,000
5年後税引後自己資本 (i−k)	l	1,004,301,730
複利現価率(5.0%、5年)	m	0.78353
5年後に全資産を譲渡した場合の割引現在価値 (l×m)	n	786,900,534
収 益 価 額 (f)+(n)	o	854,944,162
出 資 総 額	p	40,000,000
出資1円当たり収益価格 (o/p)	q	21.37

185

表V-14 土地譲渡益課税の計算（5年後）

土地の譲渡収益	①	1,792,476,190	直接又は間接の経費 ④×10%	⑤	405,963,968
土地の帳簿価額	②	4,956,825	課税譲渡利益 ①-②-⑤	⑥	1,381,555,000
保有期間の月数合計 (1934.1～2002.3)	③	819月	土地譲渡税額 ⑥×6.025%	⑦	83,238,689
②×③	④	4,059,639,675			

表V-15 総資本・自己資本経常利益率算出表

<u>全産業</u>
全産業の平均総資本経常利益率算出表

項目＼年度	4期前期中	3期前期中	前々期中	前期中	当期中	平均
総資本経常利益率	5.1%	4.6%	4.3%	4.1%	4.1%	4.4%

全産業の平均自己資本経常利益率算出表

項目＼年度	4期前期中	3期前期中	前々期中	前期中	当期中	平均
自己資本経常利益率	23.3%	20.2%	18.3%	17.3%	17.3%	19.3%

（注1）　『TKC経営指標』の黒字会社平均を採用した。

<u>業　界（不動産賃貸・管理業）</u>
業界の平均総資本経常利益率算出表

項目＼年度	4期前期中	3期前期中	前々期中	前期中	当期中	平均
総資本経常利益率	2.8%	3.1%	3.0%	2.7%	2.6%	2.8%

業界の平均自己資本経常利益率算出表

項目＼年度	4期前期中	3期前期中	前々期中	前期中	当期中	平均
自己資本経常利益率	15.9%	16.4%	14.9%	13.9%	14.2%	15.1%

（注2）　（注1）と同じ。

<u>全産業と業界の平均</u>
　　　　総資本経常利益率　　　（4.4＋2.8）÷2＝3.6％
　　　　自己資本経常利益率　　（19.3＋15.1）÷2＝17.2％

V　株式(出資)価格評価の具体例

還元による出資1口当たり収益価格は、次のとおり21.37円と試算される。

　　　　　　　　　　　(収益価額)　　　　　　(出資総額)
　　出資1口当たり収益価格＝854,944,162(円)÷40,000,000(株)＝21.37(円)

(2) 再調達原価法による1口当たり時価純資産価格

D社の再調達原価法による時価純資産価額 P_A は、具体的にはⅣ2 c(1)の(b 1)〜(b 3)式により次のように求める。

本件では、価格時点以前の直近に出資の一部払戻しが行われているが、当該出資の一部払戻し以前に長期にわたり出資をフルに運用して安定収益をあげていたから、この時価純資産価格は、当該払戻しがなかったものとする資本修正後のものとして求める。

　　　　　　　　　　　(時価総資産)　　　　　(実質総負債)
　　時価純資産価額 P_A ＝ 2,250,629,177(円) － 279,646,307(円)
　　　　　　　　　　(含み益)　　　　(実効税率)　　(土地譲渡税額)
　　　　　　　　－(1,823,525,000(円)×51.3(％)＋85,030,584(円))
　　　　　　　　＝950,483,970(円)

ⓐ　時価総資産は、対象会社の価格時点直前事業年度における貸借対照表をもとに、次により求めてある（表Ⅴ-16）。
　① 土地・建物については、別途不動産鑑定評価により各価格時点における時価を求める。
　② 有価証券については、価格時点における時価を求める。
　③ 電話加入権については、相続税の財産評価額により、評価を行う。
　④ 未収入金については、還付見込額を計上する。

ⓑ　実質総負債は、対象会社の価格時点直前事業年度における貸借対照表について、帳簿上の負債以外に簿外負債としての未払金・未払消費税及び従業員退職給与引当金（役員退職慰労引当金は事情により捨象）を加算して求めてある（表Ⅴ-16）。

ⓒ　含み益は、対象会社の価格時点直前事業年度における貸借対照表並びに(a)で求めた時価総資産及び(b)で求めた実質総負債をもとに、Ⅳ2 c(1)の方式（b 2）により次のように求めてある（表Ⅴ-17）。

表V-16　貸借対照表及び評価替価額一覧表

D社

	科　　目	貸借対照表計上額	評　価　修　正　額
流動資産	現　　　　　金	674,778	
	銀　行　預　金	86,505,057	
	未　収　入　金	342,429	197,460
	前　渡　　　金	317,460	
	計	87,839,724	197,460
固定資産	建　　　　　物	56,556,203	156,702,845
	什　　　　　器	536,914	
	土　　　　　地	4,956,825	1,787,519,365
	電　話　利　用　権	176,067	233,457
	有　価　証　券	119,395,019	11,756,600
	敷　　　　　金	24,122,508	
	差　入　保　証　金	158,730	
	保　険　料　積　立　金	477,460	
	計	206,379,726	1,956,212,267
	資産合計	294,219,450	1,956,409,727
流動負債	法　人　税　等　引　当　金	111,111	
	未　払　　　金	0	125,637,546
	未　払　消　費　税	0	2,484,571
	預　り　源　泉　所　得　税	877,714	
	前　受　　　金	1,714,286	
	計	2,703,111	128,122,117
固定負債	地　代　敷　　　金	49,206,349	
	賃　貸　料　敷　　　金	94,852,825	
	従　業　員　退　職　給　与　引　当　金	0	4,761,905
	計	144,059,174	4,761,905
	負債計	146,762,285	132,884,022
資　本	資　本　　　金	10,000,000	
	法　定　準　備　金	25,994,654	
	剰　余　　　金	111,462,511	1,823,525,705
	資本計	147,457,165	1,823,525,705
	負債・資本合計	294,219,450	1,956,409,727

V 株式(出資)価格評価の具体例

(単位:円)

評 価 換 価 額	評 価 修 正 内 容		
674,778			
86,505,057	未収入金		
539,889	還付消費税		56,825
317,460	還付県民税利子割		140,635
88,037,184	計		197,460
213,259,048			
536,914			
1,792,476,190			
409,524			
131,151,619			
24,122,508			
158,730			
477,460	未払金		
2,162,591,993	平成9年分固定資産税		60,882,540
2,250,629,177	不動産譲渡手数料(消費税込)		61,981,476
111,111	株式売買委託手数料(消費税込)		1,121,025
125,637,546	有価証券取引税(0.21%)		275,416
2,484,571	建物分計上	有価証券譲渡益課税(1.05%)	1,377,089
877,714		計	125,637,546
1,714,286			
130,825,228	未払消費税の計算		
49,206,349	課税標準		207,047,619
94,852,825	消費税額(3%)		6,211,429
4,761,905	簿外分計上	控除税額(60%)	3,726,857
148,821,079	差引税額		2,484,571
279,646,307			
10,000,000			
25,994,654			
1,934,988,216			
1,970,982,870			
2,250,629,177			

表Ⅴ-17　出資1円当たり時価純資産価格算出表

(単位：円)

価　格　時　点		当　期　末
時価総資産（表Ⅴ-16）	a	2,250,629,177
実質総負債（表Ⅴ-16）	b	279,646,307
簿価総資産（表Ⅴ-16）	c	294,219,450
負債（表Ⅴ-16）	d	146,762,285
含　み　益 (a−b)−(c−d)	e	1,823,525,000
税　　　金（表Ⅴ-18） (e×実効税率＋土地譲渡税額)	f	1,020,498,900
時価純資産価額 (a−b−f)	g	950,483,970
資本修正額（表Ⅴ-19）	h	699,200,000
資本修正後時価純資産価額 (g＋h)	i	1,649,683,970
出資総額	j	40,000,000
出資1円当たり時価純資産価格 (i÷j)	k	41.24

190

V　株式(出資)価格評価の具体例

表V-18　税率表

(単位:%)

税目 \ 年					1997年(当期末)(標準)
法　　人　　税			a		37.5
住　　民　　税					
府					6.0
市					14.5
小　　　　　計			b		20.5
事　　業　　税			c		12.6
合　　　　　計 ($T_1=a(1+b)+c$)					57.7875
実　効　税　率 ($T_1\div1.126$)					51.3

土地譲渡益重課税率表

法　　人　　税			d		5.0
住　　民　　税					
府					6.0
市					14.5
小　　　　　計			e		20.5
合　　　　　計 ($T_2=d(1+e)$)					6.025

土地譲渡益課税の計算

土　地　の　譲　渡　収　益	①	1,792,476,190
土　地　の　帳　簿　価　額	②	4,956,825
保　有　期　間　の　月　数　合　計 (1934.1〜1997.3)	③	759月
②×③	④	3,762,230,175
直　接　又　は　間　接　の　経　費 ④×10%	⑤	376,223,018
課　税　譲　渡　利　益 ①−②−⑤	⑥	1,411,296,000
土　地　譲　渡　税　額 ⑥×6.025%	⑦	85,030,584

191

D社

表Ⅴ-19 要約利益処分計算書及び出資の払戻し

(単位：円)

科　　　　目	3期前期5.31	前々期5.31	前期4.17	前期5.31	前期6.6	当期5.21	合　計
当期未処分利益	195,627,832	97,052,470		101,930,810		16,978,038	
別途積立金取崩						95,238,095	95,238,095
(処分の内訳)							
配当金　普　通	120,000,000	20,000,000		4,800,000		5,000,000	149,800,000
20%	20%		20%		20%	
特　別	280%	30%		30%		30%	
分配金(出資の払戻し)			30,400,000	91,200,000	486,400,000	91,200,000	699,200,000
			第1回	第2回	第3回	第4回	
			100%	300%	1600%	300%	2300%
次期繰越利益	75,627,832	77,052,470		5,930,810		16,016,133	

(資本修正仕訳)

(借) 銀行預金　　699,200,000 　　(貸) 資　本　金 (別途積立金) 　30,000,000
　　　　　　　　　　　　　　　　　　　　　剰　余　金 (別途積立金) 　95,238,095
　　　　　　　　　　　　　　　　　　　　　剰　余　金 (未処分利益) 573,961,905

192

V 株式(出資)価格評価の具体例

$$含み益 = (\underset{(時価総資産)}{2,250,629,177(円)} - \underset{(実質総負債)}{279,646,307(円)}) - (\underset{(簿価総資産)}{294,219,450(円)}$$

$$- \underset{(簿価総負債)}{146,762,285(円)}) = 1,823,525,000(円)$$

ⓓ 実効税率は、1997年度の継続企業としての所得に対する法人税率及び住民税率を適用するほか、その土地譲渡益に対する重課税率を適用する（表V-18）。

ⓔ 当社では、価格時点以前にの出資の払戻しが行われているが、出資1口当たり時価純資産価格を求めるために当該出資の払戻しがなかったものとする資本修正を行うと次の額が得られる（表V-19）。

$$資本修正後時価純資産価額 = \underset{(時価純資産価額)}{950,483,970(円)} + \underset{(資本修正額)}{699,200,000(円)}$$
$$= 1,649,683,970(円)$$

ⓕ 以上のⓐ～ⓔにより得られた資本修正後時価純資産額価額を対象会社の出資総額で除算すると、再調達原価法による出資1口当たり資本修正後時価純資産価格は、41.24円と試算される（表V-17）。

$$\underset{}{出資1口当たり}時価純資産価格 = \underset{(資本修正後時価総資産価額)}{1,649,683,970(円)} \div \underset{(出資総額)}{40,000,000(株)} = 41.24(円)$$

(3) 出資1口当たり鑑定評価価格[注3]

(1)で求めた収益還元法による出資1口当たり収益価格21.37円、及び(2)で求めた再調達原価法による出資1口当たり時価純資産価格41.24円は、D社の継続企業としてのそれぞれの方法による妥当な出資持分価格を示すものであるか

表V-20 出資1円当たり鑑定評価格算出表

(単位：円)

価　格　時　点		当　期　末
出資1円当たり収益価格	(A)	21.37
出資1円当たり時価純資産価格	(B)	41.24
評価算式		(A)×0.5+(B)×0.5
出資1円当たり鑑定評価格		31.31
出資金額		40,000,000

表V-21　PER・PBR算出表

(単位：円)

価格時点	当　期　末
標準経常利益（表V-12）	21,365,856
税金　　　　　　　　　　　（注）	10,960,684
税引後標準経常利益	10,405,172
出資1円当たり税引後標準経常利益　a	0.26
出資1円当たり鑑定評価格　　　　　b	31.31
PER (b/a)	120.42倍
簿価純資産（表V-16）	147,457,165
出資1円当たり簿価純資産価格　　　c	3.69
出資1円当たり時価純資産価格　　　d	41.24
PBR (b/c)	8.49倍
PMR (b/d)	0.76倍

(注)　税金は、平均経常利益に表V-18の実効税率を乗じて算出した。

ら、両者のウエイトを等しいものとして、価格時点におけるD社の適正な出資1口当たり鑑定評価格を31.31円と決定する（表V-20）。

参考までにこの出資1口当たり鑑定評価格31.31円に基づいてD社のPER・PBR及びPMRを求めると、それぞれ次のとおりである（表V-21）。

　　PER　　　120.42倍
　　PBR　　　　8.49倍
　　PMR　　　　0.76倍

c　E社の場合（経営支配とは関係がない株主の所有する株式について商法第349条に基づく株式買取りの場合）

この具体例は、装飾用品の製造・販売業を営むE社につき、少数株主（経営支配とは関係がない株主）所有株式について、商法第349条に基づく株式買取りの場合における公正な価格の根拠資料として、価格時点における適正な株式価格の鑑定評価を行うものである。

V 株式(出資)価格評価の具体例

　この場合の株式価格の鑑定評価に当たっては、Ⅳ 2 c (2)の方式により、①配当を株数で除した配当還元法による 1 株当たり配当還元価格を求め、②修正再調達原価法による 1 株当たり時価純資産価格を求めたうえ、③本件においては次の手続をとることにより、①・②のウエイトをかえる特別な理由がなくなるから、それらを等しいもの（$\alpha=\beta=0.5$）として、1 株当たり鑑定評価格を求めるものとする。

(1) 配当還元法による 1 株当たり配当還元価格

　E 社の配当還元法による 1 株当たり配当還元益価格（無期限のもの）は、具体的には、Ⅳ 2 c (2)の（d 2）式（永久還元式）により、次のように求める。

　本件では、この数年間は配当をしていないので、配当還元価額 P_D は、同業種等の配当性向を勘案して得た平均配当金額を平均配当利回りにより資本還元して求める（表Ⅴ-24）。

$$配当還元価額\ P_D = \frac{1,000,000(円)\ (平均配当金額)}{5(\%)\ (平均配当利回り)} = 20,000,000(円)$$

ⓐ　分子の平均配当金額は、①対象企業の期待税引後経常利益の予測数値を得ることが困難であり、②平均配当性向の算式が税引前利益に基づいているから、Ⅳ 2 c (2)の（d 3）式により、次のように平均税引前経常利益に対象企業と類似の規模で同業種の平均配当性向を適用して求めてある。

$$平均配当金額 = 6,234,652(円)\ (平均経常利益) \times 16.4(\%)\ (平均配当性向) = 1,022,483(円) \rightarrow 1,000,000(円)$$

　平均経常利益は、次により子会社連結後の直前 3 年平均の経常利益を求める（表Ⅴ-22）。

$$平均経常利益 = 450,502,431(円)\ (平均営業収益) - 304,585,455(円)\ (平均売上原価) - 136,864,648(円)\ (平均販売費及び一般管理費)$$
$$+ 2,092,458(円)\ (平均営業外収益) - 4,910,133(円)\ (平均営業外費用) = 6,234,652(円)$$

　この平均経常利益を平均使用総資本（表Ⅴ-23）で除した使用総資本経常

利益率を業界のそれと比較すると、次のとおり、当社のそれがかなり下回っている（表V-25・27）。

使用総資本経常利益率　　　　　　　1.1％
業界の平均総資本経常利益率　　　　3.2％

平均配当性向は、国税庁の類似業種比準価額計算上の類似業種（その他の製造業）における配当金額を利益金額（税引前）で除算した、次の直前3年間の平均配当性向を適用した（表V-28）。

平均配当性向＝(17.6％＋16.7％＋14.8％)÷3＝16.4％

表V-27　業界（貴金属等を除く装身装飾品製造業）の平均資本経常利益率

項目＼年次	94年	95年	96年	3年平均
総資産経常利益率	2.6％	3.9％	3.1％	3.2％

（注）『TKC経営指標』の黒字会社平均を採用した。

表V-28　類似業種比準価額計算上の業種及び配当金額等の平均額

	94年	95年	96年	3年平均
1株当たり配当金　　A	3.7	3.5	3.4	3.5
1株当たり年利益金額　B	21.0	21.0	23.0	21.7
配当性向　　　　　A／B	17.6％	16.7％	14.8％	16.4％

ⓑ　平均配当利回りは、b(1)ⓓで現価算出利回りにつき述べた理由と同じ理由により、5％を採用した。

ⓒ　以上により得られた配当還元価額を対象会社の発行済株式数で除算すると、永久還元による1株当たり配当還元価格は、次のとおり1,000円と試算される（表V-24）。

1株当たり配当還元価格＝20,000,000(円)(配当還元価額)÷20,000(株)(発行済株式数)＝1,000(円)

(2)　割引再調達原価法による1株当たり時価純資産価格

E社の割引再調達原価法による時価純資産価額P_{AD}は、具体的にはIV 2 c(2)の(b 1)式によらず、次のIV 2 c(2)の(e)式（有期還元）により求める。

Ⅴ　株式（出資）価格評価の具体例

　というのは、本件では、当社の存続が現代表取締役の肉体的・精神的な事業継続可能期間にかかっており、当該期間は常識的には20年と判断されるからである。

　この時価純資産価格 P_{AD} は、次の手法により、価格時点から20年後に事業譲渡の可能性が大きいものとして、ア 20年後時価純資産価額（税引後平均経常利益20年分を加えたもの）の現在価値に、イ 20年間の年々の複利現価合計としての配当還元価額（有期限のもの）を加算して求める。

$$P_{AD} = A_{20} \times \underset{\text{(複利現価率)}}{\frac{1}{(1+y_P)^{20}}} + D \times \underset{\text{(複利年金現価率)}}{\frac{(1+y_P)^{20}-1}{y(1+y_P)^{20}}} \quad (e)$$

A_{20}：20年後時価純資産価額
D：平均配当金額

（20年後時価純資産価額の現在価値）（20年間の年々の配当還元価額）

ア　割引再調達原価法による20年後時価純資産価額の現在価値

(ア)、(e)式第1項の対象会社の割引再調達原価法による20年後時価純資産価額は、具体的には次により求めるものとする（表Ⅴ-30）。

$$20年後時価純資産価額 = \underset{\text{(時価総資産)}}{1,260,029,204(円)} - \underset{\text{(実質総負債)}}{368,624,235(円)}$$

$$+ \underset{\text{(役員退職慰労引当金20年分)}}{73,333,333（円）} - \underset{\text{(含み益)}}{(528,429,000(円)}$$

$$\times \underset{\text{(税率)}}{0.513} - \underset{\text{(控除定額税額)}}{1,090,750(円)} + \underset{\text{(土地譲渡税額)}}{10,364,500(円))}$$

$$+ \underset{\text{(自己資本増加額)}}{127,742,113(円)} = 665,455,949(円)$$

ⓐ　時価総資産価額は、対象会社の価格時点直前事業年度における貸借対照表を基に、次により求めてある（表Ⅴ-29）。

①　子会社については、必要な相殺消去を行う。

②　土地・建物については、別途不動産鑑定評価により価格時点における時価を求める。

③　投資有価証券については、価格時点における時価を求める。

④　電話加入権については、相続税の財産評価額により、評価を行う。

ⓑ　実質総負債は、対象会社の価格時点直前事業年度における貸借対照表を

表Ⅴ-29　貸借対照表及び評価替価額一覧表

科目		貸借対照表計上額 E社	貸借対照表計上額 子会社	評価修正 相殺消去
流動資産	現　金　預　金	58,189,902	4,019,076	0
	受　取　手　形	201,298,738	△2,853	2,853
	売　掛　資　材	141,442,650	16,147,792	△23,918,182
	商　品　資　材	66,031,637	0	0
	未　収　入　金	500,000	0	△500,000
	立　　替　　金	0	△1,823	1,823
	小　　　　　計	467,462,927	20,162,192	△24,413,506
固定資産	建　　　　　物	70,850,470	0	52,694,130
	建　物　附　属　設　備	3,771,615	0	△3,771,615
	構　　築　　物	574,675	0	△574,675
	機　械　装　置	1,512,783	0	0
	車　両　運　搬　具	7,936,122	888,948	△189,048
	備　　　　　品	485,852	0	0
	土　　　　　地	90,771,117	0	533,478,883
	借　　地　　権	0	0	26,500,000
	電　話　加　入　権	558,667	208,333	△212,000
	保　　証　　金	916,667	416,667	0
	投　資　有　価　証　券	20,150,000	0	△10,150,000
	小　　　　　計	197,527,968	1,513,948	597,775,675
	合　　　　　計	664,990,895	21,676,140	573,362,169
流動負債	支　払　手　形	35,302,223	0	0
	買　　掛　　金	3,954,348	23,918,182	△23,918,182
	短　期　借　入　金	264,216,667	0	0
	未　　払　　金	2,900,768	500,000	△500,000
	未　　払　費　用	2,615,167	0	0
	預　　り　　金	4,629,052	6,010	0
	小　　　　　計	313,618,225	24,424,192	△24,418,182
固定負債	土地圧縮引当金	49,832,720	0	△49,832,720
	役員退職慰労引当金	0	0	55,000,000
	小　　　　　計	49,832,720	0	5,167,280
	負　債　計	363,450,945	24,424,192	△19,250,902
資本	資　　本　　金	10,000,000	10,000,000	△10,000,000
	法　定　準　備　金	3,433,333	0	△2,183,333
	剰　　余　　金	288,106,617	△12,748,052	604,796,404
	計	301,539,950	△2,748,052	592,613,071
	合　　　　　計	664,990,895	21,676,140	573,362,169

V 株式(出資)価格評価の具体例

(単位:円)

評価換価額	評価修正内容
62,208,978	
201,298,738	誤計上分訂正
133,672,260	
66,031,637	
0	
0	誤計上分訂正
463,211,613	
123,544,600	別表1
0	建物価額に含まれている
0	土地価額に含まれている
1,512,783	
8,636,022	未償却分計上 $888,948 \times 0.319 \times \frac{8}{12}$
485,852	
624,250,000	別表1
26,500,000	別表1
555,000	別表2
1,333,334	
10,000,000	別表2
796,817,591	
1,260,029,204	
35,302,223	
3,954,348	
264,216,667	
2,900,768	
2,615,167	
4,635,062	
313,624,235	
0	
55,000,000	簿外分計上
55,000,000	
368,624,235	
10,000,000	
1,250,000	法定積立金に訂正
880,154,969	
891,404,969	
1,260,029,204	

表V-30　1株当たり時価純資産価格算出表

(前提条件) 20年後に全資産を売却　　　　　　　　　　　　　　　　(単位：円)

価　格　時　点		当期11月1日
(1) 時価総資産（表V-28）　　　　　　　　　　a		1,260,029,204
実質総負債（表V-2）　　　　　　　　　　b		368,624,235
簿価総資産（子会社を含む）　　（表V-2）c 　　（子会社投資分9,150,000を除く）		677,517,035
負債（子会社を含む）（表V-2）　　　　　d		387,875,137
役員退職慰労引当金20年分　　　　　　　　e		73,333,333
含　　み　　益 　　(a−b)−(c−d)−e　　　　　　　　　　　　f		528,429,000
税額の計算 　　　(f×0.513−1,090,750)　　　269,993,300 　　　土地譲渡税額（表V-31）　　　10,364,500　g		280,357,800
時価純資産価額（自己資本増加額を除く）　h 　　　　　　　　(a−b−e−g)		537,713,836
(2) 平均経常利益（表V-2）　　　　　　　　　　i		6,234,652
平均使用総資本（表V-2）　　　　　　　　　j		568,723,766
使用総資本経常利益率（i÷j）　　　　　　k		1.10%
税引後平均経常利益　　　　　　　　　　　l 　　　(i×(1−0.3804))		3,863,252
複利年金終価（5.0%、20年）　　　　　　　m		33.065954
自己資本増加額（税引後平均経常利益20年分）n 　　　　　　　　(l×m)		127,742,113
20年後時価純資産価額（h+n）　　　　　　o		665,455,949
複利現価率（5.0%、20年）　　　　　　　　p		0.376889
20年後の額の割引現在価値　　　　　　　　q 　　　　　　　　(o×p)		250,803,027
発行済株式数　　　　　　　　　　　　　　r		20,000
1株当たり時価純資産価格（q÷r）		12,540

V 株式(出資)価格評価の具体例

基に、子会社については必要な相殺消去を行うほか、帳簿上の負債以外に、簿外負債としての価格時点までの役員退職慰労引当金を加算して求めてある（表V-29）。

ⓒ 役員退職慰労引当金20年分は、価格時点以後20年分の予測される役員退職慰労金である（表V-29）。

ⓓ 含み益は、対象会社の価格時点直前事業年度における貸借対照表並びにⓐで求めた時価総資産及びⓑで求めた実質総負債をもとに、Ⅳ 2 c(1)の方式（b 2）にⓒを加算して次のように求めてある（表V-30）。この含み益は、今後20年間一定とする。

　　　　　　(時価総資産)　　　　　　　　(実質総負債)　　　　　　　(簿価総資産)
　含み益＝(1,260,029,204(円)－368,624,235(円))－(677,517,035(円)
　　　　　　(簿価総負債)　　　(役員退職慰労引当金20年分)
　　　　－387,875,137(円))－73,333,333(円)＝528,429,000(円)

簿価総資産は、対象会社の価格時点直前事業年度における貸借対照表をもとに、子会社のそれを加算するほか、子会社投資分を控除して求めてある（表V-29）。

簿価総負債は、対象会社の価格時点直前事業年度における貸借対照表をもとに、子会社のそれを加算して求めてある（表V-29）。

ⓔ 税額は、1997年度の継続企業としての所得に対する法人税率及び住民税率を適用するほか、その土地譲渡益に対する重課税率を適用して求めてある（表V-31）。

ⓕ 自己資本増加額は、直前3年平均の経常利益(表V-22)を基に5％20年間の複利年金終価としての税引後平均経常利益20年分を求めてある(表V-30)。

　　　　　　　　　(平均経常利益)　　　　(税率)　　(5％20年の複利年金終価)
　自己資本増加額＝6,234,652(円)×(1－38.04(％))×33.065954(円)
　　　　　　　　＝127,742,113(円)

(イ)、(e)式第2項の複利現価率は、5％20年のものを採用してある。5％を採用したのは、b(1)ⓓで現価算出利回りにつき述べた理由と同じ理由による。

205

表V-31 税率表

(単位:％)

税目＼年	1997年（当期末） (課税所得6,234,652の場合)	1997年（当期末） (標準)
法　人　税 　所得800万円以下 　　　800万円超 　　　　　　a	28.0	28.0 37.5 (37.5％－760,000)
住　民　税 　　　県 　　　市 小　　　計　b	*1　　5.0 　　　14.7 　　　19.7	5.8 14.7 20.5
事　業　税 　所得350万円以下 　350万円超700万円以下 　700万円超 　　　　　　c	*2　　6.0 ⎫加重平均 　　　9.0 ⎭ *3　7.3	6.3 9.45 12.6 (12.6％－330,750)
合　　　計 ($T_1 = a(1+b)+c$)	40.816％	57.7875％－1,090,750
実　効　税　率	38.04％ ($T_1 \div 1.073$)	51.3％－1,090,750 ($T_1 \div 1.126$)－控除定額税額

*1　資本金の額が1億円以下で、かつ、法人税額が年1,000万円以下の法人
*2　資本金の額が1億円以下で、かつ、所得金額が年4,000万円以下の法人
*3　　　3,500千円×6.0％＝210.0千円
　　　　2,734千円×9.0％＝246.0千円
　　　A　6,234　　　B　456.0
　　　B÷A＝7.3％

土地譲渡益重課税率表

法　人　税　　　　d	5.0
住　民　税 　　　県 　　　市 小　　　計　e	5.8 14.7 20.5
合　　　計 ($T_2 = d(1+e)$)	6.025

V 株式(出資)価格評価の具体例

土地譲渡益課税の計算

甲土地 (単位:円)

土 地 の 譲 渡 収 益		①	295,020,000
土 地 の 帳 簿 価 額　2番4 　　　　　　　　　　2番5		②	541,995 1,120,675 計　1,662,670
保有期間の月数合計 ('1956. 10～'2016. 12) 2番4 ('1955. 12～'2016. 12) 2番5		③	723月 733月
②×③　　　2番4 　　　　　　2番5		④	391,862,385 821,454,775 計 1,213,317,160
直接又は間接の経費 　　④×10%		⑤	121,331,716
課 税 譲 渡 利 益 　　①-②-⑤		⑥	172,025,000
土 地 譲 渡 税 額 　　⑥×6.025%		⑦	10,364,500

乙土地

土 地 の 譲 渡 収 益		①	79,530,000 (借地権)　15,900,000 計　95,430,000
土 地 の 帳 簿 価 額 土 地 圧 縮 引 当 金		②	52,800,000 29,899,632 差引　22,900,368
保有期間の月数合計 ('1987. 4 ～'2016. 12)		③	357月
②×③		④	8,175,431,376
直接又は間接の経費 　　④×10%		⑤	817,543,137
課 税 譲 渡 利 益 　　①-②-⑤		⑥	0
土 地 譲 渡 税 額 　　⑥×6.025%		⑦	0

(ウ)、(ア)(イ)により、20年後時価純資産価額の現在価値として、次の額が得られる（表Ⅴ-30）。

          （20年後時価純資産価額） （5％20年間の複利現価率）
20年後時価純資産価額の現在価値＝665,455,949（円）× 0.376889
         ＝250,803,027（円）

イ　配当還元法（有期還元）による20年間の年々の配当還元価額

(ア)、(e)式第3項の平均配当金額は、(1)ⓐで求めた額と同じである（表Ⅴ-25）。

(イ)、(e)式第4項の複利年金現価率は、5％20年のものを採用してある。5％を採用したのは、b(1)ⓓで現価算出利回りにつき述べた理由と同じ理由による。

(ウ)、(ア)(イ)により、20年間の年々の配当還元価額として、次の額が得られる（表Ⅴ-25）。

         （平均配当金額） （5％20年の複利年金現価率）
20年間の年々の配当還元価額＝1,000,000（円）× 12.462 ＝12,462,000（円）

ウ　割引再調達原価法による1株当たり割引時価純資産価格

以上のアにイを加算して、割引再調達原価法による1株当たり割引時価純資産価格を求めると、次の額が得られる（表Ⅴ-26）。

       （20年後時価純資産価額の現在価値） （20年間の年々の配当還元価額）
割引時価純資産価額＝250,803,027（円） ＋ 12,462,000（円）
    ＝263,265,027（円）

表Ⅴ-32　1株当たり鑑定評価格算出表

（単位：円）

価　格　時　点		当期11月1日
1株当たり配当還元価格（無期限） （表Ⅴ-24）	(A)	1,000
1株当たり割引時価純資産価格 （表Ⅴ-26）	(B)	13,163
評　価　算　式		(A)×0.5＋(B)×0.5
1株当たり鑑定評価格		7,082
1株当たり額面価格		500
発　行　済　株　式　数		20,000

V 株式(出資)価格評価の具体例

1株当たり割引時価純資産価格＝263,265,027(円)÷20,000(株)＝13,163(円)
　　　　　　　　　　　(割引時価純資産価額)　　(発行済株式数)

(3) 1株当たり鑑定評価格[注4]

(1)で求めた配当還元法による1株当たり収益価格1,000円、及び(2)で求めた有期限の割引再調達原価法による1株当たり割引時価純資産価格13,163円は、E社の継続企業としてのそれぞれの方法による妥当な出資持分価格を示すものであるから、両者のウエイトを等しいものとして、価格時点におけるE社の適正な1株当たり鑑定評価格を7,082円と決定する(表V-32)。

なお、参考までにこの1株当たり鑑定評価格7,082円に基づいてE社のPER・PBR及びPMRを求めると、それぞれ次のとおりである(表V-33)。

PER　　36.69倍
PBR　　0.49倍
PMR　　0.54倍

表V-33　PER・PBR算出表

(単位：円)

価　格　時　点		当期11月1日
税引後平均経常利益 (表V-30)		3,863,252
1株当たり税引後平均経常利益　　a		193
株　　　　　価　　　　　　　　b		7,082
P　　E　　R　(b/a)		36.69倍
簿価純資産 (表V-30のc－d)		289,641,898
1株当たり簿価純資産価格　　　　c		14,482
1株当たり時価純資産価格　　　　d		13,163
P　　B　　R　(b/c)		0.49倍
P　　M　　R　(b/d)		0.54倍

(注1)　建部好治論文「非上場株式価格について」(財団法人証券経済研究所『証券経済』1989.12)参照。

(注2)　この例では償却後、税引前の平均経常利益を採用したが、データが入手可能の場合には、償却前税引後の平均経常利益による方が、より理論的な数値を得ることができる。

(注3)　公認会計士F氏の出資持分鑑定評価額は、「実質上解散すべき状態にある」として、

「清算処分時価純資産法」による評価額を結論として採用しているが、(1)①～③を考慮していないから、その判断は、一方的な断定で誤りである。

その何よりの証拠は、Ｄ社がＦ氏の「実質上解散すべき状態にある」とした当該鑑定から３年以上経過しているにもかかわらず存続しており、今後も無限責任社員の健康と気力が続く限り存続が予想されることである。

したがって、このケースは、「継続企業の鑑定評価」として、①経営者側の主張するＤ社の予想存続可能年数に基づく収益価格と、②経営の外部者側の主張する時価純資産価格とを求めた上、③それらの両者を均等に勘案することにより、始めて双方の公平性を保つことが可能になるのである。

(注4) 1 商法第349条に基づく反対株主の買取請求時に会社と売買が成立するという形成権の考え方は、次の理由により経済の現状とあわないから、緊急に改めなければならないものである（区分所有建物の大修理に反対する権利者の買取請求時の形成権についても同じことがいえる）。

(1) もともと経済の変動を無視したものであるし、右肩下がりに大きく逆転した経済の下では、当該請求者との間で著しく公平を欠くことになるが、

(2) 当該会社がその資金調達のために緊急に資産を売却するときは、Ⅰ１ｅで述べたように、もともとモノからカネへは「命がけの飛躍」が必要であるから、大幅に下落して、当該会社に損失を押しつけるどころか、当該会社の存続をも困難にする。

2 公認会計士Ｍ氏の株式鑑定評価額52,457円は、次の誤りにより高すぎる。

(1) 少数株主には、自ら事業の譲渡又は解散を決議する権限がないのに、時価純資産価格のみで、しかも含み益に対する税額控除前のものとしている。

① 会社が買取るから支配株主と同等でよいとする考え方は、会社がその買取り株式を社員を含めた同族関係者以外の者へ売却すれば大きい損失を招くし、それをカバーするために資産を売却すれば事業の継続が困難になる。

② 大阪高裁の判例にも、「買取請求時に非支配株主となっていた点を考慮し、配当還元方式に他より若干のウエイトを置くこととし、」という妥当な判断をしたものがある（「はじめに」（注３）の図書参照）。

それゆえ、このケースでも、「継続企業の鑑定評価」として、①経営者側の主張する平均配当性向（配当実績の有無によりこの方式の採否を決めるのは「継続企業の鑑定評価」ということを忘れた主張である―ちなみにＥ社は過去に配当をしていた実績もある）に基づく配当還元価格と、②経営の外部者側の主張する時価純資産価格にＥ社の予想存続可能年数を反映させたものを求めた上、③それらの両者を均等に勘案することにより、始めて双方の公平性を保つことが可能になるのである（②では、帳簿上の負債以外に、簿外負債としての価格時点までの役員退職慰労引当金及び価格時点以後20年分の予測される役員退職慰労金を区別して求めた上、時価総資産からこれらを控除した20年後時価純資産価額に複利現

V 株式(出資)価格評価の具体例

価率を適用してその現在価値を求めているのを、M氏は全然理解していない)。
(2) 純資産価額につき、①土地等の一部が、公的評価等に比べて高すぎるし、②100％保有の子会社を連結の手法で捉えたものとしていない。

土地等の等は、借地権のことである。大阪近辺の借地権割合は、国税当局が1970年代に東京近辺の住宅地の借地権割合を60％から70％に引上げたときに、取引の実状を調査することなく、大阪近辺のそれを50％から60％に引上げたが、大阪近辺の地主の力が強いから、実際の取引は現在でも住宅地について50％前後のものが多いのである。それゆえ、このケースの借地権割合は、安易に税務上の割合に依存することなく、このような実状を踏まえた割合によるべきである。

3 公認会計士T氏の株式鑑定評価額6,159円は、次の誤りにより低すぎる。
(1) 配当性向と資本還元率の検討をせずに配当還元価格を求めている。
(2) 少数株主に時価純資産価格を求めているが、その理由説明がない。
(3) 類似業種比準価格は、標本会社が明らかにならないから適用が困難であるにも拘わらず、これを採用している。
(4) (1)～(3)の価格を加重平均するウエイトの根拠の説明がない。
(5) 純資産価額につき、100％保有の子会社を連結の手法で捉えたものとしていない。

これは、2(1)と同一のケースについてであるから、ここでも2(1)②の後段の「継続企業の鑑定評価」として述べた①(配当還元価格を求めているから括弧内を除く)～③と同じことを指摘しておきたい。

おわりに

以上において、『上場・非上場株式評価の基礎理論と具体例』につき、株式評価の会計システム（法制度等）理論（Ⅰ）から、その基礎としての経済理論（Ⅱ）へ、そして実証分析（Ⅲ）から株式（出資）価格評価の諸方式（Ⅳ）を経て、株式（出資）価格評価の具体例（Ⅴ）へと検討を進めてきた。

Ⅰについては、その作業の途中で、「金融ビッグバン」の一環として、国際会計基準の影響を受けた会計制度の大変革を中心とする会計システム（法制度等）の変更に遭遇したから、それらの具体的な内容についても、将来の方向性を含めて可能な限り取り込むこととした。

Ⅱについては、擬制資本としての仲間である土地価格との比較において、株式価格の経済理論を究明した。

Ⅲの実証分析では、まず日本列島改造ブーム時とバブル景気時とを含めて、基礎にある土地価格と株式価格の動向につき関連経済諸指標のなかに位置づけをした。

Ⅳの株式（出資）価格評価の諸方式では、まず不動産鑑定評価の三方式の観点から、株式価格評価を検討したうえ、Ⅰ・Ⅱ及びこの検討内容を踏まえて、上場株式・非上場株式（出資）価格を求める諸方式として、**フロー方式とストック方式が基本**であることを論述してきた。

Ⅴの具体例では、Ⅳで得られた**フロー・ストック方式**を、僅かではあるが、まず上場株式会社2社（メーカーとディーラー）に当てはめて検証した上、ケースの異なる非上場株式会社及び有限会社計3社（①経営支配の可能な株主の所有する株式の場合と経営支配とは関係がない株主の所有する株式の場合、②経営支配の可能な社員に出資持分を払い戻す場合、③少数株主所有株式を商法第349条に基づき買取る場合）に当てはめて評価を行った。

何れにしても、単なる技術論ではなく、会計システム（法制度等）理論と経済理論に基礎をおいて、そこから具体的な株式評価方式まで導いたうえ、その方式を上場株式について具体的に検証したのは、この図書が初めてであると思

われる。

　しかしながら、具体例についての検証は、まだまだ少ないから、今後はこの図書をたたき台として、日本証券経済研究所・日本公認会計士協会等が組織をあげてその検証に取り組むことを切に望むものである。

　最後に、この図書は、いうまでもなく多忙な実務と学会活動の合間を縫い、長期の時日をかけて漸く日の目を見たものであり、それゆえ多々問題が残されているものと思われるから、関係各位からの忌憚のないご叱責・ご指導をお願い致したい。

(2000. 7. 5)

<著者紹介>

1931年1月	大阪に生まれる。
1953年3月	大阪市立大学経済学部卒業。
同年4月	第一信託銀行㈱入行、その後、中央信託銀行㈱へ転出、同行大阪支店不動産部長を経て、
現　　在	㈱建部会計・不動産事務所代表取締役（公認会計士・税理士・不動産鑑定士） 甲南大学・滋賀大学経済学部講師（非常勤）・大阪市立大学博士（経済学）。
所属学会	日本不動産学会・証券経済学会・資産評価政策学会他多数。
著　　書	『土地価格形成論』清文社（'97年―博士号授与著書）、『土地価格形成の理論』東洋経済新報社（'77年）、『住まいの税金相談』住宅新報社（'75年）、『マンションのかしこい買い方・売り方・貸借のしかた』日本実業出版社（'84年）（以上、単著）。 『震災関係訴訟法』青林書院（'98）、『継続賃料』住宅新報社（'83年）、「地価と都市計画」学芸出版社（'83年）、『不動産金融・水資源と法』有斐閣（'87年）（以上、共著）他多数。

上場・非上場株式評価の基礎理論と具体例
（じょうじょう　ひじょうじょうかぶしきひょうか　きそりろん　ぐたいれい）

平成12年7月25日　印刷
平成12年8月15日　発行

著　者　　建部　好治（たてべ　こうじ）
発行者　　成松　丞一
発行所　　株式会社　清文社

〒530-0052　大阪市北区南扇町7-20（宝山ビル新館）
電話06(6361)2597　FAX 06(6361)2797　振替0900-0-18351
〒101-0052　東京都千代田区神田小川町3-4（三四ビル）
電話03(3291)2651　FAX 03(3291)8663　振替00180-5-101996
〒730-0022　広島市中区銀山町2-4（高東ビル）
電話082(243)5233　FAX 082(243)5293　振替01310-2-29252
印刷・製本　株式会社　太洋社

本書についてのお問合せは、なるべくファクシミリ（06-6361-2166）でお願いします。
著作権法により無断複写複製は禁止されています。落丁・乱丁本はお取替えいたします。

ISBN4-433-25810-5〈O〉

土地価格形成論 〈経済学博士授与著書〉
【土地・環境・公共経済学の実証・理論・政策】
不動産鑑定士・公認会計士
甲南大学経済学部講師　建部好治 著
日本経済に大きく影響する土地政策を中心に、自然・環境との調和による土地価格形成の諸要因の分析、諸制度の改革を示唆し、論述した研究文献。
　　　　　　　　　　■A5判400頁／定価：本体4,200円+税

非公開株式　鑑定・評価の実務
【キャッシュフロー法による鑑定・評価実務を中心に】
公認会計士・税理士　高橋義雄 著　最新のキャッシュフロー法理論による株式評価方法を収録し、非公開株式の鑑定・評価を設例や表を織り込みわかりやすく解説。
　　　　　　　　■A5判416頁(上製)／定価:本体3,000円+税

中小会社の計算公開と監査
【各国制度と実践手法】　大阪学院大学　武田隆二 編著
主要各国(9カ国)の中小会社監査を制度面と実践面から総合的に研究・集大成。実例・マニュアルも豊富に紹介。
　　　　　　　　■A5判900頁(上製)／定価:本体9,000円+税

事例からみる 重加算税の研究
公認会計士・税理士　八ッ尾順一 著　過去の重加算税の裁決・判例等を中心に検討し、特に重加算税の賦課要件(判断基準)である「隠ぺい・仮装」をできるだけ具体化し、図解・設例等を多く用いてそのポイントを解説。
　　　　　　　　■A5判252頁／定価:本体2,200円+税

よくわかる 新連結財務諸表
ナニワ監査法人 編著　平成11年4月1日以後開始事業年度より適用されている「新連結財務諸表制度」が、体系的かつ要点的に理解できる好著。
　　　　　　　　■A5判328頁／定価:本体2,500円+税

Q&A 連結決算の実務
監査法人 誠和会計事務所 編著／公認会計士　森田政夫 監修
改訂連結財務諸表原則・連結財務諸表規則と日本公認会計士協会の実務指針等の最新の情報に基づき、新しい連結決算の実務を282問のQ&Aで徹底解説。
　　　　　　　　■B5判396頁／定価:本体2,800円+税